Um Mundo Sem E-mail

Um Mundo Sem E-mail

Reimaginando o Trabalho em uma
Era de Excesso de Comunicação

Cal Newport

ALTA BOOKS
EDITORA

Rio de Janeiro, 2021

Um Mundo Sem E-mail

Copyright © 2021 da Starlin Alta Editora e Consultoria Eireli. ISBN: 978-65-5520-875-7

Translated from original A World Without Email. Copyright © 2021 by Calvin C. Newport. ISBN 9780525536550. This translation is published and sold by permission of Portfolio / Penguin, an imprint of Penguin Random House LLC, the owner of all rights to publish and sell the same. PORTUGUESE language edition published by Starlin Alta Editora e Consultoria Eireli, Copyright © 2021 by Starlin Alta Editora e Consultoria Eireli.

Todos os direitos estão reservados e protegidos por Lei. Nenhuma parte deste livro, sem autorização prévia por escrito da editora, poderá ser reproduzida ou transmitida. A violação dos Direitos Autorais é crime estabelecido na Lei nº 9.610/98 e com punição de acordo com o artigo 184 do Código Penal.

A editora não se responsabiliza pelo conteúdo da obra, formulada exclusivamente pelo(s) autor(es).

Marcas Registradas: Todos os termos mencionados e reconhecidos como Marca Registrada e/ou Comercial são de responsabilidade de seus proprietários. A editora informa não estar associada a nenhum produto e/ou fornecedor apresentado no livro.

Impresso no Brasil — 1ª Edição, 2021 — Edição revisada conforme o Acordo Ortográfico da Língua Portuguesa de 2009.

Erratas e arquivos de apoio: No site da editora relatamos, com a devida correção, qualquer erro encontrado em nossos livros, bem como disponibilizamos arquivos de apoio se aplicáveis à obra em questão.

Acesse o site **www.altabooks.com.br** e procure pelo título do livro desejado para ter acesso às erratas, aos arquivos de apoio e/ou a outros conteúdos aplicáveis à obra.

Suporte Técnico: A obra é comercializada na forma em que está, sem direito a suporte técnico ou orientação pessoal/exclusiva ao leitor.

A editora não se responsabiliza pela manutenção, atualização e idioma dos sites referidos pelos autores nesta obra.

Dados Internacionais de Catalogação na Publicação (CIP) de acordo com ISBD

N558m	Newport, Cal
	Um Mundo Sem E-mail: Reimaginando o Trabalho em uma Era de Excesso de Comunicação / Cal Newport ; traduzido por Renan Amorim. - Rio de Janeiro : Alta Books, 2021.
	320 p. ; 14cm x 21cm.
	Tradução de: A World Without Email
	Inclui índice.
	ISBN: 978-65-5520-875-7
	1. Comunicação. 2. E-mail. 3. Trabalho. I. Amorim, Renan. II. Título.
2021-4128	CDD 302.2
	CDU 316.57

Elaborado por Vagner Rodolfo da Silva - CRB-8/9410

Rua Viúva Cláudio, 291 — Bairro Industrial do Jacaré
CEP: 20.970-031 — Rio de Janeiro (RJ)
Tels.: (21) 3278-8069 / 3278-8419
www.altabooks.com.br — altabooks@altabooks.com.br

Produção Editorial
Editora Alta Books

Gerência Comercial
Daniele Fonseca

Editor de Aquisição
José Rugeri
acquisition@altabooks.com.br

Produtores Editoriais
Illysabelle Trajano
Maria de Lourdes Borges
Thales Silva

Marketing Editorial
Livia Carvalho
Thiago Brito
marketing@altabooks.com.br

Equipe de Design
Larissa Lima
Marcelli Ferreira
Paulo Gomes

Diretor Editorial
Anderson Vieira

Coordenação Financeira
Solange Souza

Coordenação de Eventos
Viviane Paiva

Produtor da Obra
Thié Alves

Equipe Ass. Editorial
Beatriz de Assis
Brenda Rodrigues
Caroline David
Gabriela Paiva
Henrique Waldez
Mariana Portugal
Raquel Porto

Equipe Comercial
Adriana Baricelli
Daiana Costa
Fillipe Amorim
Kaique Luiz
Victor Hugo Morais

Atuaram na edição desta obra:

Tradução
Renan Amorim

Copidesque
Vivian Sbravatti

Capa
Larissa Lima

Revisão Gramatical
Diego Franco
Kamila Wozniak

Diagramação
Joyce Matos

Ouvidoria: ouvidoria@altabooks.com.br

Editora afiliada à:

Para Max, Asa e Josh:

Que o seu futuro não seja dominado por caixas de entrada

Outros títulos de Cal Newport

The Time-Block Planner

Minimalismo Digital

Trabalho Focado

So Good They Can't Ignore You

How to Be a High School Superstar

How to Become a Straight-A Student

How to Win at College

Sobre o Autor

Cal Newport é um professor associado de ciências da computação na Universidade Georgetown, onde ele se especializou em teoria de sistemas distribuídos, além de ser autor de best-sellers do *New York Times* que escreve para um público mais amplo sobre a intersecção entre a tecnologia e a cultura. Ele é autor de sete livros, incluindo *Minimalismo Digital* e *Trabalho Focado*, que já foram publicados em mais de trinta idiomas. Ele também contribui regularmente para esses tópicos escrevendo para publicações norte-americanas, como *The New Yorker*, *The New York Times* e *Wired*, além de ser um convidado frequente do NPR. Seu blog, *Study Hacks*, no qual ele escreve desde 2007, recebe mais de 3 milhões de visitas por ano. Ele mora com sua esposa e seus três filhos em Takoma Park, Maryland.

Sumário

Agradecimentos xi

A Mente Coletiva Hiperativa xiii

Parte 1

O Caso Contra o E-mail 1

1. O E-mail Reduz a Produtividade 3
2. O E-mail Faz com que Nos Sintamos Mal 37
3. O E-mail Tem Mente Própria 65

Parte 2

Os Princípios para um Mundo Sem E-mail 97

4. O Princípio do Capital de Atenção 99
5. O Princípio do Processo 139
6. O Princípio do Protocolo 185
7. O Princípio da Especialização 223

Conclusão: O Moonshot do Século XXI 267

Notas 273

Índice 291

Agradecimentos

Eu comecei a trabalhar neste livro quase que imediatamente depois de terminar o manuscrito de *Trabalho Focado*. Na época, eu sabia que havia apenas arranhado a superfície de um complexo conjunto de questões que estavam afetando negativamente o trabalho intelectual na era das redes digitais, mas eu também estava lutando para organizar essas ideias persistentes em uma estrutura que fosse útil. No segundo semestre de 2015, enquanto *Trabalho Focado* estava sendo preparado para a impressão e eu estava começando a pensar no que viria a seguir, eu me deparei com uma cópia do livro *Who Owns the Future?*, de Jaron Lanier, ao folhear uma brochura de uma Barnes & Noble de Bethesda, Maryland (atualmente fechada, infelizmente). Fiquei impressionado com a maneira como ele havia complementado sua crítica aos impactos econômicos da arquitetura da internet com uma proposta alternativa audaciosa e clara. Parado lá, no corredor, segurando o livro, me veio uma revelação que iluminou de uma só vez todo aquele monte de pesquisas e intuições com os quais estava lidando: e se não precisássemos de e-mail para trabalhar?

A primeira pessoa com quem compartilhei esta visão foi minha esposa, Julie, que estava me ajudando a avaliar e a desenvolver conceitos de livros desde que assinei meu primeiro contrato com a Random House, quando tinha 21 anos. Ela é o principal filtro pelo qual passo todas as minhas ideias iniciais de livros, então sua positividade coloca todo o processo em movimento. A segunda pessoa com quem compartilhei minha ideia foi minha agente literária e mentora de editoração de longa data, Laurie Abkemeier, que, contra todas as probabilidades, também trabalha comigo desde que eu tinha 21 anos. Ela também me encorajou a desenvolver esse conceito, e assim começou um longo, cíclico e intelectualmente emocionante processo de pesquisa que, por fim, fez com que eu levasse este livro ao mercado. Minha editora da Portfolio, Niki Papadopoulos, e o editor do selo editorial, Adrian Zackheim, ficaram animados com ele e o compraram junto com *Minimalismo Digital* (que acabei publicando primeiro, em 2019). Niki exerceu um papel integral na elaboração deste livro e me ajudou a empregar um tom e abordagem mais genéricos a esses assuntos — esforços pelos quais lhe serei eternamente grato. Também devo agradecer à equipe de publicidade da Portfolio, incluindo Margot Stamas e Lillian Ball, com quem trabalhei de perto em *Minimalismo Digital* e com quem tive a sorte de trabalhar novamente neste lançamento, além de Mary Kate Skehan, que coordenou o marketing, e Kimberly Meilun, que cuidou dos detalhes de editoração.

A quantidade de colegas escritores, amigos, membros da família e vizinhos que me ouviram falar sobre o conceito deste livro no decorrer dos anos, e que, por sua vez, me deram bons conselhos, são demasiados para serem listados aqui de modo apropriado, mas sua generosidade em me fornecer esse feedback, com certeza, exerceu um grande papel na elaboração das minhas ideias. Por fim, gostaria de destacar as contribuições do meu editor do *New Yorker*, Joshua Rothman, que me pediu para escrever dois artigos durante esse período sobre temas que também abordei neste livro. Estes esforços simultâneos ajudaram a acelerar a velocidade com a qual eu conseguia reunir pesquisas relevantes, e sua orientação editorial me ajudou a aprimorar tanto meu raciocínio quanto minha escrita sobre esses assuntos.

Introdução
A Mente Coletiva Hiperativa

No final de 2010, Nish Acharya chegou em Washington, DC, pronto para trabalhar. O presidente Barack Obama havia nomeado Acharya como seu diretor de inovação e empreendedorismo e como assessor sênior do secretário do comércio. Acharya recebeu a missão de coordenar 26 agências federais diferentes e mais de 500 universidades para distribuir US$100 milhões de financiamento; em outras palavras, ele estava a ponto de se tornar um protótipo dos homens poderosos de DC: um smartphone sempre em mãos, e mensagens indo e vindo o tempo todo. Mas então a rede quebrou.

Em uma terça de manhã, depois de apenas dois meses no seu novo cargo, Acharya recebeu um e-mail do seu Diretor de Tecnologia explicando que eles precisariam desligar temporariamente a rede do seu escritório por causa de um vírus de computador. "Todos nós esperávamos que isso seria resolvido dentro de dois dias", Acharya me explicou posteriormente, quando o entrevistei sobre o incidente. Mas esta estimativa se mostrou bastante otimista. Na semana seguinte, uma subsecretária do comércio realizou uma reunião. Ela explicou que eles suspeitavam que o vírus que havia infectado a rede havia vindo de uma potência estrangeira, e que o Departamento de Segurança Interna estava recomendando que a rede permanecesse desligada enquanto rastreavam o ataque. Só para garantir, eles também destruiriam todos os computadores, notebooks e impressoras — tudo que tivesse um chip — do escritório.

Um dos maiores impactos de se desligar a rede foi que o escritório não podia mais enviar e receber e-mails. Por motivos de segurança, era difícil para eles usarem endereços de e-mail pessoais para realizar seu trabalho governamental, e obstáculos burocráticos os impediam de criar contas temporárias usando as redes de outras agências. Na prática, Acharya e sua equipe não podiam mais jogar o pingue-pongue frenético das conversas digitais que define a maioria dos trabalhos de alto nível do governo federal. Esse blackout durou seis semanas. Com um toque de humor ácido, eles começaram a chamar o dia fatídico quando tudo isso começou de "Terça-feira Negra".

Como já era de se esperar, a repentina e inesperada perda da capacidade de se enviar e receber e-mails fez com que certas partes do trabalho de Acharya se tornassem "infernais". Como o resto do governo continuou a usar bastante essa ferramenta, ele sempre se perguntava se estava perdendo reuniões ou requisições importantes. Ele explica: "Existia um canal de informações, e eu não estava nele." Outra dificuldade era a logística. O trabalho de Acharya exigia que ele organizasse várias reuniões, e esta tarefa estava se tornando consideravelmente mais frustrante sem a habilidade de coordenar tudo por e-mail.

Porém, o mais inesperado de tudo foi que o trabalho de Acharya não parou durante essas seis semanas. Ele começou a perceber que, na verdade, ele estava ficando cada vez *melhor* nele. Como não podia mais simplesmente enviar um e-mail quando tinha uma dúvida, ele precisava sair do seu escritório e conversar com as pessoas cara a cara. Como era muito difícil organizar esses eventos, ele os programava por períodos mais longos, o que lhe permitia realmente conhecer as pessoas com quem ele se reunia e entender as nuances dos seus problemas. Como Acharya explicou, essas sessões maiores mostraram ser "muito valiosas" para uma pessoa que havia sido recém-designada para um cargo político e que estava tentando entender as dinâmicas sutis do governo federal.

Não poder verificar sua caixa de entrada entre essas reuniões abriu espaço para uma inatividade cognitiva — que Acharya chama de "espaço em branco" —, que podia ser usada para se aprofundar ainda mais na literatura de pesquisa e legislações relevantes para os assuntos com os quais o seu escritório lidava. Essa abordagem mais lenta e ponderada de raciocínio resultou em algumas ideias revolucionárias que acabaram entrando na agenda da agência de Acharya do ano seguinte. Ele conta: "No ambiente político de Washington, ninguém se permite um espaço como esse. Todos estão encarando psicoticamente seu celular e lendo e-mails, o que prejudica a criatividade."

À medida que conversava com Acharya sobre a Terça-feira Negra e seu resultado, percebi que muitas das dificuldades que fizeram do blackout algo "infernal" pareciam ter solução. Por exemplo, Acharya admitiu que sua preocupação com não se manter informado diminuiu bastante pelo simples hábito de ligar para a Casa Branca todos os dias para saber se ele precisava ser informado de alguma reunião. Teoricamente, um assistente dedicado ou um membro júnior da equipe poderia ficar encarregado dessas ligações. A outra questão era o trabalho que dava organizar reuniões, mas um assistente ou algum tipo de sistema de agendamento automático poderia cuidar disso. Em outras palavras, parecia possível preservar os grandes benefícios do blackout de e-mails e evitar as muitas inconveniências que o acompanharam. Depois de propor minhas soluções, eu lhe perguntei: "O que você acha desse jeito de trabalhar?" O telefone ficou em silêncio por um momento. Ao contemplar uma ideia tão absurda — trabalhar permanentemente sem e-mail —, a mente de Acharya travou por um instante.

A reação de Acharya não foi surpreendente. Uma premissa amplamente aceita do trabalho intelectual moderno é que o e-mail nos salvou: ele transformou escritórios entediantes e antiquados, cheios de secretárias anotando recados de telefone e memorandos de papel entregues por meio de carrinhos de correio, em algo mais elegante e eficiente. Segundo esta premissa, se nos sentimos sobrecarregados por ferramentas como o e-mail ou aplicativos de mensagens instantâneas é porque nossos hábitos pessoais deixam a desejar: precisamos deixar nossos e-mails se acumularem e verificá-los todos de uma vez, desligar nossas notificações e identificar os assuntos com mais clareza! Se a nossa caixa de entrada estiver muito cheia, então isso pode significar que precisamos ajustar nossa organização como um todo com "normas" sobre questões como o tempo esperado de resposta. Porém, o valor subjacente da constante comunicação eletrônica que define o trabalho moderno nunca é questionado, visto que isso seria desesperadamente reacionário e nostálgico, como ansiar os dias perdidos do transporte a cavalo ou o romance da luz de velas.

Sob essa perspectiva, a experiência da Terça-feira Negra de Acharya foi um desastre. Mas e se passássemos justamente por essa regressão? E se o e-mail não estivesse salvando o trabalho intelectual, mas estivesse acidentalmente trocando pequenas conveniências por um grande atraso de real produtividade (não aquela ocupação frenética, mas resultados de verdade), resultando em um crescimento econômico *mais lento* durante as últimas duas décadas? E se os nossos problemas com essas ferramentas não fossem o resultado de maus hábitos e falta de normas que poderiam ser consertados com facilidade, mas do modo como eles alteraram tão dramática e inesperadamente a própria natureza de como trabalhamos? Em outras palavras, e se a Terça-feira Negra não foi um desastre, mas uma visão de como os executivos e empreendedores mais inovadores organizarão seu trabalho em um futuro iminente?

Eu fiquei obcecado em estudar como o e-mail acabou com o trabalho nos, pelo menos, últimos cinco anos. Um grande ponto de inflexão dessa jornada aconteceu em 2016, quando publiquei um livro intitulado *Trabalho Focado*, que, para minha surpresa, se tornou um sucesso. Esse livro aborda como o trabalho intelectual está subestimando a concentração. Embora a habilidade de se comunicar com rapidez por meio das mensagens digitais seja útil, as frequentes interrupções causadas por esse comportamento dificultam a concentração, o que afeta mais do que pensávamos nossa habilidade de produzir um resultado valioso. Eu não dediquei muito tempo no *Trabalho Focado* tentando entender como acabamos nos perdendo nas caixas de entrada nem sugerindo mudanças sistêmicas. Eu achava que esse problema era, em grande parte, um problema de falta de informação. Eu achava que quando as organizações percebessem a importância da concentração, elas simplesmente ajustariam suas operações para priorizá-la.

Mas eu estava sendo muito otimista. À medida que viajava o país para falar sobre o meu livro, me reunindo com executivos e funcionários, e escrevendo mais sobre esses assuntos no meu blog e nas páginas de publicações como *The New York Times* e *The New Yorker*, eu me deparei com uma percepção mais sinistra e cinzenta da situação atual do trabalho intelectual. A comunicação constante não é algo que atrapalha o trabalho real; na verdade, ela se entremeou por completo na forma como esse trabalho é realizado na prática — evitando esforços simples para diminuir as distrações através de hábitos melhores ou peripécias administrativas passageiras como sextas sem e-mail. Ficou claro que a real melhoria exigiria mudanças fundamentais na maneira como organizamos nossos esforços profissionais. Também ficou claro que essas mudanças eram urgentes: embora a explosão de e-mails tenha acontecido na forma de uma modinha irritante no início dos anos 2000, ela se tornou um problema muito mais grave recentemente, sendo que muitos atingiram seu ponto de saturação, reduzindo sua verdadeira produtividade às manhãs bem cedinho, ou às tardinhas e finais de semana, ao passo que seus dias úteis se resumem a uma batalha sem fim contra suas caixas de entrada — uma abordagem para a produtividade que resulta apenas em tristeza.

Este livro é minha tentativa de lidar com essa crise. De reunir — pela primeira vez — tudo o que sabemos sobre como desenvolvemos essa cultura de constante comunicação, e como isso afeta a nossa produtividade e saúde mental, e de explorar nossas visões mais interessantes de como deveriam ser as formas alternativas de trabalho. A ideia de um mundo sem e-mail foi radical o suficiente para pegar Nish Acharya desprevenido. Mas me convenci de que isso não só é possível, mas inevitável, e meu objetivo com este livro é lhe fornecer um mapa para essa revolução futura. Antes de lhe apresentar um resumo melhor do que as páginas a seguir lhe reservam, devemos começar a esclarecer o problema que enfrentamos hoje em dia.

Quando o e-mail começou a se espalhar no mundo profissional das décadas de 1980 e 1990, ele apresentou algo novo: uma comunicação em escala de baixo atrito. Com essa nova ferramenta, o custo em termos de tempo e capital social para se comunicar com qualquer pessoa relacionada com nosso serviço caiu de algo significativo para quase nada. Como o escritor Chris Anderson observa em seu livro *Free: grátis*, de 2009, a dinâmica de se reduzir um custo a zero pode ser "bastante misteriosa",[1] o que ajuda a explicar porque foram poucos os que anteciparam as mudanças que seriam desencadeadas pela chegada da comunicação gratuita. Nós não simplesmente trocamos nossas muitas mensagens de voz, faxes e memorandos por esse novo método eletrônico mais conveniente; nós transformamos por completo o *fluxo de trabalho* subjacente que determinava como eram executadas nossas tarefas diárias. Começamos a nos comunicar com muito mais frequência do que antes, transformando o que antes era uma sequência grosseira de atividades de trabalho discretas que definiam nosso dia em uma distribuição mais contínua de falatório constante, mesclando e redefinindo o que costumávamos considerar nosso verdadeiro trabalho.

Um estudo calcula que, em 2019, um trabalhador mediano enviava e recebia 126 e-mails de negócios por dia, o que é cerca de uma mensagem a cada 4 minutos.[2] Recentemente, uma empresa de software chamada RescueTime avaliou diretamente esse comportamento usando um programa de registro de tempo e calculou que, em média, seus usuários verificam seus e-mails ou aplicativos de mensagens instantâneas, como o Slack, a cada 6 minutos.[3] Uma equipe da Universidade da Califórnia, Irvine, realizou um experimento similar, registrando, durante 12 dias úteis, como 40 funcionários de uma grande empresa usavam o computador. Eles descobriram que, em média, esses funcionários verificavam suas caixas de entrada 77 vezes por dia, sendo que o usuário mais ativo a verificou mais de 400 vezes por dia.[4] Uma pesquisa realizada pela Adobe revelou que trabalhadores intelectuais realizaram uma autoavaliação que indicava que eles gastavam mais de três horas por dia enviando e recebendo e-mails de negócios.[5]

Assim, o problema não é a ferramenta, mas o novo método de trabalho que ela instituiu. Para nos ajudar a entender melhor esse novo fluxo de trabalho, lhe darei um nome e uma definição:

> **A Mente Coletiva Hiperativa**
> Um fluxo de trabalho que gira em torno da conversação constante, alimentada por mensagens não estruturadas e não programadas que são entregues por meio de ferramentas de comunicação digital, como o e-mail e serviços de mensagens instantâneas.

O fluxo de trabalho da mente coletiva hiperativa se espalhou por todo o trabalho intelectual. Agora, quer sejamos programadores de computadores, assessores de marketing, gerentes, editores de jornal ou professores, nosso dia está, em grande parte, estruturado para lidar com a constante conversação da mente coletiva da nossa organização. É este fluxo de trabalho que faz com que passemos mais de um terço das nossas horas de trabalho na nossa caixa de entrada, vendo, a cada seis minutos, se chegaram mensagens novas. Já estamos acostumados com isso, mas quando visto até mesmo no contexto da história recente, isso representa uma mudança na nossa cultura de trabalho que é tão radical que seria um absurdo deixar de examinar essa questão mais de perto.

Para ser justo, a mente coletiva hiperativa obviamente não é uma má ideia. Um dos benefícios desse fluxo de trabalho é o fato de que ele é mais simples e muito facilmente adaptável. Como um dos pesquisadores me explicou, um dos motivos de o e-mail ser tão atraente é que ele é uma ferramenta que pode ser aplicada com facilidade a quase todos os tipos de trabalho intelectual — a curva de aprendizagem dele é muito menor em comparação com a necessidade de dominar um sistema digital à parte e personalizado para cada tipo de trabalho. A conversação não estruturada também é um método eficaz de identificar desafios inesperados e de coordenar respostas com rapidez.

Porém, como abordo na Parte 1 deste livro, o fluxo de trabalho da mente coletiva hiperativa desenvolvida pelo e-mail — embora natural — acabou se mostrando incrivelmente ineficaz. Nossa psicologia explica esse fracasso. Além de uma escala bem reduzida (digamos, duas ou três pessoas), este estilo de colaboração não estruturada simplesmente não se alinha com a forma como o cérebro humano evoluiu para funcionar. Se nossa organização depende da mente coletiva, então não poderemos negligenciar nossas caixas de entrada ou canais de comunicação por muito tempo sem diminuir o ritmo da operação como um todo. Porém, essa interação constante com a mente coletiva exige que frequentemente deixemos de nos concentrar no trabalho para falar sobre ele, e vice-versa. Como veremos em mais detalhes, pesquisas inovadoras de psicologia e neurociência revelam que até mesmo breves mudanças de contexto resultam em grandes custos em termos de energia mental — diminuindo o desempenho cognitivo e criando uma sensação de exaustão e de eficácia reduzida. No momento, a habilidade de rapidamente delegar tarefas e solicitar feedback pode parecer um ato de otimização, mas, como veremos, a longo prazo, ela provavelmente *diminuirá* a produtividade, exigindo mais tempo e recursos para realizar a mesma quantidade de trabalho.

Na primeira parte deste livro, vamos analisar em detalhes por que o elemento social do fluxo de trabalho da mente coletiva não se alinha com os circuitos sociais dos nossos cérebros. Quando paramos para pensar, sabemos que as seiscentas mensagens não lidas da nossa caixa de entrada não são tão importantes assim, e nos lembramos de que os remetentes dessas mensagens têm mais o que fazer do que apenas esperar e ficar olhando para suas telas, nos xingando porque estamos demorando demais para responder. No entanto, uma parte mais profunda dos nossos cérebros, que evoluiu para lidar com a intrincada dança das dinâmicas sociais que possibilitaram a prosperidade tão espetacular da nossa espécie desde a Era Paleolítica, continua a se preocupar com o que ele entende ser uma negligência das nossas obrigações sociais. Para esses circuitos sociais, os membros da nossa tribo estão tentando chamar nossa atenção e nós os estamos ignorando: um evento que é registrado como uma emergência. O resultado desse constante estado de desconforto é uma ansiedade que muitos trabalhadores intelectuais viciados em caixas de entrada concluem ser inevitável, mas que na verdade é o resultado dessa infeliz incompatibilidade entre nossas ferramentas modernas e nossos cérebros antigos.

A questão mais óbvia é por que adotar um fluxo de trabalho que possui tantos atributos negativos. Como explico no final da Parte 1, a história por trás do surgimento da mente coletiva hiperativa é complicada. Ninguém chegou a *decidir* que ela era uma boa ideia; ela simplesmente surgiu, de certa forma, por vontade própria. Nossa crença de que a comunicação frenética é, de alguma forma, um sinônimo de trabalho é, em grande parte, uma história que contamos a nós mesmos para explicar as mudanças repentinas causadas por dinâmicas complexas.

Entender a arbitrariedade por trás de como trabalhamos atualmente, talvez mais do que qualquer outra coisa, deveria nos motivar a procurar opções melhores. Este é exatamente o objetivo que busco atingir na Parte 2 deste livro. Nessa parte, eu apresento uma estrutura que chamo de *teoria do capital de atenção*, que defende a criação de fluxos de trabalho que se baseiam em processos elaborados especificamente para nos ajudar a tirar o máximo de proveito dos nossos cérebros humanos, ao passo que minimizamos incômodos desnecessários. Isso pode soar óbvio, mas, na verdade, contradiz o modo padrão de pensar a gestão de trabalho intelectual. Como veremos, motivado pelas ideias do imensamente influente business thinker Peter Drucker, temos a tendência de pensar nos trabalhadores intelectuais como caixas-pretas autônomas — ignorando os detalhes de como eles realizam seu trabalho e nos concentrando em lhes fornecer objetivos claros e liderança motivacional. Isso é um erro. O trabalho intelectual possui um potencial de produtividade massivo, mas que se encontra dormente hoje em dia. Despertá-lo exigirá um pensamento muito mais sistemático de como organizar melhor o objetivo fundamental de reunir cérebros humanos em uma rede para gerar a maior quantidade de valor do modo mais sustentável possível. Dica: é muito improvável que a resposta certa envolva ver se recebemos e-mails a cada seis minutos.

A maior parcela da Parte 2 aborda um conjunto de princípios de como aplicar a teoria do capital de atenção na reestruturação dos fluxos de trabalho que impulsionam o trabalho organizacional, em equipe e individual nessa direção — nos afastando da mente coletiva hiperativa e nos aproximando de abordagens mais bem estruturadas e que evitam os problemas da comunicação constante abordada na Parte 1. Algumas das ideias que apoiam esses princípios vêm de exemplos revolucionários de organizações que estão experimentando novos fluxos de trabalho que minimizam a comunicação não programada. Outras ideias são tiradas de práticas que possibilitaram o funcionamento eficaz de organizações complexas de trabalho intelectual em uma era anterior às redes digitais.

Os princípios descritos na Parte 2 não o obrigam a banir as tecnologias de mensagens, como o e-mail e os programas de mensagens instantâneas. Essas ferramentas ainda são uma forma muito útil de se comunicar, e seria reacionário voltar às tecnologias antigas e menos convenientes apenas para transmitir uma ideia. Mas esses princípios o levarão a fazer com que a troca de mensagens digitais deixe de ser algo constante e se torne algo que ocorre ocasionalmente. Assim, o mundo sem e-mail mencionado no título deste livro não é um lugar onde protocolos como o SMTP ou POP3 foram banidos. É, no entanto, um lugar onde passamos a maior parte do dia realmente trabalhando com coisas reais, em vez de apenas falar sobre esse trabalho ou ficar passando continuamente pequenas tarefas de uma pessoa para outra por meio de mensagens.

Este conselho foi elaborado para ser aplicado por vários públicos. Isso inclui líderes empresariais que querem revisar a operação da sua empresa, equipes que querem trabalhar com mais eficiência, empreendedores individuais e freelancers que desejam maximizar sua produção de valores, e até funcionários individuais que desejam tirar mais proveito dos seus hábitos individuais de comunicação por enxergarem a si mesmos a partir da perspectiva do capital de atenção. Dessa forma, incluí exemplos de grande escala, como diretores executivos que fizeram mudanças drásticas na cultura da sua empresa, e de pequena escala, como meus próprios experimentos usando sistemas emprestados de desenvolvedores de software para tirar minhas tarefas administrativas acadêmicas da caixa de entrada e inseri-las em um formato mais organizado.

As sugestões da Parte 2 não se aplicam a todas as situações. Por exemplo, se for um funcionário de uma empresa que ainda se curva ao altar da mente coletiva hiperativa, você poderá fazer apenas algumas mudanças sem irritar seus colegas. Assim, você vai precisar tomar certo cuidado ao escolher e selecionar as estratégias que deseja implementar. (Vou tentar ajudá-lo nessa seleção destacando exemplos de como esses muitos princípios foram aplicados no contexto individual.) De modo similar, se for um empreendedor de startup, você estará em melhores condições de fazer experiências com novos processos radicais de trabalho do que se for o diretor-executivo de uma grande empresa.

Mas eu realmente acredito que qualquer pessoa ou organização que começa a pensar criticamente sobre o fluxo de trabalho da mente coletiva hiperativa e acaba substituindo sistematicamente seus elementos por processos que são mais compatíveis com as realidades do cérebro humano obterá uma vantagem competitiva considerável. O futuro do trabalho está se tornando cada vez mais cognitivo. Isso quer dizer que, quanto mais rapidamente levarmos a sério como o cérebro humano realmente funciona e procurarmos por estratégias que complementem melhor essas realidades, mais rapidamente perceberemos que a mente coletiva hiperativa, embora conveniente, é um método desastrosamente ineficaz de organizar nossos esforços.

Assim, este livro não deve ser entendido como reacionário ou antitecnologia. Pelo contrário, sua mensagem visa bastante o futuro. Ele reconhece que, se quisermos tirar o máximo de proveito das redes digitais nos ambientes profissionais, precisaremos contínua e agressivamente tentar otimizar a maneira como as utilizamos. Atacar as falhas da mente coletiva hiperativa, com certeza, não é nenhum ato de ludismo — antes, o verdadeiro obstáculo para o progresso é nos entregarmos aos confortos simplistas desse fluxo cego de trabalho à custa do refinamento adicional.

Nessa formulação, um mundo sem e-mail não é um retrocesso, mas um avanço em direção a um emocionante futuro tecnológico que estamos apenas começando a entender. O trabalho intelectual ainda não tem o seu Henry Ford, mas as inovações do fluxo de trabalho na mesma escala da linha de montagem são inevitáveis. Não posso prever todos os detalhes desse futuro, mas acredito que ele não envolve abrir nossa caixa de entrada a cada seis minutos. Esse mundo sem e-mail está chegando, e acho que este livro o ajudará a se interessar pelo seu potencial tanto quanto eu.

Parte 1

O Caso Contra o E-mail

Capítulo 1

O E-mail Reduz a Produtividade

Os Custos Ocultos da Mente Coletiva Hiperativa

Quando me encontrei com Sean pela primeira vez, ele me contou uma história familiar sobre a comunicação no ambiente de trabalho. Sean foi o cofundador de uma pequena firma de tecnologia que projetou aplicativos de comunicação interna para grandes organizações. Sua empresa tinha sete funcionários que trabalhavam em um escritório de Londres, e, tal como Sean os descreveu, eles eram praticantes entusiásticos do fluxo de trabalho da mente coletiva hiperativa. Ele disse: "Nosso Gmail ficava aberto o tempo todo. Tudo era feito por e-mail." Sean começava a enviar e receber mensagens assim que acordava e continuava a fazer isso até à noite. Um funcionário do Sean até lhe pediu para parar de lhe enviar e-mails tão tarde porque a ideia de que as mensagens do seu chefe estavam se acumulando enquanto ele dormia era estressante.

Então, a hiperatividade aumentou. Sean recorda: "O Slack estava causando bastante hype, então decidimos experimentá-lo." A velocidade de troca de mensagens aumentou, em especial depois que um cliente exigente recebeu acesso aos seus canais, permitindo-lhe avaliar o progresso do serviço e fazer perguntas sempre que desejasse: "Interrupções constantes, todo dia." Sean podia sentir que o choque da troca de atenção das mensagens para o trabalho e de volta para as mensagens estavam desgastando sua capacidade de pensar com clareza. Ele começou a sentir repulsa pelos alertas de notificação do seu celular. Ele confessa: "Eu odiava aquilo — aquele som ainda me dá calafrios." Sean começou a se preocupar com a possibilidade de que o estresse mental de administrar toda essa comunicação estivesse diminuindo a eficácia da sua empresa. Ele relata: "Eu estava trabalhando até 1 da manhã todo dia porque esse era o único momento em que eu me sentia livre de todas as distrações." Ele também começou a duvidar da importância que todo esse falatório sem fim tinha para sua missão. Depois de rever o uso do Slack por parte da sua equipe, ele descobriu que o recurso mais popular dele era um plug-in que inseria GIFs animados nas conversas por chat. Sean chegou ao fundo do poço quando dois dos seus supervisores de projetos se demitiram de repente. "Eles estavam esgotados."

O sentimento de frustração de Sean com relação à diminuição de nossa produtividade por causa dessa troca constante de mensagens digitais se tornou comum. No outono de 2019, como parte do estudo para este livro, convidei meus leitores a participarem de uma pesquisa sobre o papel do e-mail (e de ferramentas relacionadas, como o Slack) nas suas vidas profissionais. Mais de 1.500 pessoas participaram, e muitas delas compartilhavam da frustração de Sean — não com as ferramentas em si, que evidentemente são meios eficientes de comunicação, mas com os fluxos de trabalho no estilo mente coletiva hiperativa que geravam.

Uma seção dessas respostas tinha a ver com a quantidade de comunicação gerada por esse fluxo de trabalho. Um advogado chamado Art escreveu: "Todo dia, recebo uma enxurrada de e-mails sobre programação e prazos, e eles não são usados com muita eficácia." George, outro advogado, descreveu sua caixa de entrada como que contendo "uma avalanche de mensagens" na qual coisas importantes se perdiam.

Outra seção se concentrou na ineficácia de se prolongar conversas por meio do vai e vem de um sem-fim de mensagens. Uma analista financeira chamada Rebecca escreveu: "Sua natureza assíncrona é tanto uma benção como uma maldição. É uma bênção que eu possa fazer perguntas ou delegar uma tarefa a alguém sem precisar procurar por ela. É uma maldição no sentido de que há a expectativa implícita de que todos estamos vendo se recebemos e-mails o tempo todo e que responderemos rapidamente." Um gerente de projetos de TI fez uma reclamação similar: "Conversas simples (que poderiam terminar em questão de algumas horas) podem se estender em uma conversa de e-mail que será lida por uma lista de destinatários cada vez maior." Uma administradora de serviços públicos observou que passar essas interações para mensagens digitais também as tornam "incrivelmente formais" e "menos criativas ou diretas". Ela explica: "Um projeto ou tarefa que poderia ser concluído com relativa simplicidade por meio de um grupo de pessoas que trabalhassem fisicamente juntas se torna muito mais complicado quando tentamos lidar com todo aquele vai e vem de comunicações via e-mail."

Outro raciocínio comum do porquê o e-mail diminui a produtividade se baseia na sua capacidade de aumentar a quantidade de informações irrelevantes que ele nos obriga a processar de uma hora para outra. Um professor chamado Jay escreveu: "Fico frustrado com a quantidade de atualizações que recebo... que não tem nada a ver com o meu cargo." Uma editora chamada Stephanie escreveu: "Agora, as pessoas confundem responder a e-mails com trabalho de verdade. Existe uma certa realização na escrita de e-mails e em incluir destinatários em CC, tipo: 'Veja todo o trabalho que estou fazendo.' Uma chatice." Uma consultora de RH chamada Andrea expressou isso da seguinte forma: "Pelo menos 50% das mensagens que recebemos são perguntas abertas... Parece que a outra pessoa simplesmente enviou um e-mail sem se preocupar com as respostas que eu deveria dar."

Assim como na história de Sean, as ferramentas de mensagens instantâneas, como o Slack, não escaparam das críticas dos participantes. Elas foram descritas por muitos leitores simplesmente como e-mails com expectativas de respostas ainda mais rápidas. Um coach executivo chamado Mark escreveu: "O Slack não passa de uma sequência de mensagens. Ele incentiva as pessoas a postarem mensagens quase que sem limites. Isso é terrível."

As histórias que contei, é claro, são informais. Mas, como veremos nas páginas seguintes, quando investigamos literaturas de pesquisa relevantes, fica claro que os problemas que os participantes mencionaram são, muito provavelmente, piores do que a maioria imaginava. O e-mail pode ter tornado certas ações específicas muito mais eficientes, mas, como a ciência deixará claro, o fluxo de trabalho da mente coletiva hiperativa criada por essa tecnologia foi um desastre para a produtividade em geral.

Uma Loucura de Multitarefa Constante

Em fins da década de 1990, Gloria Mark tinha uma estrutura profissional invejável. A pesquisa de Mark se centrava em um campo conhecido como trabalho colaborativo auxiliado por computador (CSCW, sigla em inglês), que, como o nome sugere, investiga como a tecnologia emergente poderia ajudar as pessoas a trabalharem juntas de modo mais produtivo. Embora o CSCW já exista desde, pelo menos, a década de 1970, quando ele começou, concentrando-se em assuntos menos interessantes, como a gestão de sistemas da informação e a automação de processos, ele recebeu uma descarga de energia na década de 1990, quando as redes de computadores e a internet possibilitaram abordagens inovadoras ao trabalho.

Nessa época, Mark era pesquisadora do Centro Alemão de Pesquisa Nacional para a Tecnologia da Informação de Bonn, onde ela poderia, segundo suas palavras, "trabalhar no que ela quisesse". Na prática, isso queria dizer que ela "se aprofundaria" em alguns poucos projetos por vez, muitos dos quais se concentravam em novos programas digitais de colaboração. Entre outros projetos, Mark estava trabalhando em um sistema de hipermídia chamado DOLPHIN, feito para tornar as reuniões mais eficazes, e um sistema digital de administração de documentos chamado PoliTeam, feito para simplificar a burocracia de ministérios governamentais. Como era costumeiro na Alemanha, o almoço era a principal refeição do dia. Mark conta que ela gostava de fazer longas refeições com seus colegas seguidas de longas caminhadas pelo campus — que eles chamavam de "rondas" — para digerir o alimento e trabalhar em ideias interessantes. Ela recorda: "Era lindo. O campus tinha até um castelo."

Em 1999, Mark decidiu que era hora de voltar para sua terra natal, os Estados Unidos. Tanto ela como seu marido tinham trabalhos acadêmicos garantidos na Universidade da Califórnia, Irvine. Assim, eles fizeram as malas e se despediram das longas sessões de trabalho prolongado divididas por refeições tranquilas e rondas vespertinas ao redor do castelo, e foram para o oeste. Ao iniciar seu trabalho acadêmico norte-americano, Mark ficou chocada com como todos pareciam tão *ocupados*. Ela conta: "Eu tinha muita dificuldade de me concentrar. Eu tinha que trabalhar em muitos projetos." As longas horas de almoço na Alemanha das quais ela tanto gostava se tornaram uma lembrança distante. Ela continua: "Eu mal tinha tempo para pegar um sanduíche ou uma salada para o almoço, e, quando eu voltava, via meus colegas nos seus escritórios fazendo a mesma coisa, comendo na frente do computador." Curiosa para descobrir o quanto esses hábitos de trabalho haviam se espalhado, Mark convenceu uma empresa local de trabalho intelectual a permitir que sua equipe de investigação observasse um grupo de catorze funcionários durante três dias úteis, observando o que faziam e registrando com precisão como passavam o tempo. O resultado disso foi um trabalho que se tornou famoso — ou infame, dependendo do seu ponto de vista — e que foi apresentado em uma conferência de 2004 sobre a interação entre computadores e seres humanos, cujo título da pesquisa cita a descrição de uma participante da investigação sobre como era um dia de trabalho normal para ela: "Uma Loucura de Multitarefa Constante."[1]

"Nosso estudo confirma o que muitos dos nossos colegas e nós mesmos informalmente observamos por algum tempo: que o trabalho da informação é muito fragmentado", escreveram Mark e seu coautor, Victor González, na seção da discussão do trabalho. "O que nos surpreendeu foi justamente o quão fragmentado esse trabalho é." A principal descoberta do trabalho foi que, uma vez que eliminamos as reuniões formalmente programadas, os funcionários que eles acompanharam transferiram sua atenção para uma nova tarefa, em média, *uma vez a cada três minutos*. De repente, a experiência de Mark de ser puxada em várias direções diferentes ao chegar na Califórnia não aconteceu só com ela — na verdade, essa parece ser uma característica cada vez mais presente no trabalho intelectual.

Quando perguntei a Mark o que causou essa fragmentação, ela rapidamente respondeu: "O e-mail." Ela chegou a essa conclusão, em parte, pesquisando a literatura relevante. Desde, pelo menos a década de 1960, os pesquisadores vêm medindo como os gerentes gastam seu tempo no ambiente de trabalho. Embora as várias categorias que eles analisavam tenham mudado com o passar dos anos, duas tarefas fundamentais são apresentadas com consistência: "reuniões programadas" e "trabalho burocrático". Mark obteve seus achados sobre essas duas categorias a partir de uma série de trabalhos que começaram a ser escritos em 1965 e terminaram com um trabalho de 2006 que seguiu seu estudo original sobre a loucura da multitarefa.

Quando Mark inseriu esses resultados em uma única tabela de dados, uma tendência ficou bem evidente. De 1965 a 1984, os funcionários estudados passavam 20% do seu dia envolvidos em trabalho burocrático e 40% dele em reuniões programadas. Nos estudos de 2002 para a frente, essas porcentagens praticamente foram invertidas. O que explica essa mudança? Como Mark aponta, entre os estudos de 1984 e 2002, "o e-mail se popularizou".[2]

Depois que o e-mail surgiu no ambiente de trabalho moderno, as pessoas não precisaram mais se sentar na mesma sala que seus colegas para discutir seu trabalho, visto que agora podiam simplesmente trocar mensagens eletrônicas quando fosse conveniente. Como o e-mail conta como "trabalho burocrático" nesses estudos, vemos um aumento na quantidade de tempo gasto com trabalho burocrático e uma queda no tempo gasto em reuniões programadas. Porém, diferentemente das reuniões programadas, as conversas realizadas por e-mail se desenvolvem de modo assíncrono — em geral, há um espaço de tempo entre o momento em que uma mensagem é enviada e, por fim, lida —, o que significa que as interações compactadas que antigamente definiam as reuniões síncronas são agora espalhadas em um ritmo fragmentado de olhadas rápidas na caixa de entrada durante o dia. No estudo de Mark e González, a média das reuniões programadas era de aproximadamente 42 minutos. Em contraste com isso, o tempo médio gasto na caixa de entrada dos e-mails antes de se iniciar outra atividade era de apenas 2 minutos e 22 segundos. A interação agora ocorre aos poucos, fragmentando as outras tarefas que compõem um dia típico de um trabalhador intelectual.

Assim, são nessas tabelas de dados não descritivos dos trabalhos do CSCW, publicados há mais de uma década, que encontramos as primeiras evidências empíricas da hipótese da mente coletiva hiperativa descrita da introdução deste livro. Entretanto, não devemos dar muita ênfase a apenas um estudo. Felizmente, para nossos fins, quando Gloria Mark começou a estudar como as tecnologias da informação estavam transformando o trabalho intelectual, outros pesquisadores começaram a se fazer perguntas similares.

Um trabalho de 2011 que foi publicado no periódico *Organization Studies* replicou o trabalho inovador de Mark e González observando um grupo de 14 funcionários de uma firma australiana de telecomunicações. Os pesquisadores descobriram que, em média, os funcionários que eles estavam observando dividiam seu dia de trabalho em 88 "episódios" diferentes, 60 dos quais eram dedicados à comunicação.[3] Eles resumem: "Esses dados… parecem apoiar a noção de que os dias de trabalho dos trabalhadores intelectuais são bem fragmentados." Em 2016, em outro trabalho de coautoria de Gloria Mark, sua equipe utilizou um programa de registro para monitorar os hábitos dos funcionários de uma divisão de pesquisa de uma grande corporação e descobriu que, em média, eles verificavam se haviam recebido e-mails mais de 77 vezes por dia.[4]

Os trabalhos que registram o número médio de mensagens de e-mail enviadas e recebidas por dia também exibem uma tendência para o aumento da comunicação: de 50 e-mails por dia em 2005,[5] para 69 em 2006,[6] para 92 em 2011.[7] Um relatório recente de uma firma de pesquisa de tecnologia chamada Radicati Group calculou que, em 2019, o ano em que comecei a escrever este capítulo, o usuário empresarial médio estaria enviando e recebendo 126 mensagens por dia.[8]

Em conjunto, essa pesquisa cuidadosamente documenta o surgimento e a realidade do fluxo de trabalho da mente coletiva hiperativa no trabalho intelectual durante os últimos quinze anos. Mas os estudos mencionados nos dão apenas uma ideia do nosso problema atual, visto que os experimentos típicos observam no máximo uns vinte funcionários por alguns poucos dias. Para obter uma ideia melhor do que acontece em um escritório conectado padrão, recorreremos a uma pequena firma de software de produtividade chamada RescueTime, a qual, em anos recentes, com o auxílio de dois cientistas de dados dedicados, vem discretamente produzindo um notável conjunto de dados que nos permitirá visualizar os detalhes dos hábitos de comunicação dos trabalhadores intelectuais contemporâneos de uma forma sem precedentes.

O principal produto da RescueTime é uma ferramenta epônima de registro de tempo que funciona em segundo plano nos aparelhos e registra quanto tempo gastamos usando os mais diversos aplicativos e sites. A história de origem da empresa começa em 2006, quando um grupo de desenvolvedores de aplicativos online se cansaram da experiência de trabalhar duro o dia todo e sentir que não tinham muito para apresentar como resultados. Curiosos para descobrir o que estava acontecendo, eles juntaram alguns scripts para monitorarem seus comportamentos. Como Robby Macdonell, o CEO atual, me explicou, seu experimento se popularizou nos círculos sociais: "Cada vez mais pessoas disseram que queriam saber o quanto realmente usavam seus aplicativos." No inverno de 2008, essa ideia foi aceita pela prestigiosa incubadora Y Combinator, e a empresa nasceu.

O objetivo principal da RescueTime é fornecer um feedback detalhado aos seus usuários sobre seu comportamento. Dessa forma, eles podem encontrar maneiras de ser mais produtivos. No entanto, como essa ferramenta é um aplicativo online, toda essa informação fica armazenada nos servidores centrais, o que torna possível juntar e analisar os hábitos de tempo de uso de dezenas de milhares de usuários. Depois de algumas tentativas frustradas, a RescueTime levou a sério o trabalho de analisar esses dados corretamente. Em 2016, ela contratou, por tempo integral, dois cientistas de dados, que colocaram os dados no formato adequado para estudar tendências e proteger, de forma apropriada, a privacidade dos seus usuários. Então, eles começaram a trabalhar para tentar entender como esses trabalhadores intelectuais modernos e voltados para a produtividade realmente estavam gastando seu tempo. Os resultados foram surpreendentes.

Um relatório do verão de 2018 analisou, de forma anônima, os dados comportamentais de mais de 50 mil usuários ativos do software de registro.[9] Ele revelou que metade desses usuários estavam verificando aplicativos de comunicação, como o e-mail e o Slack, a cada seis minutos ou menos. Na verdade, o tempo médio de verificação mais comum de foi de *uma vez por minuto*, ao passo que mais de um terço das pessoas verificavam sua caixa de entrada a cada três minutos ou menos. Lembre-se de que essas médias muito provavelmente são afetadas por incluírem períodos tais como a hora do almoço e reuniões particulares, nos quais os usuários supostamente não estariam na frente dos seus monitores de computador. (Por outro lado, o estudo de Gloria Mark não incluiu o tempo gasto em reuniões formais ao calcular a média dos tempos de alteração do foco de atenção dos participantes.)

Para nos ajudar a entender o quão raros são os períodos sem interrupção, os cientistas de dados da RescueTime também calcularam o intervalo *mais longo* em que cada usuário trabalhou sem verificar sua caixa de entrada ou seus aplicativos de mensagens instantâneas. No caso de metade dos usuários estudados, o maior período sem interrupção não passou de quarenta minutos, sendo que o período comum mais longo foi de meros vinte minutos. Durante o período do estudo, mais de dois terços dos usuários nunca teve uma hora ou mais de períodos sem interrupção.

Para tornar essas observações mais concretas, Madison Lukaczyk, uma das cientistas de dados envolvidas nesse relatório, publicou um gráfico exibindo toda uma semana com seus próprios dados de uso de ferramentas de comunicação. Durante todas as horas desse período de sete dias em que Lukaczyk passou trabalhando, houve apenas oito blocos de trinta minutos ou mais que não incluíram a verificação da chegada de mensagens — com uma média de um pouco mais de um de tais blocos sem distrações e de tamanho modesto por dia. (E isso vindo de alguém que ganha a vida estudando distrações tecnológicas!)

Em um relatório relacionado, os cientistas da RescueTime tentaram conectar a comunicação com a produtividade se concentrando no tempo gasto em atividades que os próprios usuários classificaram como "produtivas".[10] Para cada usuário, eles dividiram esse tempo produtivo em grupos de 5 minutos e isolaram os grupos que *não* incluíam verificações da caixa de entrada ou de aplicativos de mensagens instantâneas. Esses grupos isolados representam uma aproximação grosseira do período de trabalho produtivo sem distrações. O usuário médio estudado teve apenas 15 de tais grupos de não interrupção, obtendo um total de apenas 1 hora e 15 minutos de trabalho produtivo sem distrações por dia. E, para deixar bem claro, esse período de 1 hora e 15 minutos não foi *contínuo*; ele representa o total de trabalho produtivo sem distrações realizado durante o dia inteiro.

O significado do conjunto de dados da RescueTime é chocante: o trabalhador intelectual moderno quase nunca fica mais do que alguns poucos minutos sem enviar ou receber algum tipo de comunicação eletrônica. Dizer que verificamos nossa caixa de entrada com muita frequência é um eufemismo; a realidade é que usamos essas ferramentas *o tempo todo*.

A única coisa que ficou faltando nos conjuntos de dados que acabamos de discutir é uma ideia do que há em todos esses e-mails que enviamos tanto durante o dia. Para nos ajudar a descobrir isso, pedi às 1.500 pessoas que participaram da minha pesquisa para classificarem os e-mails que receberam durante um dia de trabalho típico e recente de escolha deles. Eu lhes forneci sete categorias: planejamento (agendamento de reuniões, de ligações etc.), informativo (que eu defino como aqueles que não exigem uma resposta), administrativo, discussão de trabalho, comunicação com o cliente, pessoal e diversos.

Eu estava curioso para saber que tipos de e-mails predominavam no trabalho dos meus leitores. Para minha surpresa, a resposta acabou sendo *todos os tipos*. O número médio de e-mails recebidos de planejamento, administrativos, de discussão de trabalho, de comunicação com o cliente e diversos estava entre oito e dez por dia, ao passo que o número médio de e-mails pessoais era um pouco menor. A única exceção eram os e-mails informativos, que, em média, chegavam a dezoito por dia.

Reunir todas essas observações nos dá uma ideia clara e perturbadora da interação no ambiente dos escritórios modernos. Não é mais apropriado pensar nas ferramentas de comunicação como algo que interrompe o trabalho ocasionalmente; um modelo mais realístico seria que os trabalhadores intelectuais basicamente dividem sua atenção em duas pistas paralelas: uma é a execução das suas tarefas de trabalho e a outra é a gestão de uma onipresente, constante e esmagadora conversação eletrônica sobre essas tarefas. Os autores do estudo australiano de 2011 destacaram este ponto: "Nossas descobertas nos levaram a concluir que essa distinção [entre o trabalho primário e as interrupções de comunicação] não existe em um ambiente impregnado com meios de comunicação, os quais constantemente demandam a atenção dos funcionários." Não só estamos nos comunicando o tempo todo, mas, como detalhado nas respostas da minha pesquisa com os leitores, o número de diferentes tipos de coisas sobre as quais estamos nos comunicando também é grande. De fato, a organização do trabalho intelectual moderno opera como uma mente coletiva — uma inteligência coletiva de vários cérebros que estão conectados eletronicamente a um vai e vem de informações e conversas paralelas.

É importante destacar que, embora sua gravidade seja chocante, essa abordagem da *pista paralela* do trabalho intelectual obviamente não é algo ruim. Pode-se dizer, por exemplo, que essa comunicação constante é eficiente porque ela elimina as despesas necessárias para se agendar reuniões formais, e isso possibilita que as pessoas recebam justamente a informação de que precisam e quando precisam. Escrevendo em 1994, no início da revolução da comunicação digital, a finada socióloga Deirdre Boden defendeu essa posição de forma convincente, comparando esses hábitos frenéticos de troca de mensagens com processos "just in time" que haviam recentemente se mostrado muito rentáveis na manufatura e em grandes lojas de varejo.[11] Também poderíamos dizer que a grande quantidade de tipos diferentes de coisas sobre as quais falamos em determinado dia também é adaptativa: uma abordagem de maior produção que só se tornou possível graças à alta eficiência das ferramentas de mensagens.

Entretanto, como discutiremos a seguir, esse otimismo é falho. O valor abstrato do fluxo de trabalho da mente coletiva hiperativa se dissipa quando nos deparamos com a realidade concreta de como nossos cérebros antigos — que evoluíram em um contexto muito distante das redes eletrônicas e de troca de mensagens de baixo atrito — funcionam quando devem dar atenção a várias coisas e precisam ficar alternando rapidamente entre elas.

O Cérebro Sequencial em um Mundo Paralelo

Encaramos nossa capacidade de prestar atenção como algo simples. Porém, como resultados fundamentais da neurociência revelam, parte do que nos distingue dos nossos ancestrais primatas é a capacidade do nosso córtex pré-frontal de funcionar como um tipo de guarda de trânsito para a nossa atenção, amplificando os sinais das redes do nosso cérebro associados com o foco da nossa atenção ao passo que suprime os sinais de todo o resto.[12] Outros animais conseguem fazer isso por meio de estímulos imediatos, como um veado que, alerta, levanta a cabeça quando escuta um galho se quebrando. No entanto, apenas os seres humanos podem decidir se concentrar em algo que não está acontecendo ao seu redor no momento, como se planejar para caçar um mamute ou escrever um memorando de estratégias.

Do ponto de vista de um trabalhador intelectual frenético, um grande problema desse processo é que o córtex pré-frontal só consegue se concentrar em uma coisa por vez. Adam Gazzaley e Larry Rosen resumem bem isso no seu livro *The Distracted Mind*, de 2016: "Nossos cérebros não processam informações de forma paralela."[13] Por causa disso, quando tentamos conversar com várias pessoas ao mesmo tempo por meios eletrônicos enquanto realizamos uma tarefa primária, tal como escrever um relatório ou codificar um programa de computador, nosso córtex pré-frontal precisa ficar alternando entre o que ele considera ser a prioridade no momento, e, cada vez que isso acontece, diferentes redes do cérebro devem ser amplificadas e suprimidas. Não é nenhuma surpresa para nós que essa *troca de redes* não é um processo instantâneo; são necessários tempo e recursos cognitivos. Quando tentamos fazer isso rapidamente, o resultado não é lá essas coisas.

O fato de que alterar nosso foco de atenção reduz nosso processamento mental vem sendo observado desde, pelo menos, o início do século XX, muito antes de alguém entender como o córtex pré-frontal de fato realiza tal mudança. Um dos primeiros trabalhos que documentaram esse fenômeno foi publicado por Arthur Jersild em 1927. Ele apresentou o que acabou se tornando a estrutura experimental básica da investigação do custo de se alterar o foco de atenção: dar duas tarefas diferentes ao participante, contar quanto tempo demora para ele terminar cada tarefa separadamente e, então, ver quão mais lento ele fica quando precisa alternar várias vezes entre diferentes focos de atenção.[14]

Por exemplo, um dos experimentos de Jersild apresentou uma coluna com números de dois dígitos aos participantes. Uma das tarefas era somar 6 a cada número e a outra era subtrair 3. Se pedíssemos aos participantes para realizar apenas uma tarefa repetidamente, como somar 6 a cada número da lista, eles terminariam muito mais rapidamente do que se lhes pedíssemos para alternar entre somas e subtrações.[15] Quando Jersild fez com que as tarefas se tornassem mais complexas, pedindo aos participantes para somar 17 e subtrair 13, a diferença dos tempos de conclusão se tornaram ainda maiores, indicando que tarefas mais intrincadas exigem uma alteração mais intrincada.

Nas décadas seguintes ao trabalho clássico de Jersild, muitos outros estudos modificaram os detalhes, mas chegaram ao mesmo resultado básico: a mudança de redes diminui a velocidade da mente. Porém, o objetivo desses trabalhos era entender melhor como o cérebro funciona. Foi só em 2009 que os cientistas começaram a levar a sério a questão de como esses custos de alteração poderiam afetar o desempenho no ambiente de trabalho. Foi então que uma professora assistente recém-formada chamada Sophie Leroy publicou um trabalhado de comportamento organizacional que juntou todas essas ideias. O título do seu trabalho era uma pergunta direta que refletia muito do que havia começado a dar errado na abordagem da mente coletiva hiperativa à colaboração: *Why is it so hard to do my work?* (*Por que é tão difícil fazer meu trabalho?*)[16]

Assim como Gloria Mark, o interesse de Leroy na psicologia do trabalho intelectual foi inspirado na experiência pessoal. Quando começou seu doutorado na Universidade de Nova York, em 2001, ela havia acabado de deixar um trabalho de vários anos como consultora de marcas na mesma cidade, onde pôde testemunhar em primeira mão a natureza fragmentada do trabalho intelectual. Ela conta: "Tínhamos muito trabalho, e as pessoas estavam sempre trocando de foco [de atenção]." Na época, a especialidade acadêmica do comportamento organizacional ainda não havia levado os impactos psicológicos dessas interrupções em consideração. Leroy decidiu mudar isso.

Seu estudo ocorreu da seguinte forma: os participantes tinham cinco minutos para completar um jogo capcioso de palavras cruzadas. Alguns participantes recebiam uma versão das palavras cruzadas que poderia ser concluída com facilidade durante esse tempo, e outros recebiam uma versão que *não podia* ser resolvida, garantindo que a tarefa continuasse incompleta depois dos cinco minutos. Além disso, alguns participantes eram afetados pela pressão do relógio, incluindo um cronômetro visível e um lembrete a cada sessenta segundos de quanto tempo ainda faltava, ao passo que outros não recebiam tais alertas e foram informados de que não precisavam se preocupar em terminar as palavras cruzadas dentro do tempo.

Esse arranjo resultou em quatro possíveis combinações do teste de condições de completo/incompleto e com pressão/sem pressão. Para cada uma dessas combinações, depois dos primeiros cinco minutos, Leroy surpreendia os participantes, fazendo-os realizar um exercício psicológico padrão conhecido como tarefa de decisão lexical, que foi elaborado para quantificar exatamente quanto das palavras cruzadas permaneceu na sua mente — uma medida que ela chamou de *resíduo de atenção*. Leroy descobriu que, sob baixa pressão de tempo, quer o participante tenha concluído a tarefa, quer não, não havia diferença na quantidade de resíduo de atenção: em ambos os casos, os conceitos relacionados com as palavras cruzadas permaneceram mais nas mentes dos participantes do que conceitos neutros.

Sob alta pressão de tempo, no caso dos participantes que não terminaram a tarefa, foram obtidas quantias similares de resíduo de atenção. A única exceção foi no caso da alta pressão de tempo com a tarefa concluída: sob essa combinação, o resíduo de atenção foi reduzido. A hipótese de Leroy é que, quando uma tarefa se restringe a um espaço de tempo bem definido e é concluída durante esse período, fica mais fácil seguir em frente, mentalmente falando, quando terminamos. (Infelizmente, para nossos objetivos, quando alternamos constantemente nossas tarefas com caixas de entrada de e-mails ou canais de mensagens instantâneas, raramente temos a experiência de ter limites bem definidos de tempo para nossas tarefas ou um sentimento de conclusão antes de alternar de novo.)

Então, Leroy replicou essas condições, mas, dessa vez, quando a primeira tarefa era concluída, em vez de medir o resíduo de atenção, os participantes começavam uma segunda tarefa que havia sido elaborada para simular as exigências do trabalho normal: ler e avaliar currículos para uma hipotética vaga de emprego. O desempenho dos participantes nessa tarefa foi medido por quantos detalhes eles conseguiam se lembrar dos currículos depois de revisá-los por cinco minutos. A conexão entre o resíduo de atenção e o desempenho nessa segunda tarefa era clara. As três condições que resultaram em um alto resíduo de atenção apresentaram um mal desempenho na tarefa de avaliação dos currículos, e esse desempenho foi muito mais baixo do que aquele sob condições de baixo resíduo de atenção. Quanto mais a primeira tarefa permanecia na mente dos participantes, pior eles se saíam na tarefa seguinte.

"Sempre que deixamos uma tarefa de lado para dar atenção a outra, estamos basicamente pedindo ao nosso cérebro para trocar todos esses recursos cognitivos", explicou Leroy quando lhe perguntei sobre esse trabalho. "Infelizmente, não fazemos isso muito bem." Ela resume o contexto atual no qual os trabalhadores intelectuais operam como um estado de "atenção dividida", no qual a mente raramente obtém uma conclusão antes de passar para outra tarefa, criando um emaranhado de ativações e inibições competitivas que acabam diminuindo nosso desempenho. Em outras palavras, Leroy havia obtido uma resposta clara para a pergunta que compõe o título do seu trabalho. Por que é tão difícil fazer o nosso trabalho? Porque nossos cérebros não foram feitos para manter pistas paralelas de atenção.

O E-mail Não É um Trabalho

Eu tenho um amigo que é consultor administrativo e fã de livros de negócios (ele administra um grupo de leitura de autoaperfeiçoamento na sua empresa). Naturalmente, quando nos reunimos, gostamos de falar sobre hábitos e produtividade no trabalho. Quando comecei a trabalhar neste livro, fizemos uma trilha no Parque Rock Creek, perto da casa dele, em Washington, DC, e lhe falei sobre minhas preocupações com o e-mail e sobre o que poderíamos fazer para melhorar. Ele ficou incrédulo — rapidamente fez uma lista explicando por que o uso frequente de e-mails resulta em mais benefícios do que malefícios no seu cargo como administrador de uma equipe de outros consultores. Sua reação me pareceu convincente. Assim, depois da nossa caminhada, fui logo anotando suas observações no meu caderno.

Seu argumento se baseava na eficiência da comunicação. Ele me explicou que o e-mail lhe permitia "se coordenar rapidamente com vários grupos de pessoas para fazer progressos". Ele me disse que, quando algum membro da sua equipe ficava travado, uma breve mensagem sua podia ajudá-lo a prosseguir. Consequentemente, ficar muito tempo sem verificar sua caixa de entrada poderia diminuir significativamente a eficácia da sua equipe. Ele se via como o maestro de uma orquestra, coordenando as ações de todos — ele achava que era mais útil no meio dessa bagunça frenética.

Muitos se sentem como meu amigo. Eles reconhecem que muitos serviços se beneficiariam de uma redução significativa da interrupção, com exceção do deles. Depois de ler a pesquisa que resumi no início deste capítulo, eles provavelmente concordariam que essa troca constante do foco de atenção reduz sua capacidade cognitiva no momento, mas chegariam à conclusão de que isso não é um problema, pois acham que é mais importante estarem disponíveis para responderem à sua equipe ou aos clientes do que alcançarem o máximo da sua produtividade. É como o meu amigo me disse naquele dia no Parque Rock Creek: "Nem todo mundo realiza um trabalho intrincado o tempo todo."

Essa observação final sugere que existe um pequeno grupo de profissões que valorizam especificamente o raciocínio profundo e sem interrupções — escritores, programadores, cientistas —, mas que, para a maioria dos cargos, estar no meio da confusão é uma parte fundamental do trabalho. Podemos encontrar um exemplo clássico dessa divisão na tese de Paul Graham, de 2009: "Maker's Schedule, Manager's Schedule (A Agenda do Criador, a Agenda do Gerente)",[17] que costuma ser citada com frequência. Nesse trabalho, Graham observa que, para os gerentes, as reuniões compõem grande parte do que eles fazem durante o dia; por outro lado, para os criadores, uma única reunião pode ser "um desastre", visto que ela o impossibilita de trabalhar continuamente em um problema difícil. Quer tenham lido a tese de Graham, quer não, muitos trabalhadores intelectuais, assim como meu amigo consultor, internalizaram sua hipótese subjacente de que o trabalho sem distrações é relevante para apenas alguns poucos serviços.

Cheguei à conclusão de que essa divisão é simplista demais. Para muitos cargos de trabalhadores intelectuais — se não para *a maioria* —, a capacidade de diminuir o ritmo, de trabalhar nas coisas em sequência e de dar atenção a cada tarefa sem interrupções é essencial, mesmo que nossa função não exija horas de raciocínio profundo e contínuo com regularidade. No outro extremo, essa afirmação diz que, para a maioria dos cargos, o fluxo de trabalho da mente coletiva hiperativa, que acaba com qualquer tentativa de cognição clara, nos torna menos produtivos. É óbvio que essa troca constante do foco de atenção é ruim para os criadores de Graham, mas, como veremos agora, ela pode ser igualmente ruim para seus gerentes.

As pessoas que têm papéis administrativos estão certos em enfatizar a importância da comunicação constante no seu trabalho — *da forma como ela existe agora*. Se sua equipe trabalha usando o fluxo de trabalho da mente coletiva hiperativa, então é fundamental monitorar seus canais de comunicação de perto. Na mente coletiva, os gerentes costumam ser o centro de uma rede de conexões ad hoc — se retrocederem, todo esse maquinário para. Mas, tendo em vista todas as diferentes formas como podemos trabalhar, seria essa troca de mensagens hiperativa realmente a *melhor* maneira de administrar equipes, departamentos ou organizações inteiras? Sempre que alguém insiste que a resposta é "sim", não posso deixar de pensar em um personagem lendário cuja abordagem à liderança acaba com essa ideia.

George Marshall era chefe do Exército dos EUA durante a Segunda Guerra Mundial, o que significa que ele praticamente administrava todos os esforços da guerra. Seu nome pode não ser tão facilmente reconhecido como o de Dwight Eisenhower (a quem Marshall selecionou a dedo para uma promoção), mas aqueles que estavam envolvidos na guerra o mencionam como um personagem fundamental — talvez *o* personagem fundamental — na coordenação da vitória dos Aliados. Harry Truman disse certa vez: "Milhões de norte-americanos realizaram um serviço extraordinário para o seu país, [mas] o General do Exército, George C. Marshall lhe deu a vitória."[18] Em 1943, ele foi escolhido como o Homem do Ano da revista *Time*, não muito antes de ser nomeado como o primeiro general de cinco estrelas do país.[19]

Eu mencionei Marshall aqui por causa de um estudo de caso esclarecedor com o qual me deparei e que foi escrito por um tenente-coronel do exército no início da década de 1990, e que reúne várias fontes para descrever *como* Marshall organizou o Departamento de Guerra e o levou à vitória.[20] O ponto fundamental que se destaca quando lemos essas notas é que, embora Marshall administrasse mais pessoas, tivesse um orçamento maior e se deparasse com mais complexidade, mais urgência e riscos maiores do que qualquer gerente da história da administração, ele rejeitou a tentação de uma abordagem de mente coletiva hiperativa e onipresente ao trabalho.

Quando Marshall se tornou o chefe de pessoal do exército, ele se deparou com uma estrutura organizacional na qual ele tinha 30 tropas maiores e 350 tropas menores sob seu comando, com mais de 60 oficiais que tinham acesso direto a ele. Marshall descreveu essa estrutura como "burocrática" e "limitada por uma fita vermelha". Ele não tinha como vencer essa guerra se tentasse administrar a enxurrada de pequenos e grandes problemas que essa estrutura poderia gerar — ele se perderia em memorandos e ligações urgentes de telefone. Assim, ele agiu. Com uma eficiência "implacável", Marshall tirou vantagem dos poderes recém-atribuídos ao Presidente Franklin Roosevelt para reestruturar radicalmente o Departamento de Guerra.

Várias agências e tropas foram consolidadas em três divisões principais, cada uma administrada por um general. Marshall reduziu o excesso de pessoal de mais de trezentos escritórios de RH, operações e logística para apenas doze. Algumas grandes divisões foram eliminadas por completo. Um relatório resume tudo isso da seguinte forma:

> [Essa reorganização] resultou em uma equipe menor e mais eficiente e na máxima redução de burocracia. Além disso, ela definiu limites claros de autoridade. Por último, ela libertou Marshall dos detalhes do treinamento e aprovisionamento. Marshall delegou responsabilidade a outros, o que lhe deu a liberdade para se concentrar na estratégia da guerra e em grandes operações no exterior.

Aqueles que continuaram tendo acesso a Marshall receberam uma estrutura clara das suas interações, o que transformou a tarefa de informar o general em um exercício de eficiência controlada. A pessoa era instruída a entrar no seu escritório e se sentar sem fazer continência (para economizar tempo). Quando Marshall dava o sinal, a pessoa lhe apresentava um breve relatório enquanto ele ouvia com "concentração absoluta". Se ele encontrasse uma falha ou se algo estivesse faltando, ele se irritava com o fato de a pessoa não ter percebido isso e resolvido o problema antes de desperdiçar o tempo dele. Ao concluir, ele perguntava qual era a recomendação da pessoa, deliberava brevemente e tomava uma decisão. Então, ele delegava a execução da decisão tomada de volta para a pessoa.

Talvez o hábito mais marcante de Marshall era sua insistência em deixar seu escritório todo dia às 17h30. Nessa era antes dos celulares e e-mails, Marshall não fazia um segundo turno tarde da noite quando chegava em casa. Como já havia sofrido um burnout na sua carreira, ele achava que era importante relaxar no fim do dia. "Um homem que se esgota por completo por causa de pequenos detalhes não tem a capacidade de lidar com questões mais importantes da guerra", disse ele certa vez.

Marshall concentrou sua energia como gerente na tomada de decisões-chave que afetariam o resultado da guerra. Ele era perfeito para essa tarefa. Então, ele confiava que sua equipe executaria essas decisões sem envolvê-lo em mais detalhes. Eisenhower se lembra de Marshall ter lhe dito: "[O Departamento de Guerra] está cheio de homens que analisam bem os problemas, mas que sempre se sentem obrigados a compartilhá-los comigo para tomar uma decisão final. Preciso de assistentes que possam resolver seus próprios problemas e que me digam o que fizeram depois."

Parece óbvio que Marshall rejeitaria a ideia de que os gerentes devem ser mais responsivos do que pensativos. Esse relatório sobre o estilo de liderança de Marshall destaca várias vezes o comprometimento do general com a concentração, em especial no que se refere à tomada de decisões-chave, quando ele exibia "um raciocínio extremamente rápido e uma capacidade de análise sem igual". Esse relatório também destaca a atenção que Marshall dava à "reflexão" e ao pensar no panorama — procurando ficar um passo à frente dos complexos problemas apresentados pela guerra mundial.

Marshall era mais eficaz no seu trabalho por causa da sua capacidade de se concentrar em coisas importantes — dando a cada uma delas sua total atenção antes de passar para a próxima. No entanto, se ele simplesmente tivesse aceitado o status quo do funcionamento do Departamento de Guerra, com sessenta oficiais incluindo-o nas suas tomadas de decisão e centenas de tropas requisitando sua aprovação em atividades rotineiras, ele teria sido engolido pelo frenético e previsivelmente agitado redemoinho que é tão familiar a tantos gerentes, o que provavelmente teria prejudicado seu desempenho. Na verdade, se algo parecido com o fluxo de trabalho da mente coletiva hiperativa tivesse subsistido no Departamento de Guerra da década de 1940, os norte-americanos talvez tivessem perdido a guerra.

Vamos esquecer por um momento se nós, enquanto gerentes, achamos ou não que temos a autoridade para mudar, assim como Marshall, a forma como nossa equipe trabalha. Essa é uma questão que abordaremos na segunda parte deste livro. (Dica: talvez tenhamos mais liberdade do que imaginamos quando o assunto é reduzir nosso papel no monitoramento de detalhes.) O ponto principal que desejo destacar com a história de Marshall é que a gestão envolve mais do que apenas ser responsivo. Na verdade, como destacado anteriormente neste capítulo, nos dedicarmos a sermos responsivos provavelmente diminuirá nossa capacidade de tomar decisões inteligentes e de nos planejarmos para desafios futuros — o cerne do sucesso de Marshall — e, em muitos casos, pode prejudicar nossos objetivos mais amplos de gestão. A curto prazo, administrar nossa equipe com um fluxo de trabalho de mente coletiva pode parecer flexível e conveniente, mas, a longo prazo, nosso progresso em relação ao que é realmente importante diminuirá.

Podemos encontrar uma base contemporânea para essa afirmação em um trabalho acadêmico intitulado "Boxed In by Your Inbox (Preso na sua Caixa de Entrada)", publicado em 2019 no *Journal of Applied Psychology*, que empregou várias pesquisas diárias para estudar o impacto do e-mail na eficácia de um grupo de 48 gerentes de vários ramos.[21] Um dos autores do trabalho resumiu suas descobertas da seguinte forma: "Quando são os gerentes que estão tentando se recuperar das interrupções causadas pelos e-mails, eles não conseguem atingir seus objetivos, negligenciam responsabilidades administrativas e seus subordinados ficam sem a figura de liderança da qual precisam para se desenvolverem." À medida que a quantidade dessas mensagens aumenta, maior é a probabilidade de os gerentes recorrerem a comportamentos "táticos" para manterem uma sensação de produtividade a curto prazo — resolver pequenas tarefas e responder a perguntas —, ao passo que evitam o panorama, o estilo de "liderança" de George Marshall que ajuda a fazer com que uma organização avance em direção aos seus objetivos. O trabalho conclui: "Nossa pesquisa sugere que as armadilhas das requisições dos e-mails foram subestimadas — além do seu impacto no comportamento dos próprios líderes, a redução da eficácia da figura dos líderes provavelmente acabará afetando negativamente seus subalternos desatentos."

Munidos com essas ideias, voltemos à observação do meu amigo de trilha: "Nem todo mundo realiza um trabalho intrincado o tempo todo." Note que essa afirmação se aplica a Marshall: com exceção de longos voos ou viagens de trem, ele raramente se sentava por horas, pensando profundamente em uma única coisa. Mas ele também evitou cair na armadilha de ser responsivo. Ele não saia por aí apagando incêndios; ele sistematicamente lidava com os assuntos que eram realmente importantes, dando atenção a cada um deles antes de passar para o próximo. Como veremos agora, os gerentes não são os únicos trabalhadores intelectuais para quem pensar é fundamental.

Vamos voltar nossa atenção dos *gerentes* para os *técnicos*, sendo este último um termo que uso para os muitos papéis diferentes que fornecem suporte administrativo ou logístico em organizações de trabalho intelectual. Muito mais do que os gerentes, os cargos técnicos parecem ser um caso óbvio no qual ser responsivo deveria ser uma parte fundamental da descrição do serviço. Será que isso é verdade?

Para usar um exemplo comum do meu mundo profissional, pense em um administrador que fornece suporte a professores de um departamento acadêmico. Muito provavelmente, esse administrador opera em um fluxo de trabalho de mente coletiva hiperativa, no qual e-mails urgentes chegam ao acaso durante o dia. Se entrevistássemos os professores desse departamento hipotético, eles provavelmente nos diriam que esse fluxo de trabalho é uma coisa boa, visto que a capacidade do administrador de responder rapidamente às mensagens é a base da sua utilidade!

Porém, se avaliarmos isso mais de perto, veremos que existe uma diferença entre conversar sobre tarefas e executá-las de fato. Na verdade, essas duas atividades costumam ser conflitantes. Um cargo de técnicos que identificou esse conflito há muito tempo foi o suporte de TI. À medida que os desktops começaram a se espalhar nos escritórios entre as décadas de 1980 e 1990, surgiu-se a necessidade de um novo tipo de funcionário nessas organizações: profissionais da tecnologia da informação para consertar os computadores quando eles quebrassem. À medida que esses sistemas foram se tornando mais complexos, as requisições feitas aos departamentos de TI foram se tornando mais insistentes — com usuários frustrados ligando e enviando e-mails com novos problemas urgentes ou pedindo para verificarem problemas relatados anteriormente. Surgiu um dilema: se a equipe de TI deixasse de responder a essas ligações e e-mails, os funcionários a quem eles davam suporte ficariam furiosos, mas se eles se dedicassem a ser totalmente responsivos, eles não teriam o período sem interrupções necessário para, de fato, resolverem os problemas.

Para resolver essa questão, esses departamentos começaram a desenvolver softwares personalizados que acabaram ficando conhecidos como sistemas de tickets. Levemente inspirados no antigo modelo de centrais de ajuda físicas, nas quais entregávamos uma máquina quebrada que trazíamos para o conserto e recebíamos uma senha em troca, esses sistemas automatizaram grande parte das tarefas de comunicação relacionadas com a entrega, monitoramento e resolução de problemas de TI.[22]

Nas suas versões modernas, esses sistemas funcionam basicamente da seguinte forma: se temos um problema, enviamos um e-mail para um endereço como centraldeajuda@empresa.com. O software de tickets monitora esse endereço e, quando vê nossa requisição, extrai o problema e nossos dados de contato, atribui um número único a ele e entrega essa informação na forma de uma "senha" no sistema. Ao mesmo tempo, ele nos envia uma resposta por e-mail para nos informar de que o problema foi recebido e nos envia instruções de como verificar seu progresso.

No sistema de tickets, o problema é categorizado e costuma-se atribuir uma prioridade a ele — o que pode ser automático ou exigir que algum membro da equipe que monitora os problemas recebidos faça uma triagem deles. Quando um membro da equipe de TI que usa esse sistema faz o login, ele vê apenas as senhas que se aplicam a sua especialidade e pode selecionar o caso mais urgente no qual trabalhar. Nesse ponto, ele se concentra no problema selecionado até terminá-lo ou até atingir um ponto de parada natural, quando é necessária ajuda adicional. Somente quando termina é que ele volta à fila para selecionar a próxima senha e lidar com o problema. À medida que progride, atualizações são enviadas automaticamente à pessoa que indicou o problema, e outros membros da equipe podem monitorar seu progresso e ajudar caso fique travado.

Os sistemas de tickets se tornaram um grande negócio, pois conseguiram reduzir consistentemente os custos de pessoal de TI, visto que técnicos concentrados resolvem problemas mais rapidamente. Eles também aumentam a satisfação, uma vez que fornecem estrutura e clareza ao processo de resolver problemas técnicos. A premissa na qual essa eficácia se baseia é que falar sobre as tarefas costuma atrapalhar a execução delas — quanto mais carga da comunicação do espaço cognitivo do nosso pessoal pudermos tirar, mais eficaz se torna a realização das coisas.

E isso nos faz voltar ao nosso exemplo do administrador de departamentos. Embora essa concessão entre a comunicação e a execução seja bem entendida no ambiente de TI, ela ainda é amplamente ignorada em outros cargos técnicos. Portanto, nosso administrador hipotético, assim como um antigo profissional de TI, ficará sobrecarregado com mensagens, temendo que o resultado de ele se ausentar de qualquer conversa de e-mail que esteja acontecendo com professores irritados será uma inevitável frustração. Por fim, a comunicação da mente coletiva hiperativa reduz sua capacidade de pensar com clareza sobre os frequentes problemas sutis e complexos que ele está tentando resolver para os professores.

Para deixar isso mais claro: na mesma semana em que estava escrevendo o primeiro rascunho deste capítulo, por exemplo, enviei uma nota ao administrador do meu próprio departamento sobre um aluno de pós-doutorado que eu estava contratando usando um subsídio de pesquisa. Originalmente, esse aluno de pós-doutorado deveria começar no fim de agosto, mas, devido a problemas com o visto, sua chegada precisou ser adiada para o início de janeiro. Essa mensagem era simples de ser escrita, mas suas implicações eram sutis, envolvendo o RH, orçamentos e alocações de espaço de escritório, entre outras coisas. Seria necessário pensar com cuidado para elaborar um plano para reagir adequadamente a essa mudança da data em que ele começaria a trabalhar, mas não pude deixar de pensar que seria difícil encontrar tempo para pensar nisso se tal reflexão fosse interrompida por muitos outros e-mails inesperados, os quais provavelmente também estavam requisitando a atenção do nosso administrador naquela mesma manhã.

Costumamos encarar aqueles que exercem esses papéis técnicos como autômatos, que passam seus dias realizando uma tarefa atrás da outra à medida que chegam às suas caixas de entrada e canais de chat. Mas essa ideia é condescendente e ignora a demanda cognitiva desse tipo de trabalho. Resolver meu problema com a data em que meu aluno de pós-doutorado começaria a trabalhar foi tão complexo quanto elaborar um memorando com uma estratégia inteligente ou escrever uma brilhante seção de código de computador. Consequentemente, embora inserir técnicos em um fluxo de trabalho de mente coletiva hiperativa que acaba com a concentração possa ser superficialmente conveniente no momento em que eles interagem com ele, isso diminui sua capacidade de realizar bem seu trabalho. Como vimos no exemplo do sistema de tickets de TI, se pudermos, de alguma forma, distanciar a comunicação e a execução, as pessoas que exercem esses papéis terminarão suas tarefas com mais rapidez e eficiência.

É importante realizarmos essa discussão dos técnicos porque, na verdade, esse papel profissional é bem diferente da visão de Paul Graham de que os técnicos passam a tarde inteira resolvendo um único problema desafiador e, ainda assim, apesar das suas muitas obrigações variadas e administrativas, a mente coletiva hiperativa acaba causando problemas. Porém, para concluir essa investigação sobre a mente coletiva e a eficácia, vamos voltar e avaliar o lado daqueles que se concentram, e entrar em mais detalhes no que realmente está em risco quando a comunicação constante invade o mundo das pessoas que criam coisas valiosas com sua mente.

Como descobri depois de publicar meu livro *Trabalho Focado* em 2016, as pessoas gostam de ouvir histórias sobre pessoas extremamente criativas que se isolam para realizar um trabalho brilhante sem distrações. Uma dessas histórias favoritas são os hábitos de Maya Angelou. Ela revelou em uma entrevista de 1983 que, quando escrevia, acordava às 5h30 e então se isolava em um quarto de hotel para trabalhar sem distrações. Ela explicou: "[Era] um quartinho horroroso, com apenas uma cama e, às vezes, se tivesse sorte, uma pia de banheiro. Eu mantinha um dicionário, uma Bíblia, um baralho e uma garrafa de xerez no quarto."[23] Nesse estado de isolamento, ela escrevia quase até as 14h, a menos que estivesse inspirada; nesse caso, ela continuava escrevendo até se sentir cansada. Ao concluir, ela lia o que havia escrito, limpava a mente, tomava um banho e bebia com seu marido antes do jantar.

Quando escutam histórias como a de Maya Angelou, as pessoas prontamente concordam que se concentrar sem interrupções contribui para atividades criativas complexas. Entretanto, quando levamos essas atividades para o ambiente do escritório, onde se isolar em um hotel caindo aos pedaços com uma garrafa de xerez provavelmente não seria bem visto até pelo mais dedicado defensor da produtividade, a importância da conexão entre foco e valor começa a se dissipar.

Por exemplo, há pouco tempo, um engenheiro que escreve livros brancos técnicos para uma startup do Vale do Silício entrou em contato comigo. Era complicado elaborar esses livros, mas eles eram importantes para os esforços de marketing da empresa. Esse engenheiro me explicou que estava tendo dificuldades de executar seu trabalho porque a startup havia adotado um fluxo de trabalho de mente coletiva hiperativa. Ele conta: "Ironicamente, se não respondêssemos a uma mensagem do Slack, já imaginavam que estávamos fazendo corpo mole."

Inspirado por alguns dos meus textos sobre esses problemas, esse engenheiro marcou uma reunião com seu diretor-executivo. Ele resumiu a pesquisa de como ficar alterando o foco de atenção diminui o desempenho cognitivo e explicou que temia que essas constantes interrupções prejudicariam seu trabalho. Ele também reconheceu que se isolar por completo, como Angelou fazia, causaria problemas, visto que outras pessoas da sua equipe precisavam entrar em contato com ele regularmente. Ele perguntou ao seu diretor-executivo como poderia maximizar o valor do que ele produzia para a empresa. Ele disse: "Assim que fiz essa pergunta, ficou claro que seria um absurdo sugerir que eu ficasse o tempo todo [em um estado responsivo] só porque isso facilitava algumas coisas."

Eles concordaram que ele deveria passar 4 horas por dia — 50% das suas horas de trabalho — em uma condição livre de distrações, e os outros 50% conectado no fluxo de trabalho de mente coletiva. Para implementar esse objetivo, eles separaram 2 horas a cada manhã e 2 horas a cada tarde durante as quais esse engenheiro deveria ser considerado inacessível. O diretor executivo explicou esse novo arranjo para a equipe do engenheiro. "Levou cerca de uma semana para que eles se acostumassem, mas depois isso deixou de ser um problema", ele conta. Em resultado disso, a produtividade desse engenheiro aumentou drasticamente — com poucos impactos negativos. A verdadeira surpresa disso tudo foi o fato de que, até o engenheiro tocar no assunto, ninguém havia se perguntado se o jeito que eles trabalhavam realmente funcionava.

A história de Nish Acharya, na introdução deste livro, é outro exemplo de um cargo em que se aceita que a concentração é importante, mas os fluxos de trabalho existentes tornam isso quase impossível. Foi só quando os servidores de e-mail de Acharya foram temporariamente removidos da equação que ele ganhou o "espaço em branco" do qual necessitava para, de fato, desenvolver a estratégia da sua equipe. Os jornalistas têm o mesmo problema. Não muito tempo atrás, eu estava conversando com um repórter bem conhecido que havia aberto sua própria empresa de mídia. Ele lamentou que "precisava" verificar sua conta do Twitter o tempo todo para se certificar de que não estava perdendo nenhum furo de reportagem — um comportamento que estava afetando sua capacidade de escrever boas histórias com eficiência. Eu mencionei que seu escritório estava cheio de estagiários jovens, que entendiam de tecnologia, e que estavam querendo trabalhar nessa profissão. "Não faria mais sentido pedir que um deles monitorasse o Twitter e, se alguma coisa importante acontecesse, entrasse em contato com você?", perguntei. Esse pensamento nunca havia passado pela cabeça dele — ele simplesmente supôs que certo nível de distração fazia parte do trabalho.

Muitas pessoas aceitam a premissa de que o fluxo de trabalho da mente coletiva hiperativa diminui a produtividade dos criadores. Ao mesmo tempo, porém, esse fluxo de trabalho é bastante conveniente. É claro, desde que não entremos em detalhes sobre os benefícios da concentração, essa concessão parece ser equilibrada, pois um pouco da produtividade perdida é compensada por se ganhar um pouco de flexibilidade administrativa. Mas, quando entramos em mais detalhes sobre o que podemos obter quando criadores são removidos da comunicação hiperativa, essa concessão pode ser vista claramente como assimétrica. No que se refere aos criadores, assim como aconteceu com o engenheiro de livros brancos ou com Acharya, afastar-se do fluxo de trabalho de mente coletiva não se trata de ajustes de hábitos de produtividade, mas de aumentos significativos de eficácia. Quando essas vantagens se tornam claras, fica mais difícil justificar suas perdas simplesmente acrescentando a conveniência de se ser responsivo.

Além da Mente Coletiva

Eu comecei este capítulo com a história de Sean, cuja equipe havia sofrido burnout com as demandas da mente coletiva hiperativa. Ele suspeitava que toda essa comunicação estava, de alguma forma, reduzindo sua produtividade. Como sabemos agora, ele tinha razão — esse fluxo de trabalho entra em conflito com o cérebro humano de tal forma que dificulta a finalização da maioria das tarefas dos trabalhos intelectuais. No entanto, diferentemente de muitos que têm uma suspeita similar, ele decidiu fazer alguma coisa quanto a isso.

Como mencionado, a partida repentina dos seus dois supervisores de projetos deixou Sean abalado. Ele conta: "Isso me obrigou a dar um passo para trás e me perguntar o que realmente estávamos fazendo. A me perguntar: toda essa comunicação está me prejudicando mais do que beneficiando?" Sean e seu cofundador decidiram fazer algumas mudanças radicais. Eles desligaram seus servidores do Slack para sempre e decidiram que o e-mail seria uma ferramenta a ser usada basicamente para se coordenarem com entidades fora da empresa. Intrigado com isso, durante uma das nossas entrevistas por telefone, pedi que Sean abrisse sua caixa de entrada enquanto conversávamos e me dissesse o que havia nela. Ele ficou feliz em me atender: ela continha uma mensagem de um contator de uma firma, um ticket do suporte de uma empresa de hospedagem de sites que eles estavam usando para alguns dos seus projetos, algumas notas fiscais de empreiteiros e uma mensagem de um freelancer com quem eles estavam trabalhando em um novo projeto. Não havia nenhuma comunicação interna e nada que estivesse exigindo uma resposta urgente. Sean costumava enviar mensagens até 1 da manhã todos os dias. Agora, segundo ele, "em um dia normal, verifico meus e-mails apenas uma vez". Em certos dias, ele nem sequer abre a caixa de entrada.

O e-mail e o Slack eram muito importantes na empresa de Sean: por meio deles, sua equipe se coordenava e interagia com os clientes. Se Sean tivesse eliminado essas ferramentas sem substituí-las por processos alternativos que cumprissem as mesmas funções, a empresa teria falido. Porém, seguindo os princípios que serão explorados mais à frente neste livro, ele passou a usar essas alternativas e parece que estão funcionando muito bem.

Sean dividiu o dia entre manhã e tarde. No início de cada período, sua equipe se reúne presencialmente, e os trabalhadores remotos participam da reunião usando algum programa de videoconferência, para discutir o período seguinte. Sean explica: "Cada pessoa aborda três pontos: o que eles fizeram ontem, o que estão fazendo hoje, e que problemas estão enfrentando ou bloqueios que estão tendo. Essa reunião dura quinze minutos no máximo." Então, todo mundo faz uma coisa que se tornou extremamente raro na nossa era de conectividade: eles simplesmente trabalham, por várias horas seguidas, sem verificar caixas de entrada ou monitorar canais de chat, até que o período acabe.

Do lado dos clientes, a empresa agora inclui uma seção dos seus contratos que diz exatamente como eles vão (e, de modo implícito, como não vão) interagir com os clientes. No caso da maioria dos clientes, isso significa lhes telefonar regularmente para atualizá-los e responder perguntas que são seguidas imediatamente por um documento escrito que registra tudo que foi abordado. O cofundador de Sean, que administra essas relações, ficou com medo de os clientes se irritarem quando descobrissem que seu acesso havia sido reduzido. Esse medo se mostrou infundado — no fim das contas, os clientes gostaram dessas expectativas claras. "Eles ficaram muito mais felizes", conta Sean.[24]

Eu queria compartilhar as mudanças feitas por Sean porque, como aprendi ao falar sobre esse assunto ao longo dos anos, muitas serão as pessoas que continuarão a defender o fluxo de trabalho de mente coletiva hiperativa, mesmo depois de verem as evidências que indicam o quanto ela é prejudicial. Seu contra-argumento se baseia na ideia de que esse fluxo de trabalho é, por algum motivo, fundamental. Ou seja, elas admitem que toda essa comunicação é um atraso para o nosso cérebro, mas não conseguem imaginar outra maneira razoável de realizarem seu trabalho. Sean demonstrou que, uma vez que sabemos que malefícios queremos evitar e quais benefícios queremos amplificar, outras abordagens surgirão.

A Parte 2 vai falar mais sobre os princípios para se desenvolver essas alternativas, mas, antes de entrarmos nesse mundo além da mente coletiva, primeiro precisamos analisar outro argumento importante contra essa abordagem de trabalho: além de nos tornar menos produtivos, ela faz com que nos sintamos mal — uma realidade que afeta bastante tanto o bem-estar dos indivíduos quanto a estabilidade organizacional. Vamos analisar essa afirmação agora com (assim se espera) toda a nossa atenção.

Capítulo 2

O E-mail Faz com que Nos Sintamos Mal

Uma Epidemia de Sofrimento Silencioso

No início de 2017, uma nova lei trabalhista da França entrou em vigor. Ela tentava preservar o assim chamado "direito de se desconectar". Segundo esta lei, as companhias francesas com cinquenta funcionários ou mais deveriam negociar políticas específicas sobre o uso de e-mail após o horário comercial. Seu objetivo era reduzir significativamente o tempo que os funcionários passavam nas suas caixas de entrada à noite ou durante o final de semana. Myriam El Khomri, a ministra do trabalho, justificou essa nova lei em parte como um passo necessário para reduzir o burnout. Quer acreditemos, quer não, que tais atividades comerciais deveriam estar sujeitas a um regulamento do governo, o fato de que os franceses achavam que era necessário criar essa lei indica, antes de mais nada, que existe um problema universal que vai além das fronteiras de determinado país: o e-mail faz com que nos sintamos mal.[1]

Podemos dar ainda mais peso a essa afirmação recorrendo à literatura relevante. Em um trabalho de 2016 de coautoria de Gloria Mark, que conhecemos no capítulo anterior, uma equipe de pesquisa colocou monitores sem fio de frequência cardíaca em quarenta trabalhadores intelectuais durante doze dias úteis. Eles registraram a variação da frequência cardíaca dos participantes, uma técnica comum para medir o estresse mental. Eles também monitoraram o uso que os participantes faziam do computador, o que lhes permitiu correlacionar as verificações de e-mail com os níveis de estresse. O que eles descobriram não foi uma surpresa para os franceses: "Quanto mais tempo passamos lendo e-mails em [determinada] hora, maior é o nível de estresse para essa hora."[2]

Em um estudo sequencial realizado em 2019, uma equipe, mais uma vez liderada por Mark, instalou câmeras térmicas embaixo do monitor do computador de cada participante, permitindo-lhes medir o aumento de calor do rosto, indicando tensão psicológica. Eles descobriram que deixar os e-mails se acumularem para então lê-los e respondê-los de uma só vez — uma "solução" bastante comum para aprimorar nossa experiência com os e-mails — não é necessariamente uma panaceia. Na verdade, acumular e-mails faz com que aqueles que obtiveram uma alta pontuação no traço comum de personalidade chamado neuroticismo fiquem *mais* estressados (talvez devido à preocupação com todas as mensagens urgentes que estão ignorando). Os pesquisadores também descobriram que, quando estressadas, as pessoas respondem aos e-mails mais rapidamente, mas não melhor — um programa de análise de texto chamado Linguistic Inquiry and Word Count revelou que esses e-mails ansiosos têm maior probabilidade de conter palavras que expressam a raiva.[3] Os autores do estudo de 2016 concluíram o seguinte: "Embora o uso de e-mails, com certeza, economize o tempo das pessoas e facilite a comunicação, há um preço a se pagar." Sua recomendação? "[Nós] sugerimos que as organizações se esforcem para diminuir a quantidade de e-mails enviados e recebidos."[4]

Outros pesquisadores encontraram conexões similares entre o e-mail e a infelicidade. Um estudo diferente, de 2019, que foi publicado no *The International Archives of Occupational and Environmental Health*, analisou tendências de longo prazo em características autorreportadas de saúde de um grupo de quase mil funcionários suecos. Os pesquisadores descobriram que a repetitiva exposição a "altas demandas de informação e tecnologia de comunicação" (ou seja: a necessidade de estar conectado o tempo todo) estava associada a resultados de saúde "subótimos". Essa tendência continuou, mesmo depois de ajustarem as estatísticas de muitos fatores que poderiam confundir as pessoas, incluindo a idade, gênero, situação socioeconômica, hábitos de saúde, IMC, estresse no trabalho e apoio social.[5]

Outra forma de medir o mal causado pelo e-mail é ver o que acontece quando reduzimos sua presença. Foi exatamente isso o que a professora Leslie Perlow, da Harvard Business School, procurou fazer em um experimento realizado com consultores do Boston Consulting Group. Depois de Perlow apresentar uma técnica chamada *tempo de folga previsível* (TFP), no qual os membros da equipe recebiam tempos específicos a cada semana nos quais poderiam se desconectar por completo dos e-mails e do telefone (com todo o apoio dos seus colegas), foi possível ver com clareza que os consultores se tornaram mais felizes. Antes da introdução do TFP, só 27% dos consultores relataram que estavam animados para trabalhar no dia seguinte. Depois da redução da comunicação, esse número aumentou para mais de 50%. De modo similar, a porcentagem de consultores satisfeitos com seu trabalho aumentou de abaixo de 50% para mais de 70%. Contrário às expectativas, essa pequena redução da acessibilidade eletrônica não fez com que os consultores passassem a se sentir menos produtivos; ela aumentou a porcentagem daqueles que achavam que eram "eficientes e eficazes" em mais de vinte pontos.[6] Como mencionado no seu livro sobre esta pesquisa, *Sleeping with Your Smartphone*, de 2012, quando encontrou esses resultados pela primeira vez, Perlow se perguntou por que essa cultura de constante conectividade havia sido adotada.[7]

Obviamente, não precisamos de dados para entender algo que muitos de nós sentem intuitivamente. Como mencionei no último capítulo, realizei uma pesquisa com mais de 1.500 dos meus leitores para saber mais sobre sua relação com ferramentas como o e-mail. Fiquei surpreso com as palavras fortes e emocionalmente carregadas que as pessoas usaram para descrever seus sentimentos em relação a essa tecnologia:

- "É lento e incrivelmente *frustrante*... Eu acho que o e-mail é impessoal e uma perda de tempo."
- "Eu *odeio* o fato de nunca poder me 'desligar'."
- "Ele gera *ansiedade*."
- "Estou *esgotado* — mal me aguento em pé."
- "Com o e-mail, fico ainda mais *isolado* no meu trabalho... e isso não me agrada."
- "Somos *atormentados* por ele quando estamos muito ocupados."
- "Sinto uma necessidade quase incontrolável de parar o que estou fazendo e verificar meus e-mails... Isso faz com que eu me sinta *deprimido, ansioso* e *frustrado*."

Eu acho que as expressões das pessoas seriam muito mais neutras se lhes perguntássemos sobre outras tecnologias do trabalho, como, por exemplo, seu processador de textos ou sua cafeteira. Essa atitude em relação à troca de mensagens digitais é especialmente perturbadora. O crítico John Freeman resumiu nossa relação com o e-mail de forma eficaz ao observar que, com ele, "nos tornamos obcecados em concluir tarefas, rabugentos e maus ouvintes à medida que tentamos acompanhar o ritmo dos nossos computadores".[8] O teórico de mídias Douglas Rushkoff também observou algo que lamenta: "Nós competimos para processar mais e-mails... como se ter mais o que fazer no computador fosse algo bom. Em vez de trabalharmos na máquina, como fazíamos antes, precisamos *nos tornar* a máquina."[9] Dependemos do e-mail, mas meio que o odiamos.

Essa realidade é importante por motivos práticos. Quando os funcionários se sentem mal, seu desempenho é reduzido. Eles também têm mais probabilidade, como a ministra francesa do trabalho avisou, de sofrer burnout, resultando em custos de saúde maiores e em custosas rotações de funcionários. O ponto é: Leslie Perlow descobriu que o tempo de folga previsível do e-mail aumentou a porcentagem de funcionários que planejavam ficar na empresa "a longo prazo" de 40% a 58%. Em outras palavras, funcionários deprimidos são ruins para o resultado final.

Porém, a realidade de que o e-mail nos deixa infelizes também tem uma implicação mais filosófica do que pragmática. McKinsey calcula que existem mais de 230 milhões de trabalhadores intelectuais no mundo,[10] o que representa, segundo o Federal Reserve (equivalente ao Banco Central brasileiro), mais de um terço da força de trabalho dos EUA.[11] Se essa população massiva está se tornando infeliz devido a uma devoção forçada a caixas de entrada e canais de chat, então isso contribui para uma enorme infelicidade mundial! Do ponto de vista de um utilitarista, esse nível de sofrimento não pode ser ignorado — em especial se podemos fazer algo para reduzi-lo.

O capítulo anterior falou sobre o impacto da mente coletiva hiperativa na produtividade humana. Este capítulo fala mais sobre seu impacto na alma do ser humano. Meu objetivo nas páginas a seguir é entender *por que* esse fluxo de trabalho nos torna tão infelizes. Como veremos, essa realidade não é um efeito colateral incidental que pode ser curado através de filtros inteligentes de caixas de entrada ou melhores normas empresariais; ela tem a ver com as várias formas como esse fluxo de trabalho extremamente artificial entra em conflito com a maneira como nossos cérebros humanos funcionam naturalmente.

O E-mail Confunde Nossos Antigos Instintos Sociais

O povo Mbendjele BaYaka é composto por tribos de caçadores-coletores que estão espalhadas pelas florestas da República do Congo e da República da África Central. Elas vivem em campos chamados de langos, que costumam conter entre dez e sessenta pessoas. Cada família do acampamento vive na sua própria cabana, chamada de fuma. Os Mbendjele BaYaka não possuem tecnologia de armazenagem, o que faz com que o ato de compartilhar comida seja uma atividade crucial para a sobrevivência da tribo. Por isso, como muitas tribos de caçadores-coletores já estudadas, eles são bastante cooperativos.

Do ponto de vista científico, os Mbendjele BaYaka são interessantes porque nos ajudam a entender as dinâmicas sociais das tribos de caçadores-coletores. Essas dinâmicas ainda são relevantes, visto que passamos toda nossa história antes da Revolução Neolítica vivendo em arranjos similares. Assim, esperamos que, ao estudar essas tribos (com bastante cuidado[12]), possamos aprender algo sobre como as pressões evolucionárias programaram nossa espécie para interagir uns com os outros. E, com isso, talvez possamos aprimorar nosso entendimento do porquê nossas caixas de entrada perturbam tanto nossas mentes antigas.

Em um estudo de 2016, publicado na *Nature Scientific Reports*, um grupo de pesquisadores da University College London estudou três acampamentos de Mbendjele BaYaka nas regiões de Likouala e Sangha da Floresta do Ndoki, Congo.[13] Seu principal objetivo era medir a "riqueza relacional" de cada pessoa, um termo técnico para o que poderíamos chamar de popularidade na tribo. Para fazer isso, eles utilizaram uma técnica comprovada chamada de jogo de dar doces de mel, no qual cada participante recebe três doces de mel — um alimento muito valorizado — e são orientados a distribuí-los entre os membros da tribo. Contando quantos doces cada participante acabava recebendo, os pesquisadores podiam avaliar sua posição relativa na tribo.

Eles encontraram grandes diferenças de como essa riqueza relacional era distribuída, com alguns membros da tribo recebendo mais doces do que outros. O mais importante era que essas diferenças estavam bastante relacionadas com fatores como o índice de massa corporal e fertilidade feminina, o que, em uma tribo de caçadores-coletores, exercem um grande papel na determinação da possibilidade de sermos bem-sucedidos na transmissão dos nossos genes para a próxima geração. Muitos estudos anteriores documentaram o que os pesquisadores chamam de "mecanismos de reforço psicológico e fisiológico que encorajam a formação e a manutenção de relações sociais". Esse trabalho nos ajuda a explicar por que esses mecanismos evoluíram: nos ambientes sociais que definiam nosso passado paleolítico, ser popular aumentava as chances de sobrevivência da nossa linhagem.

O próximo passo natural seria nos perguntarmos *como* alguém se torna popular em uma tribo de caçadores-coletores. Um estudo sequencial dos Mbendjele BaYaka, pulicado em 2017 no mesmo periódico, nos ajuda a responder a essa pergunta.[14] Nesse trabalho, os pesquisadores convenceram 132 adultos do acampamento de BaYaka a usar pequenos sensores sem fio no pescoço durante uma semana. Esses aparelhos capturaram e registraram interações dos participantes, enviando sinais de curto alcance a cada dois minutos para registrar quem estava perto de quem.

Então, os pesquisadores usaram esses volumosos registros de interações para criar o que ficou conhecido como *gráfico social*. O processo era bem simples. Imagine que começamos com uma grande folha de papel em branco, presa na parede. Primeiro, desenhamos um círculo para cada participante que está usando um sensor, espalhando-os igualmente pela página. Então, para cada evento de interação do registro, desenhamos uma linha entre os círculos, representando a interação das duas pessoas. Se já houvesse uma linha entre eles, poderíamos engrossá-la um pouco. Quando terminássemos de processar todas as interações, teríamos um gráfico parecido com um prato de spaghetti, com um monte de linhas de grossuras diferentes ligando os círculos no papel. Alguns círculos, similares a movimentados cruzamentos de trânsito, apresentariam linhas grossas, se projetando em várias direções, ao passo que outros teriam poucas conexões; talvez alguns conjuntos de círculos tivessem algumas poucas linhas entre si, ao passo que outros estariam bem interconectados.

Para um observador humano normal, esses gráficos sociais talvez não passassem de um emaranhado de linhas. Mas, para cientistas de um campo acadêmico promissor que acabou se tornando conhecido como ciência das redes, esses gráficos, depois de codificados em dados digitais e inseridos em computadores para serem analisados por algoritmos, podem nos dar uma ideia melhor da dinâmica social dos grupos que descrevem. E foi justamente por isso que os autores da pesquisa de 2017 se deram ao trabalho de convencer os Mbendjele BaYaka a usar esses sensores sem fio.

Eles descobriram que, estudando o gráfico social gerado pelos registros, poderiam prever com exatidão o número de descendentes vivos de mães BaYaka envolvidas no estudo. Quanto mais robusta[15] fosse sua conexão na rede, maior seria o seu sucesso reprodutivo. Como aprendemos no estudo anterior, em uma tribo de caçadores-coletores, a popularidade faz a diferença na aptidão genética — membros mais populares da tribo recebem mais comida e suporte, fazendo com que eles se tornem mais saudáveis e, portanto, tenham mais probabilidade de ter filhos saudáveis. O novo estudo descobriu que essa popularidade tinha sido captada por meio da gravação de conversas: aqueles que conseguiam realizar interações cara a cara de forma apropriada prosperavam, ao passo que aqueles que não conseguiam tinham dificuldades para transmitirem seus genes.

As conversas cara a cara eram *vitais* para os Mbendjele BaYaka. Assim, não é difícil para os teóricos evolucionistas concluírem que todos nós fomos programados para lidar com tal socialização com grande urgência psicológica — se negligenciarmos a interação com aqueles à nossa volta, eles acabarão dando o metafórico doce de mel para outra pessoa. Essa conclusão parece óbvia em parte porque ela descreve algo que já sentimos com clareza. O desejo de interagir com outros é um dos impulsos mais fortes que os seres humanos experimentam. Na verdade, como o psicólogo Matthew Lieberman explica no seu livro *Social: Why Our Brains Are Wired to Connect*, de 2013, as redes sociais dos nossos cérebros estão conectadas aos nossos sistemas de dor, gerando a extrema angústia que sentimos quando alguém próximo de nós morre ou a desolação quando ficamos isolados da interação humana por muito tempo. "Essas adaptações sociais foram fundamentais para fazer com que nos tornássemos a espécie mais bem-sucedida da Terra", escreveu Lieberman.[16]

Muito antes de os cientistas estudarem as estruturas subjacentes da nossa socialidade, já tínhamos certa noção e refletíamos sobre nossa extrema necessidade de interagir bem com outras pessoas. A Torá proíbe explicitamente o *rechilut* (fofoca): "Não andarás como caluniador entre o teu povo; nem te porá de pé contra o sangue do teu próximo: eu sou o SENHOR",[17] um reconhecimento bíblico do poder latente da informação que se move através do gráfico social de um grupo. Shakespeare também identificou a amizade como sendo fundamental para a vida humana ao escrever a famosa lamentação de Ricardo II: "Como vós, eu vivo do pão, sinto necessidades, / Tenho dores, *necessito de amigos*: se sou escravo de tudo isso, / Como podeis dizer-me que sou rei?"[18]

E isso nos leva de volta ao e-mail. O lado negativo dessa grande obsessão evolucionária por interações, tal como acontece com a maioria dos nossos mais profundos desejos, é o correspondente sentimento de aflição quando ela não é satisfeita. Assim como nossa atração pelo alimento vem acompanhada daquela terrível sensação de fome na sua ausência, nosso instinto de conexão vem acompanhado de desconforto quando negligenciamos essas interações. Isso é importante no escritório porque, como documentamos, o lamentável efeito colateral do fluxo de trabalho da mente coletiva hiperativa é que ele nos expõe constantemente a justamente esse tipo de incômodo. Essa abordagem frenética à colaboração profissional gera mensagens com mais rapidez do que podemos acompanhar — quando terminamos de responder a uma mensagem, já chegaram mais três —, e quando estamos em casa, à noite, ou no final de semana ou de férias, não podemos evitar a sensação de que nossos e-mails estão se acumulando na nossa caixa de entrada durante a nossa ausência. Não é nenhuma surpresa, então, que relatórios sobre esse tipo de estresse tenham sido comuns em resposta à minha pesquisa com os leitores:

- "Tenho aquela sensação constante de estar perdendo alguma coisa."
- "Psicologicamente, não posso deixar de ler meus e-mails, não importa o quão insignificantes sejam."
- "Acho que meus e-mails estão se acumulando, e então fico estressado."
- "Minha caixa de entrada me estressa porque eu sei quanto trabalho dá se comunicar DIREITO por e-mail."

Porém, neste ponto, você talvez diga que existe uma grande diferença entre negligenciar um e-mail e negligenciar um membro de uma tribo de caçadores-coletores. No pior dos casos, a consequência para a primeira situação talvez seja irritarmos o Bob, da contabilidade, ao passo que, para a segunda situação, a consequência talvez seja morrermos de fome. Talvez nossa empresa até tenha normas claras de quanto seria o tempo aceitável para esperar antes de responder a um e-mail, o que significa que Bob talvez nem ligue se demorarmos um pouco para responder. O problema, evidentemente, é que nossos instintos humanos não são conhecidos por responderem à racionalidade.

Quando pulamos uma refeição, dizer ao nosso estômago roncando que vamos comer mais tarde e que, portanto, ele não tem motivos para ter medo de morrer de fome, não diminui a poderosa sensação da fome. De modo similar, parece que explicar ao nosso cérebro que as interações negligenciadas da nossa caixa de entrada transbordante têm pouco impacto na nossa sobrevivência não evita uma sensação correspondente de ansiedade. Para a nossa programação social, que evoluiu ao longo de milênios de falta de alimento que foram amenizados por meio de alianças estratégicas, essas mensagens não respondidas se tornam o equivalente psicológico de ignorar um membro da nossa tribo que, no futuro, poderia se mostrar essencial para sobrevivermos à próxima seca. Dessa perspectiva, a caixa de entrada do nosso e-mail não é só frustrante — é uma questão de vida ou morte.

Na verdade, podemos medir a vitória desse antigo impulso social sobre nosso cérebro moderno e racional no laboratório. Em um estudo especialmente interessante publicado em 2015 no *Journal of Computer-Mediated Communication*, os pesquisadores descobriram como avaliar discretamente nossa resposta psicológica à interrupção da conexão digital.[19] Os participantes foram levados a uma sala para fazerem palavras cruzadas. Eles foram informados de que, como parte do experimento, o pesquisador também desejava testar um monitor de pressão arterial sem fio. Depois de o participante responder às palavras cruzadas por alguns minutos, o pesquisador voltava para a sala e explicava que o smartphone do participante estava "interferindo" no sinal sem fio. Assim, eles deveriam colocar seus telefones em uma mesa que estava a 3,5 metros de distância — onde eles ainda poderiam ouvi-los, mas não usá-los. Depois de fazer mais um pouco de palavras cruzadas por alguns minutos, o pesquisador ligava para o telefone do participante, sem revelar quem era. Nesse ponto, o participante estava tentando fazer as palavras cruzadas e ouvindo seu telefone tocar do outro lado da sala, mas não podia atender porque o pesquisador havia dito que ele não podia se levantar "de forma alguma".

Durante toda essa encenação, o monitor sem fio estava registrando a condição psicológica do participante, medindo sua pressão arterial e frequência cardíaca, permitindo aos pesquisadores observarem o efeito de ficarem separados do seu telefone. Os resultados eram previsíveis. Durante o período em que o telefone estava tocando do outro lado da sala, os indicadores de estresse e ansiedade subiram consideravelmente.

De forma similar, o estresse e o prazer autorreportados subiu e caiu, respectivamente. O desempenho nas palavras cruzadas também caiu durante o período em que o telefone ficou tocando sem resposta.

Em termos racionais, os participantes sabiam que perder uma ligação não era uma crise, tendo em vista que as pessoas perdem ligações o tempo todo, e eles obviamente estavam envolvidos em algo mais importante no momento. De fato, em vários casos, o telefone do participante já havia sido colocado no modo Não Perturbe, que os pesquisadores sorrateiramente desligaram ao colocar o telefone do outro lado da sala. Isso quer dizer que os participantes já haviam se *programado* para perder ligações ou mensagens que chegassem durante o experimento. Mas essa compreensão racional não era nada em comparação com a pressão evolucionária que definiu a ideia de que ignorar possíveis conexões é *muito ruim!* Os participantes receberam uma chuva de ansiedade, embora suas mentes racionais, se questionadas, admitiriam que não havia nada acontecendo naquele laboratório que fosse realmente preocupante.

As conexões perdidas, que necessariamente acompanham a mente coletiva hiperativa, fazem soar os mesmos alarmes da Era Paleolítica — independentemente dos nossos melhores esforços de nos convencer de que essa tentativa de comunicação não correspondida não é vital. Esse efeito é tão forte que, quando a empresa de Arianna Huffington, a Thrive Global, estudou como libertar seus funcionários dessa ansiedade enquanto estivessem de férias (quando a ideia de que as mensagens estão se acumulando se torna especialmente crítica), ela acabou adotando uma solução extrema conhecida como Thrive Away (Prospere a Distância): caso alguém enviasse um e-mail para um colega que estivesse de férias, essa pessoa receberia uma nota informando que sua mensagem havia sido deletada automaticamente e que ela poderia reenviá-la quando ele voltasse.

Em teoria, um sistema de respostas automático de férias deveria ser suficiente — visto que ele diz às pessoas que nos enviam mensagens que elas não devem esperar uma resposta até voltarmos —, mas a lógica vem em segundo lugar nessa situação. Não importa quais sejam as expectativas, saber que temos mensagens esperando por nós em algum lugar desencadeia nossa ansiedade, arruinando o possível relaxamento do nosso tempo de folga. A única cura para isso é evitar que as mensagens cheguem. Huffington explica: "O segredo não é apenas que a ferramenta cria um obstáculo entre nós e o e-mail. É que ela nos liberta da ansiedade crescente de ter uma enorme pilha de e-mails nos esperando quando voltarmos — um estresse que neutraliza os benefícios de termos nos desconectado."[20]

Uma ferramenta como a Thrive Away pode reduzir temporariamente o estresse social da mente coletiva hiperativa, mas não podemos ignorar as cinquenta e tantas semanas por ano que não ficamos de férias. Enquanto estivermos comprometidos com um fluxo de trabalho baseado na constante troca de mensagens ad hoc, nosso cérebro paleolítico permanecerá em um estado de ansiedade de baixo nível.

A Comunicação por E-mail É Frustrantemente Ineficaz

Os babuínos-anúbis do Centro de Pesquisa Mpala, do Quênia, como a maioria dos babuínos, vivem em bandos altamente sociais que permanecem notavelmente estáveis mesmo ao viajar longas distâncias todos os dias na busca de alimento. Para os cientistas que estudam esses animais, a principal questão é descobrir como eles chegam a um consenso de qual direção seguir. É difícil responder a essa pergunta porque esses bandos podem chegar a cem membros, e deduzir como eles decidem para onde ir exigiria a observação simultânea da maioria deles — um desafio descrito como de "dimensões intimidadoras" por um pesquisador bem conhecido nesse campo.[21]

No entanto, há pouco tempo, um grupo internacional de biólogos, antropólogos e zoólogos, liderado por Ariana Strandburg-Peshkin, da Universidade de Princeton, tentou vencer esse desafio.[22] Sua arma secreta: coleiras personalizadas com GPS de alta resolução que registravam a localização precisa a uma taxa de um por segundo. A equipe conseguiu colocar coleiras em quase 85% dos animais do bando, examinando de perto seus movimentos específicos durante o dia. Munidos de algoritmos avançados de mineração de dados e de análise estatística, esses pesquisadores conseguiram entender o processo de tomada de decisão desses babuínos a respeito de que direção seguir — um processo que, no fim das contas, era basicamente espacial.

Ao se prepararem para migrar, os babuínos do bando observavam os movimentos uns dos outros com cuidado, procurando por *iniciadores* específicos que começassem a se distanciar do grupo em determinadas direções. A forma como eles respondiam a esses iniciadores dependia bastante de como se posicionavam no espaço. Se o ângulo entre os dois iniciadores fosse maior do que 90°, o que indicava que estavam deixando o grupo em direções bem diferentes, então os babuínos escolhiam um deles, aumentando a força dessa proposta. Por outro lado, se os dois iniciadores partissem em direções similares, os babuínos restantes não davam preferência a nenhum dos dois, escolhendo uma direção que ficava mais ou menos entre eles. Se muitos iniciadores tomassem a iniciativa ao mesmo tempo, a probabilidade de o restante dos babuínos ficarem onde estavam era maior, adiando a tomada de decisões até que as opções convergissem. Quando um iniciador obtivesse seguidores o suficiente, o bando inteiro o seguia.

Para aplicar essas ideias aos problemas com o e-mail, voltemos nossa atenção aos parentes próximos dos babuínos-anúbis: nós. Em vez de estudar como os babuínos decidem em que direção buscar por comida nas florestas do Quênia, imaginemos uma situação em que uma equipe de trabalhadores intelectuais está analisando planos empresariais. Ao deixarmos as florestas e passarmos para os escritórios, alteramos o processo de tomada de decisões de um centrado no mundo físico para um que se baseia apenas na escrita, visto que a maioria de tais decisões são tomadas por meio de mensagens eletrônicas na era da mente coletiva hiperativa.

Porém, antes de classificarmos nossa abordagem moderna como superior, devemos pausar e nos lembrarmos de que a língua escrita tem, no máximo, 5 mil anos,[23] o que é pouco na escala evolucionária. Os antigos processos de colaboração enraizados nos nossos circuitos neurais durante milhões de anos de evolução, e sugeridos pelo comportamento dos nossos primos primatas, ainda devem existir, e supostamente devem esperar por algo bem diferente das nossas interações do que simplesmente trocar palavras escritas através dos nossos monitores de computador. A incoerência entre como fomos programados para nos comunicar e como somos obrigados, pela tecnologia moderna, a nos comunicar gera um profundo senso de frustração no ser humano.

Por volta da mesma época em que os pesquisadores estavam colocando colares com GPS nos babuínos, um professor do MIT chamado Alex Pentland estava colocando um pacote de sensores ainda mais sofisticados em um grupo de executivos empresariais que se reuniram ao redor de uma mesa de conferências no campus do MIT. Esses sensores, chamados de sociômetros, tinham mais ou menos o tamanho de um baralho de cartas e eram usados ao redor do pescoço. Eles incluíam um acelerômetro para registrar o movimento do participante, um microfone para gravar sua voz, um chip Bluetooth para determinar quem estava por perto e um sensor infravermelho para detectar se o participante estava olhando o rosto da outra pessoa ao interagir.[24]

Cada executivo apresentaria um plano de negócios ao grupo. Seu objetivo era trabalhar em conjunto para chegar a um acordo de qual plano seria o melhor. Uma técnica padrão para estudar esse tipo de colaboração é transcrever todas as palavras faladas, mas o motivo de Pentland se dar ao trabalho de colocar sensores avançados em cada participante é que ele estava convencido de que esse canal *linguístico* de informação registrava apenas uma parte do que era importante para entender a interação que estava acontecendo naquela sala de conferências. Ao mesmo tempo que as palavras eram ditas, um canal social inconsciente estava sendo usado, o qual era composto por sinais físicos sutis de linguagem corporal e tom de voz que pintavam um quadro mais detalhado de como as decisões estavam sendo tomadas naquela sala. Esses "antigos mecanismos de sinalização primatas" haviam sido estudados antes em macacos, mas os sociômetros de Pentland foram projetados para provar que esses mecanismos ainda exercem um grande papel na colaboração humana.[25]

Existem muitos sinais que operam nesse canal social. Tal como Pentland explicou no seu livro sobre esse tema, *Honest Signals: How They Shape Our World*, esse tipo de informação é, em grande parte, processada de modo inconsciente, em geral, usando circuitos de nível inferior do nosso sistema nervoso, sendo este o motivo pelo qual não percebemos isso. Entretanto, seu impacto não deve ser subestimado. Pentland escreveu: "Esses sinais sociais não são apenas um canal secundário ou um complemento da nossa linguagem consciente. Eles compõem uma rede de comunicação à parte que influenciam e muito nosso comportamento."[26]

Um desses sinais transmitidos por essa rede inconsciente é apropriadamente chamado de *influência*. Ela descreve o quanto cada pessoa pode fazer a outra concordar com o seu padrão de fala. Essa informação, que é processada nos nossos cérebros por estruturas subcorticais localizadas no meio do teto (*tectum*), nos fornece uma visão rápida e precisa da dinâmica de poder de determinado ambiente. Outro desses sinais é a *atividade*, que descreve os movimentos físicos de uma pessoa durante uma conversa. Movimentarmo-nos no nosso assento, nos inclinarmos para a frente, gestos demonstrativos — esses comportamentos, que são, em grande parte, mediados pelo sistema nervoso autônomo ("uma estrutura neural extremamente antiga"), realiza uma leitura surpreendentemente precisa das verdadeiras intenções de uma pessoa durante a interação.[27]

Sabemos que esses sinais são importantes porque, como Pentland demonstrou em sua pesquisa, ao medi-los usando seus sociômetros, eles podem predizer com precisão o resultado de reuniões sociais, como encontros românticos, negociações de salário e entrevistas de emprego, sem referência alguma a palavras faladas. De fato, voltando ao estudo dos executivos empresariais na sala de conferências do MIT, posteriormente, Pentland apresentou versões escritas dos planos a um novo grupo e pediu a cada membro do grupo para decidir qual era o melhor. Suas decisões foram bem diferentes daquelas tomadas pelo grupo que ouviu as propostas em pessoa. Pentland explicou: "Os executivos [do entorno grupal] achavam que estavam avaliando os planos com base em medidas racionais, [mas] outra parte dos seus cérebros estava registrando outras informações cruciais, tais como: O quanto essa pessoa acredita nessa ideia? Com quanta confiança ela está falando? Qual é o seu nível de determinação para fazer com que ela funcione?"[28] Os executivos que simplesmente leram os planos não perceberam o quanto eles estavam perdendo. Os dois grupos revisaram as mesmas propostas, mas estavam trabalhando com uma quantidade muito diferente de informações.

Quando adotamos o fluxo de trabalho da mente coletiva hiperativa na década de 1990 e no início dos anos 2000, acreditávamos que podíamos pegar as conversas que aconteciam nas salas de conferências e nas linhas telefônicas e convertê-las em uma nova mídia de mensagens mantendo o conteúdo dessas interações basicamente inalterados. No entanto, como o pesquisador Alex Pentland destaca, a priorização da comunicação abstrata por escrito à custa da comunicação em pessoa não levou em consideração os extremamente complexos e bem ajustados circuitos sociais que evoluíram na nossa espécie para otimizar nossa habilidade de trabalhar de modo cooperativo. Ao adotarmos o e-mail, nós acidentalmente prejudicamos os sistemas que faziam com que trabalhássemos tão bem juntos. "Os memorandos e os e-mails simplesmente não funcionam do mesmo jeito que as comunicações presenciais", conclui Pentland, de modo direto.²⁹ Não é nenhuma surpresa que nossas caixas de entrada nos deixem com uma estranha e crescente sensação de incômodo.

Esse incômodo aumenta pelo fato de que sempre superestimamos a habilidade dos nossos correspondentes de entender nossas mensagens. No que agora é um experimento clássico que surgiu na sua dissertação de doutorado de 1990, uma aluna de psicologia de Stanford chamada Elizabeth Newton fez com que dois participantes se sentassem a uma mesa de frente um para o outro. Ela pediu que um dos participantes reproduzisse uma música famosa batendo com seus dedos na mesa para que o outro participante adivinhasse qual era a música. Aqueles que batiam na mesa calcularam que cerca de 50% dos ouvintes adivinhariam qual era a música. Na verdade, foram menos de 3% os que conseguiram relacionar o nome de uma música às batidas.³⁰

Segundo Newton, quando a pessoa batia na mesa, na sua mente, ela escutava todo o acompanhamento da música — a letra, os instrumentos — e tinha dificuldade de se colocar na situação mental do ouvinte, que não tinha acesso a essa informação e que tinha de lidar apenas com algumas batidas esporádicas. Os psicólogos sociais chamam esse efeito de *egocentrismo*, e, como a equipe de pesquisa liderada por Justin Kruger da Universidade de Nova York queria demonstrar em um trabalho surpreendentemente divertido de 2005 que foi publicado no *Journal of Personality and Social Psychology*, ele exerce um grande papel ao explicar por que o e-mail nos leva à loucura.³¹

Kruger e seus colaboradores começaram estudando o sarcasmo. No seu primeiro experimento, eles apresentaram uma lista de tópicos a um grupo de participantes. No primeiro tópico, eles foram orientados a escrever duas frases: uma normal e uma sarcástica. Então, eles enviaram essas frases aos participantes do outro grupo, que receberam a tarefa de identificar quais eram as frases sarcásticas. "Como era de se esperar, os participantes estavam confiantes demais", disse o trabalho. Aqueles que escreveram as frases achavam que os leitores acertariam quase todas. Na verdade, eles erraram quase 20% das vezes.

Em um experimento sequencial, metade dos participantes puderam gravar suas frases em um gravador, ao passo que a outra metade enviou suas frases por e-mail. Talvez não seja nenhuma surpresa que ouvir a gravação das frases facilitou o processo de determinar quais eram sarcásticas. O que *foi* uma surpresa foi que aqueles que escreveram as frases acharam que não haveria diferença: eles achavam que os destinatários identificariam o sarcasmo nas frases escritas e gravadas com a mesma facilidade.

Para testar essa afirmação de que o *egocentrismo* era a fonte do excesso de confiança dos participantes, os pesquisadores recorreram ao humor. Agora, eles forneceram um pequeno texto engraçado aos remetentes. Mais especificamente, eles usaram trechos do livro *Deep Thoughts*, de Jack Handey: pequenos monólogos absurdos apresentados na forma de um texto que vem subindo e que é lido por um narrador insosso com um fundo relaxante. Eles apareciam regularmente no *Saturday Night Live* durante a década de 1990 e início dos anos 2000. Para lhe dar uma noção melhor do experimento (e ter uma desculpa para reproduzir aqui o trecho mais engraçado que já li em um artigo revisado por um colega), eis um exemplo de *Deep Thought* que foi usado pelos pesquisadores:

> Acho que, dentre todos os meus tios, eu gostava mais do Tio Cavernícola. Nós o chamávamos de Tio Cavernícola porque ele vivia em uma caverna e porque, às vezes, ele comia alguns de nós. Mais tarde, descobrimos que ele era um urso.

Para testar o egocentrismo, os pesquisadores dividiram os remetentes em dois grupos aleatórios. Cada participante do primeiro grupo deveria simplesmente enviar um *Deep Thought* por e-mail. Os participantes do segundo grupo assistiam a um vídeo da piada reproduzida no *Saturday*

Night Live, com a música relaxante, o narrador insosso e as risadas do público. Depois de assistir ao vídeo, esse grupo também enviava apenas o texto. Em ambos os casos, perguntou-se aos remetentes o quão engraçado eles achavam que o trecho era e o quão engraçado eles achavam que os destinatários achariam que ele era.

O trabalho conclui: "Os participantes que assistiram aos vídeos acharam os [*Deep Thoughts*] mais engraçados do que os participantes do grupo de controle, e o mesmo vale para as previsões que os participantes fizeram da reação dos destinatários em relação às piadas." Assistir ao vídeo, o qual era mentalmente reproduzido enquanto digitavam o texto do e-mail, forneceu um acompanhamento mais rico aos participantes. Da mesma forma que aqueles que batiam na mesa no estudo de Elizabeth Newton estavam ouvindo a música nas suas mentes, o grupo que assistiu ao vídeo não conseguia se esquecer dos visuais engraçados e das risadas do público ao julgarem o quão bem seu e-mail seria bem entendido. Quanto mais rica era a experiência do remetente do que ele estava tentando comunicar, maior era diferença entre seu entendimento e o entendimento do seu correspondente — uma evidência de que o egocentrismo está no âmago do excesso de confiança.

A conclusão desse trabalho é que os e-mails costumam ser mal compreendidos por causa da "inerente dificuldade de ir além de uma experiência subjetiva causada por um estímulo e de imaginar como esse estímulo poderia ser avaliado por alguém que não compartilhou dessa perspectiva privilegiada". Para piorar as coisas, os pesquisadores descobriram que os destinatários dessas mensagens ambíguas tinham tanta confiança quanto seus remetentes. Eles achavam que estavam detectando o sarcasmo ou o humor corretamente, mesmo quando não estavam fazendo isso muito bem. Essa última observação resulta em uma reviravolta particularmente capciosa da nossa compreensão das muitas confusões do e-mail. Não só não somos tão claros quanto pensamos, como também somos mal interpretados com frequência. Temos *certeza* de que estamos enviando um e-mail agradável; da mesma forma, nosso destinatário tem *certeza* de que estamos fazendo uma crítica maldosa. Quando criamos um fluxo de trabalho baseado justamente nesse tipo de comunicação ambígua e mal interpretada — um fluxo de trabalho que ignora toda a riqueza das ferramentas sociais não linguísticas que pesquisadores como Alex Pentland documentaram como sendo fundamentais para o sucesso da interação humana —, não devemos nos surpreender que a troca de mensagens no trabalho faz com que nos sintamos mal.

Entretanto, não precisamos de pesquisas para entender algo que muitos de nós já experimentam todos os dias. No seu livro *Reclaiming Conversation*, Sherry Turkle, uma cientista social do MIT, classifica histórias sobre os problemas que surgem quando as pessoas no ambiente de trabalho começam a interagir mais através do texto escrito. Um desses estudos de caso se concentrou nos desafios de um diretor de tecnologia chamado Victor, que dirige uma equipe de uma grande empresa de serviços financeiros. "Em geral, as coisas ficam complicadas quando muita coisa é realizada por e-mail", disse Victor a Turkle. Ele constantemente precisa tentar convencer sua equipe de que, quando surge um problema com um cliente, eles precisam conversar com o cliente em pessoa. Ele explica: "Essa não é uma conclusão à qual chegariam por conta própria. Em geral, preciso lidar com pessoas que querem enviar 29 e-mails para corrigir um problema." Sua solução é mais simples: "Vá conversar com ele." Segundo Victor, seus colegas mais jovens enxergam a comunicação eletrônica como a "linguagem universal" que proporciona um modo mais eficiente de interagir. Cada vez mais, Victor se vê no papel de alguém que precisa convencê-los de que isso não poderia estar mais longe da verdade: ele tenta explicar que o e-mail não é uma forma universal de interação; antes, é um mero simulacro de um comportamento complexo e cheio de nuances que, durante a maior parte da história humana, definiu nossa forma de comunicação. Todos nós sentimos cada vez mais os efeitos desse erro.[32]

O E-mail Resulta em Mais Trabalho

Em 2012, uma equipe de pesquisa liderada por Gloria Mark publicou um dos meus estudos favoritos sobre o impacto do e-mail.[33] Seu experimento era brilhante na sua simplicidade: eles selecionaram treze funcionários de uma grande empresa de pesquisa científica e lhes pediram para parar de usar o e-mail durante cinco dias úteis. Esses pesquisadores não fizeram planos elaborados de contingência nem desenvolveram fluxos de trabalho alternativos antes do experimento: eles simplesmente desativaram os endereços de e-mail dos participantes e se sentaram para ver o que acontecia.

Embora esse estudo tenha muitos resultados interessantes, eu gostaria de destacar uma observação que não foi relatada no trabalho publicado, mas que me foi apresentada mais recentemente em uma conversa com Gloria Mark. Ela me explicou que um dos participantes era um cientista de pesquisas que precisava gastar cerca de duas horas por dia organizando um laboratório para uma experiência. Ele disse que se sentia frustrado com frequência porque seu chefe tinha o hábito de lhe enviar e-mails durante esse período de preparação, fazendo-lhe perguntas ou delegando trabalho. Isso fazia o cientista parar o que estava fazendo para atender aos desejos do chefe — atrasando bastante a organização do laboratório. O motivo de Mark se lembrar do problema desse cientista era que, durante os cinco dias em que ele ficou sem e-mail, seu chefe parou de incomodá-lo durante a organização do laboratório. O que torna essa observação tão notável é que o escritório do seu chefe ficava no corredor, a *duas portas* de distância. A pequena quantidade extra de esforço necessário de dar alguns passos e enfiar a cabeça pela porta era o suficiente para evitar que esse chefe desse mais trabalho para esse cientista. "Ele estava nas nuvens", recorda Mark.

Esse relato do cientista frustrado e seu chefe que vivia lhe perturbando destaca um dos preços que temos de pagar pelo e-mail e que costuma passar despercebido. As ferramentas como o e-mail eliminam por completo o esforço necessário — em termos de tempo e capital social — para fazer uma pergunta ou delegar uma tarefa. Visto de uma perspectiva objetiva, isso parece uma coisa boa: menos esforço é igual a mais eficiência. Como veremos, porém, o efeito colateral dessa transformação é que os trabalhadores intelectuais começaram a fazer mais perguntas e delegar mais tarefas do que jamais haviam feito antes, resultando em uma sobrecarga constante que nos leva à loucura.

Uma forma de examinar como nossa carga de trabalho mudou é analisar os sistemas que usamos para acompanhar o progresso dela. O guru de produtividade David Allen diz no seu best-seller canônico *A Arte de Fazer Acontecer*, de 2001, que a época em que o e-mail se espalhou foi definida por uma mudança significativa das abordagens de gestão do tempo. Em fins da década de 1980, a "essência de ser organizado" envolvia ter uma agenda de bolso (um calendário de papel) e fazer uma lista diária de tarefas para nos ajudar a saber como usar o tempo entre compromissos. Trabalhadores muito bem organizados usavam tabelas de priorização, como o Método ABC de Alan Lakein ou os Quatro Quadrantes de Stephen Covey, para os ajudarem a determinar em que ordem completariam algumas tarefas que identificavam como importantes para o dia.

"As abordagens tradicionais de gestão do tempo e organização pessoal eram úteis naquela época", observa Allen. Mas os anos 1980 deram lugar aos anos 1990, e a ideia de que nosso dia podia ser abrangido por uma pequena lista de tarefas codificadas se tornou algo do passado. Allen escreveu: "O trabalho de cada vez mais pessoas era composto de dezenas ou até centenas de e-mails por dia, sem espaço para ignorar nenhum pedido, reclamação ou ordem. São poucas as pessoas que conseguem... ter uma lista de tarefas predeterminadas cuja primeira... interrupção por parte do seu chefe não a *desfaça* por completo."[34]

Allen ficou famoso nos círculos de gestão de tempo na mesma época em que a mente coletiva hiperativa se tornou muito comum. Ele vendeu mais de 1,5 milhão de cópias do seu livro; em grande parte, porque ele foi um dos primeiros business thinkers que levou a sério o quanto esse novo fluxo de trabalho estava aumentando a *quantidade* de trabalho que era colocado nas nossas costas. Ele disse aos seus novos leitores sobrecarregados que eles precisavam transferir cada uma dessas obrigações a um "sistema de confiança", onde elas poderiam ser compreendidas e organizadas — fornecendo a base para um estilo frenético de trabalho onde tentamos executar os itens existentes com mais rapidez do que novos itens chegam.

Novatos na arte de fazer as coisas acontecerem ficavam chocados com a quantidade de tarefas na sua lista. Allen se lembra que, no seu trabalho de consultoria, ele logo descobriu que precisaria de dois dias ininterruptos para ajudar os executivos a examinar e entender tudo o que deveriam fazer. O processo de simplesmente listar as tarefas pelas quais eles eram responsáveis costumava levar "seis horas ou mais".[35] Os dias de consultar sua agenda como executivo "produtivo" e listar cuidadosamente as seis coisas que ele desejava realizar haviam passado. No mundo moderno, os trabalhadores intelectuais se sentem cercados por obrigações.

A literatura de pesquisa relevante também nos ajuda a entender essa sensação de sobrecarga. No seu estudo original de 2004 sobre fragmentação de atenção, Victor M. González e Gloria Mark dividiram os esforços dos funcionários que observavam em diferentes *esferas de trabalho*, cada uma representando um projeto ou objetivo distinto. Eles descobriram que, em média, seus participantes trabalhavam em dez esferas diferentes por dia, gastando menos de doze minutos em cada uma antes de passar para a próxima.[36] Um estudo sequencial de 2005 descobriu que, em média, os funcionários observados tocavam de onze a doze esferas de trabalho diferentes por dia.[37] O grande número de esferas diferentes com as quais esses participantes lidavam por dia, combinado com a realidade de que cada esfera exige a realização de várias tarefas menores e, presumivelmente, dezenas de e-mails, nos pinta um retrato perturbador do trabalho intelectual moderno. No seu livro *Sobrecarregados*, de 2014, que fala sobre a epidemia de se estar sempre ocupado, a jornalista Brigid Schulte escreveu: "À noite, eu costumo acordar em pânico por causa de todas as coisas que preciso fazer ou que deixei de fazer. Tenho medo de morrer e perceber que minha vida ficou perdida nos destroços frenéticos de tarefas diárias."[38]

E isso nos traz de volta à nossa discussão original de que podemos culpar o e-mail — ou, mais precisamente, o fluxo de trabalho da mente coletiva hiperativa que ele gera — por grande parte dessa mudança em prol da sobrecarga. Uma evidência dessa afirmação é o tempo. Todo mundo parece ter ficado constantemente ocupado entre fins da década de 1980 e o início dos anos 2000: o mesmo período em que o e-mail começou a se espalhar no mundo dos negócios. Outra evidência vem dos próprios especialistas. David Allen e Gloria Mark, entre outros comentaristas relevantes, ligam especificamente o e-mail ao nosso estado atual de atividade frenética.

Também podemos identificar um mecanismo plausível que nos ajuda a explicar como o e-mail pode ter aumentado nossa carga de trabalho. Iniciei esta seção com a história do cientista frustrado que estava tentando se livrar das ordens do seu chefe. Quando o e-mail desse cientista foi desativado por um tempo, esse chefe parou de lhe enviar ordens adicionais, embora seu escritório estivesse a duas portas de distância do laboratório do cientista. Por simplesmente se acrescentar um pouco de *atrito*, as requisições que chegavam até o cientista diminuíram bastante. Para muitos trabalhadores intelectuais, essa história provavelmente faz sentido — quantas vezes por dia você requisitaria o tempo e atenção de alguém para lhe fazer uma perguntinha se tivesse que atravessar o corredor e interromper o serviço dela?

Esse efeito indica que existe algo irracional por trás desse sistema que usamos para alocar recursos cognitivos no ambiente de trabalho. Se aumentar um pouco o atrito reduz drasticamente as requisições do nosso tempo e atenção, então muitas dessas requisições nem sequer são vitais para a operação da sua organização; elas são um efeito colateral da baixa resistência criada pelas ferramentas de comunicação digital. A ideia de que eliminar o atrito poderia causar problemas pode parecer estranha, visto que estamos acostumados a pensar que mais eficiência gera mais eficácia, mas, entre engenheiros como eu, não é difícil entender esse conceito. Um atrito baixo demais pode resultar em loops de feedback que ficam fora de controle. Isso acontece quando um microfone fica perto demais de um alto-falante, fazendo com que essa autoamplificação resulte em microfonia.

Em termos de carga de trabalho, algo parecido com a microfonia está acontecendo no trabalho intelectual moderno. Quando o atrito envolvido em se pedir a alguém para fazer algo é eliminado, a quantidade desses pedidos fica fora de controle. Eu estou sempre tentando requisitar o tempo e atenção dos outros para compensar pelo tempo e atenção que eles já requisitaram de mim. Logo, todos estarão como Brigid Schulte, se afogando nos "destroços frenéticos de tarefas diárias" à noite.

O que poderia acontecer com essas "tarefas" se o atrito fosse reintroduzido no sistema (como no experimento de Gloria Mark de ficar livre dos e-mails)? Acho que muitas dessas tarefas urgentes simplesmente desapareceriam: de repente, aquela pergunta vital enviada por meio de uma mensagem de Slack se tornaria menos vital quando perguntar exigisse que a pessoa deixasse de fazer o que estava fazendo e tivesse que encarar aquela expressão de irritação na cara da outra pessoa que está sendo incomodada. Talvez ela deixasse o assunto de lado ou fosse ela mesma cuidar do assunto. Muitas outras tarefas talvez fossem reunidas em grupos mais razoáveis de atividades. O que antes era resolvido por meio de uma dúzia de mensagens ad hoc poderia se tornar uma discussão maior em uma reunião de status. Isso talvez seja um pouco mais incômodo no momento, visto que teríamos de nos lembrar para que coisas precisamos de ajuda até a próxima reunião, mas todo mundo ficaria menos distraído.

O atrito também motiva o desenvolvimento de processos mais inteligentes. Imagine que precisássemos assinar uma requisição com certa frequência. Com as ferramentas de baixo atrito como o e-mail, poderíamos simplesmente enviar cópias desses formulários para serem assinados sempre que precisássemos, visto que isso tiraria a responsabilidade das nossas costas com o mínimo de esforço. Sem o e-mail, porém, o esforço de ir atrás de cada assinatura nos motivaria a desenvolver um sistema melhor, como um no qual colocássemos esses formulários na caixa de correio na sexta de manhã, ao passo que a contraparte prometeria assiná-los e enviá-los de volta até segunda de manhã. Este sistema é muito melhor para a contraparte, pois a liberta de outra fonte de requisição não programada do seu tempo e atenção, mas é improvável que algo similar surja em uma época na qual enviar formulários gerados eletronicamente não custa praticamente nada.

Para resumir, costumamos superestimar a natureza racional das nossas cargas de trabalho. Acreditamos que, se temos uma tarefa, é porque ela é importante — ela faz parte do trabalho. Mas, como discutimos, tanto o tipo como a quantidade de esforços que compõem um dia podem ser altamente influenciados por fatores menos racionais, como o custo relativo de pedir o tempo e atenção de outra pessoa. Quando a comunicação passou a não custar nada, acidentalmente desencadeamos um aumento massivo das nossas cargas relativas de trabalho. Não há nada fundamental nessas recém-aumentadas cargas de trabalho; elas são um efeito colateral indesejado — uma fonte de estresse e ansiedade que podemos diminuir se estivermos dispostos a nos afastar do vai e vem frenético que define o fluxo de trabalho da mente coletiva hiperativa.

Entendendo os Mecanismos da Infelicidade

A maioria dos trabalhadores intelectuais sentem a infelicidade que vem da sua caixa de entrada lotada. Porém, o motivo de isso não ter causado uma revolta é que ela é retratada como inevitável — o sine qua non do trabalho em uma era hiperconectada e de alta tecnologia. Um artigo de 2018 da revista *MIT Sloan Management Review* explica: "A teoria de 'manter todo mundo ocupado' continua bem viva… no trabalho intelectual."[39] (Por outro lado, esse artigo fala que o setor da fabricação havia entendido, já na década de 1980, que estar sempre ocupado não era a maneira ótima de fazer as coisas.)

Neste capítulo, eu procurei acabar com esse fatalismo generalizado apresentando em detalhes três motivos específicos pelos quais o fluxo de trabalho da mente coletiva hiperativa faz com que todos nós nos sintamos mal: a ansiedade psicológica de uma caixa de entrada que se enche mais rápido do que conseguimos esvaziá-la, a frustração da ineficácia da comunicação realizada apenas por meio de texto e a sobrecarga descontrolada que é gerada quando o atrito é eliminado das interações no escritório. Quando isolamos essas fontes de desconforto, elas deixam de parecer inevitáveis; elas são o infeliz e inesperado resultado do choque entre as maneiras específicas como trabalhamos e o funcionamento natural do nosso cérebro. Ignorar o problema não é a solução. Devemos nos empenhar pela solução óbvia: substituir a mente coletiva hiperativa por fluxos de trabalho alternativos através dos quais ainda poderemos fazer as coisas funcionarem, deixando de lado o pior desses efeitos colaterais que fazem com que nos sintamos tão mal. Como veremos na Parte 2, um mundo sem e-mail é um mundo mais feliz. Porém, vamos fazer mais uma parada antes de começarmos a falar sobre o que funciona melhor. O desafio que veremos no próximo e último capítulo da Parte 1 é tentar entender por que acabamos nos apegamos a uma abordagem de trabalho tão improdutiva e prejudicial.

Capítulo 3

O E-mail Tem Mente Própria

O Surgimento do E-mail

Por que o e-mail se tornou tão popular? Podemos encontrar uma pista em um lugar bem improvável: atrás das paredes da sede original da Agência Central de Inteligência em Langley, Virgínia. Lá, encontraremos mais de 50km de tubos de aço de 10cm de espessura, instalados no início da década de 1960, como parte de um elaborado sistema de correio interno movido a vácuo. As mensagens, seladas em recipientes de fibra de vidro, eram enviadas a uma velocidade de 9m/s a cerca de 150 estações espalhadas por 8 andares. Os remetentes especificavam o destino de cada cápsula manipulando os anéis de latão na sua base; aparelhos eletromecânicos nos tubos liam essas configurações e enviavam a cápsula. No seu auge, esse sistema estava entregando 7.500 mensagens por dia.[1]

De acordo com depoimentos mantidos pela CIA, os funcionários ficaram tristes quando, em fins da década de 1980, durante a expansão da sede, esse sistema steampunk de envio de mensagens foi desativado. Alguns deles ainda se lembram do reconfortante ruído que as cápsulas faziam ao chegarem em uma estação; outros se preocupavam que a comunicação interna dos escritórios se tornaria inaceitavelmente lenta, ou que os entregadores acabariam se cansando de entregar mensagens a pé. Os arquivos da agência contêm uma fotografia de uma tachinha com a nota "Salvem os Tubos".

Por que a CIA investiria tanto para construir e manter um sistema tão complexo? Em meados do século XX, métodos muito mais comuns e baratos para a comunicação no escritório já haviam se tornado o padrão. Por exemplo, quando essa sede foi construída, a comunicação de telefonia interna já existia há décadas. Não seria desnecessário enviar uma nota por meio de uma rede de tubos pneumáticos se podíamos simplesmente ligar para a outra pessoa usando o telefone da nossa mesa?

Mas o telefone não era nenhuma panaceia. Ele representava um exemplo do que os especialistas da comunicação chamam de *mensagens síncronas*, que exigem que todas as partes da interação participem ao mesmo tempo. Se a outra pessoa não está à sua mesa quando ligamos para o seu ramal, ou se a sua linha estiver ocupada, então essa tentativa de comunicação falharia. Em uma organização pequena, encontrar as pessoas por telefone pode ser possível, mas quando o século XIX deu lugar ao século XX, empresas de contabilidade e pequenas salas de administração localizadas no fundo das fábricas se tornaram grandes edifícios, como a sede da CIA, que abrigava milhares de funcionários de colarinho branco sob o mesmo teto. Nessa escala, os custos para se organizar comunicações síncronas se tornariam altos demais, resultando em jogos prolongados de esconde-esconde telefônico e pilhas de notas de ligações perdidas.

Uma forma alternativa de interação que evita o problema dos custos são as *mensagens assíncronas*, que não exigem que o destinatário esteja presente quando elas são enviadas. O carrinho de mensagens é um exemplo clássico deste tipo de comunicação. Se quiséssemos enviar uma mensagem, poderíamos colocá-la na nossa caixa de saída quando isso nos fosse conveniente e, quando ela fosse entregue na caixa de entrada da outra pessoa, ela poderia pegá-la e lê-la quando isso fosse conveniente para ela — tudo sem que houvesse a necessidade de coordenação entre as partes. Obviamente, o problema com o carrinho de mensagens é que ele é lento. Pode demorar uma boa parte do dia para que uma mensagem saia da caixa de saída da estação de separação e seja colocada em um carrinho no andar do destinatário, onde ela será colocada na sua mesa e entregue manualmente. Pode não haver problemas em se fazer isso para se transmitir mensagens estáticas, mas esse, evidentemente, não é um meio prático para uma coordenação eficaz ou para compartilhar notícias que precisam ser entregues no momento certo.

O surgimento dos escritórios modernos realmente pedia — um tipo de milagre da produtividade — por algo que combinasse a *velocidade* da comunicação síncrona com o *baixo custo* da comunicação assíncrona. E isso nos leva de volta à CIA. Era exatamente isso o que eles estavam tentando obter com seu sistema de tubos pneumáticos. Suas cápsulas enviadas por meios eletromecânicos e movidas a vácuo eram o equivalente de um carrinho de mensagens turbinado: agora, era possível enviar uma mensagem assíncrona dentro de minutos em vez de horas. Assim, não foi nenhuma surpresa que os funcionários da CIA tenham ficado tristes de ver que o sistema de tubos havia sido desativado quando a sede foi expandida nos anos 1980. Mas essa tristeza não durou muito tempo, visto que este mesmo período marcou a chegada de um método mais novo, mais barato e até mais rápido de troca de mensagens assíncronas: o correio eletrônico.[2]

A maioria das organizações não tinham recursos para construir um sistema parecido com os tubos da CIA. Assim, para elas, foi só com a chegada do e-mail que elas puderam experimentar a assincronia de alta velocidade. Hoje em dia, estamos tão familiarizados com esse recurso que não lhe damos tanta importância, mas durante os anos 1980 e 1990, quando ele começou a se espalhar como fogo, seu impacto foi enorme.

Podemos encontrar belos exemplos da rápida ascensão do e-mail nos arquivos do *New York Times* dessa época. Uma das primeiras menções do jornal a essa tecnologia no contexto empresarial se encontra em um artigo de 1987 que sempre menciona a palavra *e-mail* entre aspas.[3] Ele explica: "Embora o 'e-mail', tal como é chamado, não tenha se espalhado tão rapidamente como seus defensores previram, ele se estabeleceu como um nicho do mercado, e seu acompanhamento no mundo corporativo é pequeno, mas crescente." Como o artigo esclarece, nessa época, o e-mail profissional exigia um aplicativo especial que discava para um servidor para estabelecer uma conexão, permitindo-nos enviar e receber mensagens antes de desconectarmos. Se precisássemos consultar a informação dessa mensagem mais tarde, era necessário realizar um processo trabalhoso para salvá-la em um disco. Dada a complexidade dessa tecnologia nos seus estágios iniciais, a hesitação do artigo sobre sua importância era compreensível. Mas isso logo mudou.

Um artigo instrutivo foi publicado depois de alguns poucos anos — dessa vez com *e-mail* sem aspas.[4] Esse artigo descrevia a adoção dessa tecnologia pela indústria do entretenimento. Em 1989, descobrimos que Mike Simpson, um dos chefes de um poderoso departamento de filmes da William Morris Agency, havia conectado trezentos computadores dos seus escritórios de Beverly Hills e Nova York a uma tecnologia primitiva de redes de computadores oferecida pela startup de Steve Jobs pós-Apple, a NeXT, Inc. Simpson conta: "Uma das bases do nosso negócio é que, quanto mais rapidamente obtemos informação, mais rapidamente poderemos usá-la. O e-mail já nos havia dado uma vantagem."

Esse artigo continha outros exemplos da admiração inicial pelo potencial do e-mail. Um agente explicou: "Sua rápida transmissão de informações substitui as ligações por telefone; ele é ambientalmente correto e permite que mais pessoas saibam das coisas ao mesmo tempo." Outro agente fala sobre sua experiência ao começar a trabalhar para a concorrente Creative Artists Agency, onde, para seu "pavor", ele descobriu que eles ainda tinham entregadores que distribuíam mensagens em papel. Ele insistiu que seus novos colegas usassem o e-mail. Também descobrimos que, na Disney, Jeffrey Katzenberg criou uma rede particular de e-mail que conectava vinte executivos de alto escalão. "Jeffrey amava o e-mail, então só podíamos amá-lo também", explicou o vice-presidente de uma mídia de publicidade da Disney, e acrescentou: "Nós nos comunicamos pelo computador em vez de pelo telefone."

O e-mail ainda era uma novidade em 1992, quando nem todos entendiam seu potencial. "O e-mail é divertido, mas é um brinquedo", disse um analista de roteiro da Columbia Pictures, algo que agora ele provavelmente gostaria de retirar. Então, ele acrescentou: "O e-mail encoraja as pessoas a tagarelar e a dizer coisas que não precisam ser ditas." Esse artigo também observa que, nessa época, a maioria dos estúdios de cinema ainda dependiam de um aparelho primitivo de comunicação chamado Amtel, uma combinação de tela e teclado que era usado para enviar pequenas mensagens de texto. (Um uso comum do Amtel em Hollywood era possibilitar que os assistentes deixassem os executivos informados, sem interromper suas reuniões a portas fechadas, sobre quem estava em espera nas várias linhas telefônicas.)

Em um artigo de 1989, o venerável escritor de assuntos de tecnologia John Markoff forneceu mais detalhes sobre a dinâmica que ajudou a acelerar o crescimento do e-mail.[5] Ele escreveu: "O correio eletrônico, que fica atrás apenas da máquina de fac-símile devido ao boom dos computadores pessoais da década de 1980, finalmente está sendo reconhecido." Como o artigo de Markoff deixa claro, em fins dos anos 1980, o e-mail era mais usado para conectar funcionários de uma mesma empresa. Em 1989, devido à pressão da Aerospace Industries Association (um grupo de 50 empresas aeroespaciais com um total de mais de 600 mil funcionários), os provedores da rede principal de e-mails concordaram "a contragosto" em interconectar suas redes usando um protocolo primitivo de e-mail chamado X.400, que permitia que os usuários de uma rede, pela primeira vez, se comunicassem com os usuários de outra rede.

Markoff previu que, uma vez que o e-mail se tornasse global, ele acabaria com a necessidade de máquinas de fax e se espalharia com rapidez. Ele não foi o único que enxergou esse potencial. No seu artigo, Markoff cita Steve Jobs — identificado como "Steven P. Jobs" —, fornecendo o que acabou sendo uma previsão bem acertada: "Nos anos 1990, o computador pessoal transformará a comunicação pessoal basicamente na mesma magnitude que, nos anos 1980, as planilhas transformaram a análise de negócios e a editoração eletrônica."

Os estudos de caso do longo artigo de Markoff pintam um panorama de uma tecnologia em ascensão. Um executivo de hospitais explicou: "Descobrimos que o correio eletrônico melhorou drasticamente a forma como nos comunicamos. Ele decolou e se espalhou pela nossa organização inteira." Mais tarde, Markoff disse: "Em pequenos e grandes escritórios do país, [o e-mail] está sendo adotado como um meio de comunicação mais eficiente do que o telefone."

Em 1992 o *Times* relatou que o e-mail havia se tornado um negócio de US$130 milhões por ano, com uma estimativa de se tornar um negócio de US$500 milhões até o meio da década, visto que muitas grandes empresas de software, incluindo a IBM e a Microsoft, estavam se preparando para entrar no mercado.[6] Alguns anos mais tarde, não havia mais dúvidas quanto ao domínio do e-mail. Peter Lewis escreveu em um artigo de 1994: "Desde que a planilha Lotus 1-2-3 foi nomeada como o primeiro aplicativo fundamental… as pessoas começaram a se perguntar: 'Qual será o próximo?' Para mim, não havia dúvidas: o correio eletrônico se tornaria o aplicativo fundamental dos anos 1990."[7]

Como vimos nesses artigos, a velocidade com a qual o e-mail se espalhou no setor empresarial foi surpreendente. Em 1987, ele era uma ferramenta desajeitada que era útil apenas para um "nicho do mercado". Em 1994, ele era o "aplicativo fundamental" da década e a base de uma indústria de software de meio bilhão de dólares. Esse é o mais perto que podemos chegar de uma transformação da noite para o dia na história da adoção de tecnologias comerciais.

O quão rápido essa ferramenta se espalhou não deveria ser uma surpresa. Como disse, ela resolveu um verdadeiro problema — a necessidade de comunicação assíncrona de alta velocidade — e fez isso de uma maneira que foi relativamente barata e fácil de usar.[8] Mas devemos nos lembrar que não há nada fundamental no e-mail, visto que ele é uma ferramenta que exige uso constante. Poderíamos imaginar uma história alternativa na qual o e-mail simplesmente simplificou a comunicação já existente que era realizada por mensagens de voz ou memorandos, mas que o trabalho no escritório permaneceu sendo o mesmo que era realizado desde meados da década de 1980. Em outras palavras, poderíamos tirar proveito dos benefícios práticos do e-mail sem precisar adotar o fluxo de trabalho da mente coletiva hiperativa. Então, por que esse comportamento frenético se tornou universal depois da chegada do e-mail, embora, como discutido nos capítulos anteriores, ele nos torna menos produtivos e mais infelizes? Quando analisamos essa questão mais de perto, surgem várias respostas complexas e fascinantes que apontam para uma conclusão surpreendente: talvez o modo como trabalhamos hoje em dia seja muito mais arbitrário do que percebemos.

O Que a Tecnologia Quer?

Depois de se formar na faculdade, o primeiro trabalho de Adrian Stone no início da década de 1980 foi na sede da IBM, em Armonk, Nova York. Na época, a comunicação interna da IBM dependia bastante de se escrever recados. Como Stone recorda em um ensaio que escreveu em 2014 sobre esse período, se quiséssemos falar com alguém, poderíamos tentar ligar para essa pessoa, mas, como isso costumava não dar certo, a abordagem padrão era ir até o seu cubículo e deixar um recado para que ela o pudesse ler mais tarde. Stone escreveu: "Depois de ler nosso recado, agora era a vez dela nos procurar. Isso podia se estender por dias."[9] Esse é um importante lembrete de que o mundo antes do e-mail não era um paraíso prelapsariano. A comunicação em grandes organizações nessa época era bastante difícil, e, quando entrou em cena, o e-mail ofereceu uma solução simples. Assim, não foi nenhuma surpresa que, quando a IBM começou a realizar suas operações em rede nos anos 1980, ela rapidamente estabeleceu um serviço interno de e-mail.

Uma das primeiras tarefas de Stone na empresa foi auxiliar nesses esforços investigando o quanto os funcionários da IBM da sede de Armonk estavam se comunicando por correio de voz, memorandos, recados escritos e assim por diante. Eles concluíram que grande parte dessa comunicação passaria a ser realizada por e-mail, e queriam providenciar um mainframe grande o suficiente para lidar com a carga. (Stone me explicou que essas máquinas eram caras na época — "Estamos falando de milhões" — Assim, era importante calcular exatamente quanto poder de processamento era realmente necessário.)

Logo, Stone fez o cálculo para obter um servidor que poderia lidar com facilidade com toda a comunicação análoga que já estava acontecendo no escritório. O sistema foi configurado, instalado e, uma vez ativado, ele se tornou um sucesso entre os funcionários; mas acabou fazendo sucesso demais. Depois de alguns poucos dias, eles "estouraram" o servidor devido a uma sobrecarga. Segundo Stone, eles tiveram um tráfego de cinco a seis vezes *maior* do que o calculado, o que significa que, assim que a IBM começou a usar o e-mail, a quantidade de comunicação interna explodiu.

Uma análise mais detalhada revelou que as pessoas não estavam apenas enviando muito mais mensagens do que enviavam na era pré-e--mail; eles também começaram a enviar essas mensagens como CC para muito mais pessoas. Stone relata: "Na era pré-e-mail, a comunicação simples era realizada, em grande parte, de pessoa para pessoa." Então, essas mesmas interações passaram a ser realizadas por meio de longas conversas de e-mail que incluíam muitas outras pessoas. "Assim — em apenas uma semaninha — havíamos ganhado e estourado o potencial de produtividade ganho pelo e-mail", brincou.

Essa história é importante porque ela destaca uma dinâmica entre as pessoas e a tecnologia que costuma passar despercebida. Gostamos de acreditar que utilizamos nossas ferramentas de forma racional para resolver problemas específicos. Mas casos como o da queda do servidor da IBM nos dizem outra coisa. Nenhum grupo de gerentes da IBM decidiu que aumentar tanto a comunicação interna aumentaria a produtividade, e as pessoas que, de repente, se viram presas nessa enxurrada de mensagens não estavam felizes com isso. Adrian Stone recorda que o objetivo do sistema era simplesmente passar a comunicação que já existia no escritório para uma mídia mais eficiente — facilitar o que as pessoas já estavam fazendo. Então, quem foi que decidiu que todo mundo deveria começar a interagir de cinco a seis vezes mais do que o normal? Para alguém que estuda essa questão com mais atenção, a resposta é radical: foi a própria tecnologia.

Se conversarmos com um erudito da história da tecnologia, provavelmente descobriremos um fascínio por um assunto aparentemente improvável: o surgimento do feudalismo medieval no início do Império Carolíngio. Os historiadores traçam as origens desse estilo de governo ao reinado de Carlos Martel, avô de Carlos Magno. No século VIII d.C.,

Martel iniciou o feudalismo confiscando as terras da Igreja e redistribuindo-as aos vassalos.

Por que Martel confiscou as terras da Igreja? Essa questão foi respondida em um tratado magisterial publicado em 1887 pelo historiador alemão Heinrich Brunner, que disse que fornecer terras aos seus súditos leais era necessário para que Martel conservasse cavaleiros no seu exército.[10] Em períodos posteriores da história, os governantes simplesmente cobrariam impostos dos seus súditos e usaram essa renda para financiar seu exército, mas, no início do período medieval, a terra era a principal fonte de renda. Se quiséssemos que alguém financiasse um cavaleiro para o nosso exército, ela precisaria de terra para fazer isso. Brunner reuniu documentos históricos para demonstrar com persuasão que manter seus cavaleiros de armaduras brilhantes era um dos principais motivos de Martel para estabelecer feudos no seu reino.

Como costuma acontecer na história, essa resposta nos leva a outra pergunta: Por que Martel sentiu essa súbita necessidade de reunir uma grande força de cavalaria? Brunner sugeriu uma resposta simples. Quando os francos sob Martel enfrentaram um exército muçulmano da Espanha, perto de Poitiers em 732, grande parte do exército de Martel estava lutando a pé, ao passo que grande parte dos soldados muçulmanos estavam montados em cavalos. De acordo com a teoria de Brunner, Martel não demorou para reconhecer sua desvantagem. Quase que imediatamente após esse conflito — na verdade, mais tarde, naquele mesmo ano — ele iniciou seu repentino confisco de terras da Igreja. O historiador Lynn White Jr. resume isso da seguinte forma: "Assim, conclui Brunner, a crise que gerou o feudalismo, o evento que explica seu desenvolvimento quase que explosivo em meados do século VIII, foi a incursão árabe". Essa teoria se mostrou bastante resistente nas décadas após a sua apresentação, mantendo-se de pé, segundo White, "com notável sucesso contra ataques de todas as direções".[11]

Então, em meados do século XX, a teoria de Brunner caiu. Um novo erudito revelou que a data de Brunner para a decisiva Batalha de Poitiers estava errada; na verdade, ela aconteceu um ano *depois* de Martel ter confiscado as terras da Igreja. "Deparamo-nos, nos reinados de Martel [e de seus sucessores], com um drama extraordinário que não tinha motivação", escreveu White.[12] A ideia de que o feudalismo foi motivado pela necessidade de financiar seus cavaleiros continuou a ser aceita como uma hipótese, mas o motivo dessa preferência por cavaleiros novamente estava envolto em mistério. Isso é, até que White, na época professor de história de meia-idade da UCLA, se deparou com uma nota ao pé da página "desconexa", escrita por um erudito de antiguidades alemãs em 1923, que termina com a seguinte afirmação espontânea: "A nova era é anunciada no século VIII por escavações de estribos."[13]

Essa nota de rodapé indicava que o que motivou Carlos Martel a estabelecer o feudalismo foi a chegada de uma tecnologia básica na Europa ocidental: o estribo de cavalo. No que agora é seu clássico livro *Medieval Technology and Social Change*, de 1962, que confirma essa hipótese, White meticulosamente se baseia na arqueologia e na linguística para mostrar que a chegada do estribo explica bem a repentina adoção de Martel das tropas montadas.[14]

Antes do estribo, um guerreiro a cavalo precisava segurar sua lança ou espada com "a força do ombro ou do bíceps".[15] O estribo possibilitava um "método de ataque muito mais eficaz". Por envolver a lança entre seu braço e o corpo, um cavaleiro que se inclinasse para a frente em estribos de metal poderia aplicar um golpe com a força combinada do seu peso e do peso do seu cavalo. A diferença entre esses dois ataques era monumental. No século VIII, um guerreiro com uma lança e estribos em um cavalo era um tipo de "guerra de choque" que devastava os oponentes. Em uma versão medieval da corrida das armas nucleares, que aconteceria mais de mil anos depois, Carlos Martel percebeu que a vantagem que o estribo fornecia era "tão grande" que ele tinha que fazer o que fosse necessário para obtê-lo antes dos seus inimigos — mesmo que isso significasse desconsiderar séculos de tradições e criar um outro tipo de governo.

No estudo de Lynn White Jr. sobre os estribos, encontramos um exemplo clássico de uma tecnologia adotada por um motivo simples (facilitar as cavalgadas) que resultou em grandes e complexas consequências, jamais imaginadas pelos seus inventores (o surgimento do feudalismo medieval). Na segunda metade do século XX, muitos eruditos do campo da filosofia da tecnologia começaram a pesquisar estudos de casos similares de consequências não intencionais. Com o passar do tempo, a ideia de que, às vezes, as ferramentas podem guiar o comportamento humano se tornou conhecida como *determinismo tecnológico*.

A literatura sobre essa filosofia está repleta de exemplos fascinantes. Um dos livros sobre determinismo mais bem conhecidos é o clássico de 1985 de Neil Postman, *Amusing Ourselves to Death*. Nesse curto tratado, Postman afirma que o formato pelo qual a mídia em massa é transmitida pode afetar o modo como a cultura encara o mundo. (Se isso fez você se lembrar da famosa afirmação de Marshall McLuhan de que "a mídia é a mensagem", você não vai ficar surpreso de saber que Postman foi aluno de McLuhan.)

Postman usou esse conceito para afirmar, entre outros pontos, que o impacto da mídia impressa é maior do que imaginávamos. O discurso padrão sobre essa invenção é que os panfletos e livros produzidos em massa possibilitaram que a informação se espalhasse mais rápido e mais longe, acelerando a evolução do conhecimento e culminando na Era da Razão. Postman diz que a influência da cultura "tipográfica" resultante fez mais do que apenas acelerar o fluxo de informação; ela mudou o modo como nossos cérebros processam o mundo. Ele escreveu: "A impressão estabeleceu uma definição de inteligência que prioriza o uso objetivo e racional da mente e, ao mesmo tempo, encoraja formas de discurso público de conteúdo sério, lógico e ordenado."[16] Foi essa nova maneira de pensar — e não apenas as informações recém-disponíveis — que subitamente fez com que as inovações intelectuais, como a filosofia iluminista e o método científico, se tornassem os próximos passos naturais. Em outras palavras, Gutenberg achou que estava libertando a informação, mas, na verdade, ele acabou alterando a definição de quais informações devemos considerar importantes.

Um exemplo mais moderno do determinismo tecnológico é a introdução do botão Like no Facebook. Como revelado por postagens de blog atuais da equipe de design, o objetivo original desse recurso era reduzir a quantidade de comentários abaixo das postagens dos usuários. Os engenheiros do Facebook perceberam que muitos dos comentários eram simplesmente exclamações positivas, como "legal" ou "demais". Eles achavam que, se pudessem ser expressos apenas por se clicar no Like, os comentários restantes seriam mais significativos. O objetivo desse ajuste, em outras palavras, era uma pequena melhoria, mas não demorou muito para que pudessem perceber um efeito colateral inesperado: os usuários começaram a passar mais tempo no serviço.

Em retrospecto, ficou claro que os botões de Like eram uma fonte de *indicadores de aprovação social* constante para os usuários — indícios do que os outros acham de nós. A ideia de que cada vez que entrássemos no Facebook receberíamos mais informações sobre esses indicadores ativou os antigos impulsos sociais do cérebro humano, fazendo com que essa plataforma se tornasse muito mais atraente. Antigamente, as pessoas entravam no Facebook ocasionalmente para verem o que seus amigos estavam fazendo; agora, elas estavam muito mais inclinadas a entrar várias vezes durante o dia para ver quanta aprovação suas últimas postagens geraram. Não demorou muito para que todas as outras grandes plataformas introduzissem fontes indicadoras de aprovação similares — favoritos, retweets, automarcação de fotos, streaks — como parte da competição tecnológica do campo que acabou se tornando conhecido como engenharia da atenção, uma batalha que despertou uma pequena quantidade de monopólios extremamente poderosos de plataformas de tecnologia e fez com que a humanidade estivesse sempre exausta graças a uma vida cada vez mais dominada pelas telas brilhantes que estamos sempre encarando. Tudo isso porque alguns poucos engenheiros queriam diminuir a quantidade de comentários na mídia social.[17]

A principal propriedade do determinismo tecnológico é que a inovação em questão altera nosso comportamento de formas que não foram nem a intenção nem foram previstas pelos primeiros adotantes da ferramenta. Essa ideia pode nos fazer sentir um pouco incômodos, visto que isso parece dar certa noção de autonomia a objetos inanimados — uma vez que a tecnologia em si está decidindo como ela deveria ser utilizada. Se esse for o seu caso, você não está sozinho: existem muitos especialistas hoje que preferem ficar longe da análise determinista, que, em anos recentes, se tornou ultrapassada nos círculos acadêmicos, os quais, hoje em dia, estão mais interessados em teorias que veem essas ferramentas como vetores do poder social. Mas quanto mais eu estudo a interseção da tecnologia com a cultura de escritório, mais me convenço de que, nessa situação específica, os deterministas têm algo útil para nos ensinar.

Para apresentar meu caso, antes de mais nada, vamos eliminar essa ideia sinistra de ferramentas autoconscientes dessa filosofia. Ao examiná-las mais de perto, as consequências não intencionais dos estudos de caso de determinismo tecnológico quase sempre têm causas pragmáticas. Novas ferramentas abrem novas oportunidades de comportamento ao passo que fecham outras. Quando essas mudanças interagem com nossos inescrutáveis cérebros humanos e com os complexos sistemas sociais em que operamos, os resultados podem ser tanto significativos quanto imprevisíveis. As tecnologias em questão nesses estudos não estão literalmente decidindo como os humanos devem se comportar, mas seus efeitos podem ser tão surpreendentes e repentinos para os envolvidos que essa história de ferramentas determinando o comportamento das pessoas parece tão válida quanto qualquer outra para descrever o que está acontecendo. (O erudito em tecnologia Doug Hill usa o termo *autonomia de facto* para descrever esse efeito.)

Se prestarmos atenção, podemos olhar para trás depois que uma nova ferramenta criou uma grande mudança e decodificar algumas das forças em ação. No caso dos estribos de cavalos, por exemplo, os eruditos fizeram exatamente isso, estudando o contexto exato no qual Carlos Martel encontrou os estribos — o que estava acontecendo no seu mundo político, qual era sua experiência com a guerra em cavalos e assim por dia. Em retrospecto, a ideia de que os estribos poderiam originar o feudalismo faz sentido. Mas ninguém planejou ou previu isso com antecedência.

Isso nos leva de volta ao e-mail. O estudo de caso de Adrian Stone e a IBM se trata de puro determinismo tecnológico: adotar uma ferramenta com um objetivo simples (fazer com que as práticas de comunicação se tornassem mais eficientes) teve um resultado inesperado (a adoção de um estilo de colaboração de mente coletiva hiperativa). A velocidade dessa transformação, que exigiu menos de uma semana para se estabelecer, destaca o quão poderosas essas forças podem ser depois de liberadas.

Dinâmicas deterministas similares ao que Adrian Stone observou na IBM se desdobraram em escritórios do mundo todo quando o e-mail se espalhou durante a década de 1990, acolhendo a mente coletiva hiperativa sem que houvesse ninguém para questionar se essa nova maneira radical de trabalhar fazia sentido. Escolhemos usar o e-mail porque ele era uma solução racional à necessidade de comunicação prática assíncrona em grandes escritórios. Em certo sentido, a mente coletiva hiperativa acabou nos escolhendo quando essa ferramenta se espalhou, sendo que, nesse ponto, parece que todos nós olhamos ao redor nas nossas recém-

-empoderadas caixas de entrada, demos de ombros e dissemos: "Acho que vamos trabalhar assim agora."

Tropeçando na Mente Coletiva

O estribo de cavalo deu origem a um novo tipo de tropa de choque sem o qual o Império Carolíngio não sobreviveria. Isso resultou em confisco de terras que, por sua vez, resultou na revolução da própria natureza do governo. Assim, a partir do uso de um pedaço de metal e couro de utilidade bem limitada, obtivemos o feudalismo. Acabamos de discutir que, mais de mil anos depois, a adoção de outra inovação de utilidade bem limitada, as mensagens eletrônicas, resultou na adoção, por parte do escritório moderno, do fluxo de trabalho da mente coletiva hiperativa. Para justificar essa afirmação, vamos analisar os tipos de forças complexas e subjacentes que talvez tenham nos motivado a sair da adoção racional do e-mail e chegar na adoção menos racional da abordagem da mente coletiva hiperativa ao trabalho. Temos, pelo menos, três motivadores que provavelmente exerceram um papel nessa transformação não intencional do escritório.

Motivador da Mente Coletiva nº 1: Os Custos Ocultos da Assincronia

Como vimos antes, o e-mail nos ajudou a resolver um problema prático gerado pelo tamanho cada vez maior dos escritórios: a necessidade de uma comunicação assíncrona eficiente — ou seja, um jeito rápido de trocar mensagens sem a necessidade de que o remetente e o destinatário se comuniquem ao mesmo tempo. Em vez de brincar de esconde-esconde telefônico com um colega que está do outro lado do edifício, podemos substituir essa conversa em tempo real por uma pequena mensagem, entregue em um momento conveniente para nós e lida em um momento conveniente para o destinatário.

Para muitos, essa abordagem assíncrona à comunicação parecia muito mais eficiente. Um comentarista de tecnologia com quem me deparei na minha pesquisa compara a comunicação síncrona — o tipo que exige uma conversa de verdade — a uma tecnologia antiga de escritório, como a máquina de fax: ele escreveu que era uma relíquia que "deixará nossos netos intrigados" quando olhassem para trás e vissem como as pessoas costumavam trabalhar.[18]

O problema, evidentemente, é que o e-mail não viveu à altura da sua promessa como um milagre de produtividade. No fim das contas, uma ligação rápida nem sempre pode ser substituída por uma única mensagem rápida. Em geral, são necessárias dezenas de mensagens digitais ambíguas que vem e vão para replicar a natureza interativa da conversação. Se multiplicássemos as muitas interações realizadas antigamente em pessoa e que, agora, são realizadas por inúmeras mensagens, vamos começar a entender por que o trabalhador intelectual envia e recebe em média 126 e-mails por dia.[19]

No entanto, nem todos ficaram surpresos com a complexidade adicional da comunicação prolongada. Enquanto o e-mail estava tomando conta dos escritórios modernos, os especialistas em teoria de sistemas distribuídos — o subcampo da ciência da computação que estudei na minha pesquisa acadêmica — também estavam examinando as concessões entre a sincronia e a assincronia. No fim das contas, a conclusão à qual eles chegaram foi justamente o contrário do consenso prevalecente no ambiente de trabalho.

A questão da sincronia versus assincronia é fundamental para a ciência da computação. Nas primeiras duas décadas da revolução digital, os programas eram feitos para funcionarem em máquinas individuais. Mais tarde, com o desenvolvimento das redes de computadores, os programas começaram a ser escritos para serem usados em várias máquinas que funcionavam juntas em uma rede, criando o que é chamado de *sistemas distribuídos*. Descobrir como coordenar as máquinas que compunham esses sistemas obrigou os cientistas da computação a pesar os prós e os contras dos diferentes modos de comunicação.

Se conectarmos um conjunto de máquinas de computação em uma rede, sua comunicação, por padrão, será assíncrona. A Máquina A enviará uma mensagem à Máquina B, esperando que ela venha a ser entregue e processada, mas a Máquina A não sabe quanto tempo levará até que a Máquina B leia a mensagem. Essa incerteza poderia se dever a diversos fatores, como o fato de que máquinas diferentes funcionam com velocidades diferentes (se a Máquina B também estiver executando muitos outros processos não relacionados, ela pode demorar mais para chegar até a fila de mensagens recebidas), atrasos imprevisíveis da rede e falhas de equipamento.

Escrever algoritmos de sistemas distribuídos que pudessem lidar com essa assincronia acabou sendo mais difícil do que muitos engenheiros imaginavam inicialmente. Por exemplo, uma surpreendente descoberta da ciência da computação desse período foi a dificuldade do tão chamado *problema do consenso*. Imagine que cada máquina de um sistema distribuído inicia uma operação, como registrar uma transação em um banco de dados, com uma preferência inicial para continuar ou abortar. O objetivo é que essas máquinas cheguem em um consenso — que todas concordem em continuar ou abortar.

A solução mais simples é que cada máquina colete as preferências das outras e aplique uma regra fixa — por exemplo, contar os votos para determinar um vencedor — para decidir qual preferência adotar. Se todas as máquinas coletarem o mesmo conjunto de votos, elas adotarão a mesma decisão. O problema é que algumas dessas máquinas podem travar antes de votarem. Se isso acontecer, o resto do grupo vai continuar esperando indefinidamente pela opinião das outras máquinas que não estão mais funcionando. Como os atrasos são imprevisíveis em um sistema assíncrono, as máquinas que estão esperando não sabem quando deverão desistir de esperar e seguir em frente com os votos que já coletaram.

De início, para os engenheiros que estudaram esse problema, parecia óbvio que, em vez de esperar para saber qual era a preferência de cada máquina, seria possível simplesmente aguardar para saber a opinião da maioria delas. Por exemplo, imagine a seguinte regra: se obtivéssemos a opinião da maioria das máquinas, e se todas elas quisessem prosseguir, então decidiríamos prosseguir; do contrário, abortaríamos só para ter certeza. De relance, pode parecer que essa regra resultaria em um consenso, desde que apenas um pequeno número de máquinas travasse. Ainda assim, para a surpresa de muitos desse campo, em um trabalho de 1985, três cientistas da computação — Michael Fischer, Nancy Lynch (minha orientadora de doutorado) e Michael Paterson — provaram, através de uma demonstração excepcional de lógica matemática, que, em um sistema assíncrono, *nenhum* algoritmo distribuído poderia garantir que sempre obteríamos um consenso, mesmo que tivéssemos certeza de que o máximo de apenas um computador travaria.[20]

Os detalhes desse resultado são técnicos,[21] mas seu impacto nos sistemas distribuídos era óbvio. Ele deixou claro que a comunicação assíncrona complicava as tentativas de coordenar e, assim, os custos extras necessários para introduzir mais sincronia quase sempre valiam a pena. No contexto dos sistemas distribuídos, a inserção da sincronia explorada no resultado desse famoso trabalho de 1985 assumiu várias formas. Uma solução extrema, usada em alguns sistemas de controle por cabo elétrico e em máquinas de processamento de transações de cartão de crédito tolerantes a falhas, era conectar as máquinas a um circuito elétrico comum, o que lhes permitia operar no mesmo ritmo constante. Essa abordagem eliminava atrasos de comunicação imprevisíveis e permitia que o aplicativo detectasse imediatamente se uma máquina havia travado.

Visto que, às vezes, era difícil implementar esses circuitos, as abordagens de software para inserir a sincronia também se tornaram populares. Utilizando nosso conhecimento sobre atrasos de mensagens e velocidades de processadores, foi possível escrever programas que estruturavam a comunicação em rodadas bem organizadas, ou simular máquinas confiáveis que ajudavam a sincronizar as máquinas de verdade, que não eram tão confiáveis e que faziam parte do sistema.

Essa luta contra a assincronia acabou exercendo um papel crucial no início da era da internet, o que possibilitou, entre outras inovações, a criação de programas que gerenciavam grandes centros de processamento de dados e que eram administrados por empresas como Amazon, Facebook e Google. Em 2013, Leslie Lamport, um grande nome do campo dos sistemas distribuídos, recebeu o Prêmio A. M. Turing — o maior reconhecimento da ciência da computação — pelo seu trabalho com algoritmos que ajudam a sincronizar os sistemas distribuídos.[22]

O que é chocante sobre esses resultados técnicos sobre assincronia versus sincronia é o quanto eles são diferentes das conclusões dos business thinkers sobre essas mesmas questões no ambiente de trabalho. Como aprendemos, os gerentes de escritórios queriam eliminar os custos da computação síncrona — o aborrecimento do esconde-esconde por telefone ou pegar o elevador para ir até um andar diferente e conversar com alguém em pessoa. Eles achavam que eliminar esses custos utilizando ferramentas como o e-mail faria com que a colaboração se tornasse mais eficiente. Enquanto isso, os cientistas da computação chegaram à conclusão contrária. Ao investigarem a comunicação assíncrona da perspectiva da teoria de algoritmos, eles descobriram que espalhar a comunicação com atrasos imprevisíveis introduzia novas complexidades traiçoeiras. Ao passo que o mundo dos negócios via a sincronia como um obstáculo a superar, os teóricos da computação começaram a perceber que ela era fundamental para uma colaboração eficaz.

As pessoas são diferentes dos computadores, mas muitas das forças que complicam o design dos sistemas distribuídos assíncronos se aplicam levemente aos seres humanos que tentam colaborar uns com os outros no escritório. Pode ser caro manter a sincronia — tanto no escritório como nos sistemas de computador —, mas o preço de tentar nos coordenar sem ela também é alto. Essa realidade resume bem o que muitos viram acontecer no escritório quando a comunicação passou a usar o e-mail: eles trocaram o incômodo do esconde-esconde por telefone, dos recados escritos e das reuniões sem fim pelo incômodo de uma quantidade surpreendentemente grande de mensagens eletrônicas ambíguas que eram enviadas e recebidas o dia inteiro. Como os engenheiros descobriram quando tentaram fazer sua rede de computadores chegar a um consenso, a assincronia não se resume à sincronia espalhada; ela apresenta suas próprias dificuldades. Um problema que poderia ser resolvido dentro de alguns minutos através de uma interação na vida real em uma sala de reuniões ou pelo telefone, agora pode exigir dezenas de mensagens, que ainda assim podem falhar em nos ajudar a convergir em uma conclusão satisfatória. Em outras palavras, é possível que, quando adaptamos nosso ambiente de trabalho a esse estilo de comunicação, a propriedade *hiperativa* do fluxo de trabalho da mente coletiva hiperativa tenha se tornado inevitável.

Motivador da Mente Coletiva nº 2:
O Ciclo da Capacidade de Resposta

Leslie Perlow, professora da Harvard Business School, é especialista na cultura da constante conectividade que domina o ambiente de trabalho moderno. Como relata no seu livro *Sleeping with Your Smartphone*, de 2012, ela entendeu a gravidade desse problema por meio de uma série de pesquisas que realizou entre 2006 e 2012 — o período em que o fluxo de trabalho da mente coletiva se tornou hiperativa, quando os smartphones se tornaram comuns. Essas pesquisas incluíram 2.500 gerentes e profissionais que tinham o que Perlow descreve como "trabalhos exigentes e de alta pressão".[23] Ela pediu que os participantes falassem sobre seus hábitos de trabalho: quantas horas por semana trabalhavam, com que frequência eles verificavam suas contas fora do trabalho e se eles dormiam com seus telefones perto. Os resultados eram preocupantes: esses profissionais estavam sempre "conectados".

O que faz com que o trabalho de Perlow seja tão relevante para a nossa discussão é que ela se aprofundou no assunto, conversando com os participantes da sua pesquisa para entender melhor *como* eles chegaram nesse estado de constante comunicação. O que ela descobriu foi um loop de feedback social que ficou fora do controle — um processo que ela chamou de *ciclo da capacidade de resposta*. Esse ciclo começa com uma requisição legítima do nosso tempo. Imaginemos que seja 2010 e que acabamos de começar a usar o smartphone, e percebemos que agora podemos responder às perguntas dos nossos clientes que chegam depois do horário comercial ou responder rapidamente às perguntas dos nossos colegas que estão em fusos horários diferentes. Então, esses clientes e colegas descobrem que estamos disponíveis nesses novos horários e começam a enviar ainda mais perguntas e esperam por respostas ainda mais rápidas. Diante do aumento de comunicação, verificamos nosso telefone com mais frequência para dar conta das mensagens que chegam. Agora, porém, as expectativas que os outros têm quanto à nossa disponibilidade e capacidade de resposta aumentaram ainda mais, e nos sentimos pressionados a responder ainda mais rapidamente. Perlow resume isso da seguinte forma:

> E assim gira o ciclo: colegas, superiores e subordinados continuam a fazer mais perguntas, e funcionários conscientes aceitam esse aumento marginal de requisições do seu tempo, ao passo que suas expectativas em relação um ao outro (e a si mesmos) aumentam concordemente.[24]

Esse é um bom exemplo de como o determinismo tecnológico funciona. Nenhum desses colegas, superiores e subordinados *gosta* da cultura de constante conexão que esse ciclo gera. Ninguém o havia sugerido, nem tomou uma decisão consciente de adotá-lo. De fato, quando Perlow convenceu posteriormente as equipes do Boston Consulting Group a reservar um período para ficarem longe dos seus aparelhos de comunicação, os membros da equipe relataram que sua eficiência e eficácia estavam aumentando.[25] Ela também propôs um servidor de e-mails que fosse configurado de forma que mensagens enviadas após o horário comercial fossem automaticamente contidas e entregues na manhã seguinte (um marcador especial poderia ser configurado para ignorar essa restrição no caso de uma mensagem realmente urgente). Essa mudança pode parecer simples, mas, por se ignorar o ciclo da capacidade de resposta, seu impacto pode ser profundo.

A lição mais importante do trabalho de Perlow é como essa nova forma de comunicação surgiu de modo aleatório e não planejado. O teórico midiático Douglas Rushkoff utiliza o termo "ritmo colaborativo" para descrever essa tendência de grupos de seres humanos de convergir em padrões estritos de comportamento sem nem sequer discutirem abertamente se esses novos comportamentos fazem sentido.[26] Percebemos que a outra pessoa está respondendo à nossa mensagem mais rapidamente, então começamos a fazer o mesmo. Logo, outros nos acompanham; o comportamento de capacidade de resposta surge e se torna o novo padrão. Os consultores que Perlow estudou não escolheram o ciclo da capacidade de resposta; em certo sentido, o e-mail o escolheu para eles.

Motivador da Mente Coletiva nº 3:
O Cavernícola na Frente do Monitor de Computador

Em um trabalho publicado em 2018 no periódico *Quaternary*, Aviad Agam e Ran Barkai, arqueólogos da Universidade de Tel Aviv, revisaram "os registros arqueológicos, etnográficos e etno-históricos" disponíveis para resumir nossa compreensão atual de como, começando pelo paleolítico inferior, os primeiros seres humanos caçavam elefantes e mamutes.[27] Esse trabalho inclui quatro desenhos de carvão muito interessantes que ilustram as melhores hipóteses dos autores de como essas caçadas devem ter acontecido.

O primeiro desenho mostra um grupo de sete caçadores paleolíticos atacando um elefante por trás, cada um deles jogando lanças em órgãos vulneráveis. O segundo e o terceiro apresentam caçadores solitários tentando surpreender um elefante na surdina, jogando aquela lança que fará a diferença antes que o animal perceba o que está acontecendo. Em um caso, o caçador ataca por baixo, furando a barriga; em outro caso, o caçador se esconde em uma árvore e ataca de cima para baixo quando o elefante passa. No quarto desenho, um grupo de seis caçadores correm para matar um elefante que havia caído em uma armadilha.

Para os nossos objetivos, é importante perceber que os grupos que estavam nessas situações de caça eram pequenos. Durante toda a história da nossa espécie, essa evidência sugere que, quando caçávamos a megafauna, fazíamos isso sozinhos ou em grupos pequenos. Isso também acontecia em outras atividades — caçar animais pequenos, procurar por alimento — que compunham o "trabalho" que dominou nossa história evolucionária. Não é necessária uma grande dose de psicologia evolucionária para supor que o *Homo sapiens* se adaptou bem para a colaboração em pequenos grupos.

Para ligar essa observação do nosso passado longínquo com nossa discussão atual sobre o e-mail, pense na dinâmica dessas colaborações. Se fizéssemos parte de um pequeno grupo de caçadores paleolíticos que estivesse se aproximando furtivamente de um elefante, nossa comunicação seria ad hoc e desestruturada, visto que nos adaptaríamos ao desenrolar da situação (imagine o seguinte diálogo no dialeto perdido de um homem das cavernas):

"Atenção... cuidado com esses galhos. Eles podem fazer barulho e assustar o elefante..."

"Espere! Vamos dar a volta por aqui..."

"Devagar agora. As orelhas dele estão se levantando..."

Mesmo quando deixamos essa história mais antiga e nos atentamos a um passado pré-industrial mais recente, para a grande maioria das pessoas, muito da sua experiência trabalhando com outros ainda envolve grupos pequenos — desde o fazendeiro e seus filhos manejando o arado ao ferreiro trabalhando de perto com seu aprendiz na forja. Assim como os caçadores paleolíticos, o jeito mais natural de pequenos grupos se coordenarem é de uma maneira livre. O fato é que o modo de colaboração mais instintivamente enraizado tanto no nosso código genético como na nossa memória cultural compartilha as principais características do fluxo de trabalho da mente coletiva hiperativa. Portanto, não deveríamos nos surpreender que, quando a introdução de ferramentas de baixo atrito, como o e-mail, possibilitaram a comunicação desestruturada nos cenários dos grandes escritórios modernos, ficamos atraídos por essa forma de interação.

O problema, porém, é que a mente coletiva hiperativa adotada nos escritórios difere da colaboração de mente coletiva de uma caçada de elefantes na Idade da Pedra em um ponto fundamental: o escritório conecta muito mais pessoas. A coordenação desestruturada é excelente para um grupo de seis caçadores, mas ela se torna desastrosamente ineficaz quando conectamos dezenas, se não centenas, de funcionários de uma grande organização. Sabemos disso em parte devido ao intenso estudo da literatura de pesquisa que avaliou o tamanho ideal que um grupo deve ter para trabalhar e resolver problemas profissionais. "A questão do tamanho vem sendo analisada desde o nascimento da psicologia social", explica Jennifer Mueller, professora de administração de Wharton.[28]

Um dos primeiros estudos dessa área é o atualmente famoso trabalho de um engenheiro agrícola francês do século XIX, Maximilien Ringelmann, que demonstrou que, quando mais pessoas puxam uma corda, a força média exercida por cada pessoa diminui — o que resulta em uma diminuição do retorno à medida que o tamanho do grupo aumenta. Embora a tarefa física de se puxar uma corda não seja relevante para o setor intelectual moderno, o trabalho de Ringelmann se mostrou influente, visto que ele apresentou a ideia geral de que aumentar o tamanho de uma equipe não necessariamente aumenta sua eficácia.

Na era moderna, muitos professores de administração contribuíram para essa observação estudando o que acontece com a eficácia da colaboração no ambiente de trabalho quando aumentamos o tamanho da equipe. Um artigo de revisão de 2006 publicado pela Wharton faz um resumo de muitos de tais trabalhos de pesquisa. Embora nenhum tamanho de equipe tenha sido apresentado de modo consistente como ideal, basicamente todos os resultados variaram entre quatro a doze pessoas — exatamente o que observamos no caso dos caçadores paleolíticos de elefantes.

Foram propostos muitos motivos do porquê equipes maiores do que isso são menos eficazes. Por exemplo, o efeito de ociosidade observado pela primeira vez por Ringelmann ainda parece exercer um papel nas tarefas do trabalho intelectual. (Em termos simples: quanto mais pessoas trabalham em um projeto, mais fácil fica fazermos menos esforço e sairmos impunes.) Mas outro fator-chave é a crescente complexidade da comunicação. É fácil para seis caçadores de elefantes coordenarem seu ataque simplesmente falando quando têm algo relevante para dizer. Mas, se aumentássemos esse tamanho para sessenta, esse ato se transformaria em uma cacofonia incompreensível de vozes, em que uma competiria com a outra e seria difícil entender as ideias. É por esse motivo que as unidades militares desse tamanho quase sempre possuem cadeias rígidas de comando.

Com base nesses indícios, podemos desenvolver uma narrativa interessante que nos ajuda a explicar como a mente coletiva hiperativa se espalhou. Durante a maior parte da história humana, trabalhamos juntos em pequenos grupos e nos comunicamos de maneira ad hoc, sem nenhuma estrutura ou regra específica. O surgimento de grandes escritórios no início do século XX alterou por completo essa maneira natural de colaboração, exigindo que enviássemos memorandos que deveriam ser copiados em salas de datilografia, ou fazer com que secretárias marcassem reuniões particulares por telefone. Quando o e-mail surgiu, encontramos uma maneira de resgatar aquele modo mais primitivo de comunicação e introduzi-lo no ambiente alienante do escritório — agora, podíamos falar a qualquer hora, enviar mensagens assim que tivéssemos uma ideia e esperar por respostas imediatas: a caçada de elefantes reencenada por meio de cabos de rede. O resultado disso foi o fluxo de trabalho da mente coletiva hiperativa — que fazia sentido a um nível instintivo, mesmo que, a nível prático, ele tenha começado a fazer com que nos sentíssemos mal, pois havíamos calculado mal sua habilidade de se adequar a grupos grandes.

Em outras palavras, embora aquela cena que agora é comum de executivos empresariais digitando furiosamente nos seus telefones possa parecer como a personificação do nosso momento moderno, suas origens talvez venham direto do período paleolítico.

Peter Drucker e a Tragédia da Atenção Comunal

Por ter crescido na Áustria durante as primeiras décadas do século XX, Peter Drucker foi exposto a alguns dos maiores pensadores econômicos daquela era, incluindo alguns memoráveis, como Joseph Schumpeter, da "destruição criativa", o qual costumava comparecer às recepções realizadas no fim da tarde pelos pais de Drucker, Adolph e Caroline.[29] A energia intelectual dessas recepções estabeleceram a base da eventual ascensão de Drucker como um dos mais importantes business thinkers do período moderno; ele é reconhecido abertamente como o "fundador da administração moderna".[30] Sua carreira produziu 39 livros e inúmeros artigos antes da sua morte em 2005, aos 95 anos.

A jornada de Drucker para se tornar tão significativo ganhou ímpeto em 1942, quando, enquanto ainda era um professor de 33 anos da Bennington College, publicou seu segundo livro, *The Future of Industrial Man*. Ele questionava como uma "sociedade industrial" — que estava se desenvolvendo na "realidade física totalmente nova que o homem ocidental construiu como seu habitat desde que James Watt inventou o motor a vapor"[31] — poderia se estruturar da melhor maneira possível para respeitar a liberdade e dignidade humanas. Sendo lançado no meio de uma guerra mundial industrial, o livro teve muitos leitores. Ele impressionou a equipe gestora da General Motors, que convidou Drucker a passar dois anos estudando como a maior corporação do mundo funcionava.[32] O livro de 1946 resultante desse estudo, *Concept of the Corporation*, se tornou um dos primeiros livros que analisou com seriedade como grandes organizações realmente funcionam. Ele estabeleceu a base para a administração como algo que podia ser estudado, e fez com que a carreira de Drucker fosse um sucesso.

Para os nossos objetivos, Drucker foi mais do que um teórico empresarial famoso. Sua influência nos ajuda a responder a uma pergunta importante que provavelmente chamou sua atenção ao ler este capítulo: Ainda que aceitemos que a mente coletiva hiperativa surgiu, em grande parte, por conta própria, por que permitimos que ela continue a existir depois que suas falhas se tornaram tão óbvias?

Durante sua época na GM, na década de 1940, Peter Drucker conheceu seu incrível CEO, Alfred P. Sloan Jr. Como Drucker relatou posteriormente, certa vez, Sloan disse o seguinte sobre ser um gerente de sucesso: "Ele deve ser extremamente tolerante e não prestar atenção na forma como um homem realiza o seu trabalho."[33] Essa ideia ressurgiu no pensamento de Drucker nas décadas de 1950 e 1960, quando ele criou o termo *trabalho intelectual* ao começar a lidar com uma economia emergente na qual o trabalho realizado pelos cérebros estava começando a se mostrar mais valioso do que o trabalho das fábricas.

No seu livro *O Gestor Eficaz*, de 1967, Drucker escreveu: "O trabalhador intelectual não pode ser supervisionado de perto ou em detalhes. Ele deve administrar a si próprio."[34] Essa era uma ideia radical. Nas fábricas da nação, o controle centralizado dos funcionários era o padrão. Influenciada pelos princípios da suposta "gestão científica", popularizado por Frederick Winslow Taylor, que ficou famoso por rondar a fábrica com um cronômetro, só esperando por movimentos ineficientes, a gestão industrial via os funcionários como autômatos que executavam processos otimizados cuidadosamente elaborados por um pequeno grupo de sábios gestores.

Drucker afirmou que essa abordagem estava condenada a fracassar no novo mundo do trabalho intelectual, no qual a produção era gerada não por equipamentos caros que colocavam seu selo nas peças, mas por trabalhadores que usavam o cérebro para aplicarem habilidades cognitivas especializadas. Sim, os trabalhadores intelectuais costumavam saber mais sobre seus ramos do que aqueles que os administravam. Drucker concluiu que a melhor maneira de utilizar esses indivíduos habilidosos era lhes dar objetivos claros e deixá-los em paz para realizarem seu trabalho cerebral do jeito que eles achassem melhor. Ao passo que poderia ser eficaz mostrar a um trabalhador de uma linha de montagem exatamente como instalar um volante, era inútil tentar dizer a um redator de publicidade exatamente como ter uma ideia para um novo slogan de produto.

Drucker defendeu essa ideia da autonomia do trabalhador intelectual durante toda sua longa carreira. Em fins de 1999, ele ainda destacava sua importância:

> [O trabalho intelectual] requer que responsabilizemos os próprios trabalhadores intelectuais pela produtividade. Os trabalhadores intelectuais *devem* administrar a si mesmos. Eles precisam ter *autonomia*.[35]

É difícil superestimar a influência dessa ideia. Com exceção de alguns processos burocráticos de rotina, como arquivar relatórios de despesas, os detalhes de como as muitas tarefas exigentes que definem o trabalho do escritório moderno continuam a ser realizadas, em grande parte, além do âmbito da administração. Elas entram no nebuloso reino da produtividade pessoal. Quer saber como fazer as coisas? Compre um livro sobre como organizar melhor suas tarefas (o próprio Drucker escreveu um desses livros: *O Gestor Eficaz*), use um novo aplicativo de planejamento ou, como costuma ser mais sugerido nessa nossa cultura de "arrasar", simplesmente trabalhe mais. Os trabalhadores intelectuais não esperam que sua organização se interesse em quanto trabalho eles precisam fazer ou como eles o fazem.

Em outras palavras, ao trocarmos o trabalho industrial pelo intelectual, abrimos mão do nosso status de autômatos e o substituímos pelo fardo da autonomia. É neste contexto que a mente coletiva hiperativa, uma vez estabelecida, se torna incrivelmente difícil de erradicar, visto que é difícil consertar um fluxo de trabalho quando ninguém tem a responsabilidade de se certificar de que ele funcione. Em 1833, o economista britânico William Forster Lloyd propôs um cenário hipotético que, agora, é um exemplo clássico na teoria dos jogos e que pode nos ajudar a entender melhor essa dinâmica. Esse cenário, que acabou se tornando conhecido como a *tragédia dos comuns*,[36] propõe uma cidade que tem um pasto comunal para gado e ovelhas, o que era comum na Grã-Bretanha do século XIX. Lloyd supôs uma tensão interessante: seria do interesse individual de cada pastor fazer com que seus animais pastassem o máximo possível no pasto comunal. Entretanto, se todos os pastores agissem segundo seus próprios interesses, eles acabariam com a grama do pasto comunal, fazendo com que ele se tornasse inútil para todos. No fim das contas, cenários similares de interesses individuais que resultam em dificuldade coletiva se mostraram comuns em muitas situações diferentes — desde sistemas ecológicos instáveis a mineração de recursos e comportamentos relacionados com geladeiras compartilhadas. Usando os instrumentos matemáticos criados em meados do século XX por John Nash (de *Uma Mente Brilhante*), podemos analisar com precisão essa situação, que acaba sendo um bom exemplo do que os teóricos de jogos chamam de "equilíbrio ineficiente de Nash".

Essa curiosidade econômica contribui para as nossas discussões porque, quando a mente coletiva hiperativa surgiu devido aos motivadores apresentados anteriormente neste capítulo, a comunicação no escritório moderno se tornou outro exemplo do experimento mental de Lloyd em ação. Quando as organizações adotaram a mente coletiva, era do interesse imediato de cada pessoa se apegar a esse fluxo de trabalho, mesmo que o resultado disso fosse ruim a longo prazo para as organizações como um todo. Ele faz com que esperarmos por respostas rápidas às mensagens que enviamos aos nossos colegas facilite muito nossa vida no momento. De modo similar, se apenas diminuirmos o tempo que gastamos verificando nossa caixa de entrada em um grupo que depende da mente coletiva, vamos atrasar os outros, gerando uma perturbação e insatisfação que poderia fazer com que perdêssemos o emprego. Com o risco de expandir essa analogia além do que é confortável, no trabalho intelectual, estamos pastando demais no nosso conjunto comunal de tempo e atenção porque nenhum de nós quer ser aquele que vai deixar suas ovelhas cognitivas passar fome.

Em outras palavras, as consequências negativas da mente coletiva hiperativa provavelmente não serão resolvidas por pequenas mudanças nos nossos hábitos pessoais. Até mesmo tentativas bem-intencionadas para mudar o comportamento de toda uma organização, como estabelecer normas melhores relacionadas com respostas de e-mails ou experimentos de dias livres, como sextas-feiras sem e-mails, estão condenadas ao fracasso. Após 150 anos de teoria econômica, aprendemos que, para resolver a tragédia dos comuns, não podemos esperar que o comportamento dos pastores melhore; precisamos substituir o sistema de pasto para todos por algo mais eficiente. O mesmo vale para a mente coletiva hiperativa: não podemos domá-la com pequenos truques — precisamos substituí-la por um fluxo de trabalho melhor. E, para fazer isso, precisamos acabar com o estigma de Peter Drucker contra planejar o trabalho no escritório. Drucker estava certo em dizer que não podemos sistematizar por completo os serviços especializados dos trabalhadores intelectuais, mas não deveríamos aplicar isso aos fluxos de trabalho relacionados com esses serviços. Um gestor não pode dizer a um redator como criar uma propaganda chamativa, mas ele talvez queira dizer algo sobre como esses trabalhos são designados, sobre que outras obrigações são atribuídas ao redator ou sobre como os pedidos dos clientes são administrados.

Evidentemente, o objetivo de se estabelecer fluxos de trabalho mais inteligentes que eliminam os maus resultados da mente coletiva hiperativa é bastante trabalhoso — e envolverá tentativa e erro e muito desconforto. Mas, com os princípios orientadores adequados, isso é possível; ademais, a vantagem competitiva que isso gerará tem o potencial de ser enorme. A segunda parte deste livro, à qual chegamos agora, se dedicará a explicar esses princípios.

Parte 2

Os Princípios para um Mundo Sem E-mail

Capítulo 4

O Princípio do Capital de Atenção

Sobre o Modelo T e o Trabalho Intelectual

Nossos esforços para destronar o fluxo de trabalho da mente coletiva hiperativa se iniciam em um local que talvez seja um tanto inesperado: as primeiras fábricas de carros de Henry Ford. No início do século XX, a recém-criada Ford Motor Company montava seus veículos praticamente da mesma maneira que seus concorrentes. Ford explicou certa vez: "Simplesmente começávamos a montar um carro no chão. Os funcionários traziam as peças de que precisávamos da mesma forma que alguém constrói uma casa."[1] Esses carros parcialmente montados eram erguidos em cavaletes para evitar que eles tombassem à medida que os funcionários circulavam em volta deles, dando forma e desbastando as várias peças dos carros. As fábricas que usavam esse "método artesanal", tal como se tornou conhecido, estavam aprimorando a mesma abordagem natural que Karl Benz usou para montar o primeiro automóvel funcional em fins do século XIX.[2]

Depois de trabalhar do Modelo A — que tinha apenas dois lugares e custava mais se quiséssemos um teto — aos Modelos B, C, F, K e N, Ford finalmente construiu, em 1908, o que chegaria a ser sua obra-prima do transporte pragmático: o Modelo T. Com este novo design, Ford quis inovar não apenas as características do veículo, mas todo o processo pelo qual ele era construído. O primeiro grande passo dessa inovação foi a introdução de peças de reposição. Baseando-se em técnicas que se originaram inicialmente dos exércitos da Nova Inglaterra durante a época da Guerra Civil, Ford reinvestiu os lucros das primeiras versões desse veículo popular para fabricar ferramentas especializadas que poderiam ser usadas para fabricar peças de carros com precisão suficiente para eliminar o trabalhoso processo de desbaste e esmerilhamento necessário para fazer as peças se encaixarem.[3] É como a empresa declarou, gabando-se: "Podemos viajar o mundo com um Modelo T e, ao encontrar outro Modelo T no caminho, trocar de virabrequins, e ambos os motores continuarão a funcionar perfeitamente após a troca, assim como antes."[4]

Por eliminar o esmerilhamento, as peças de reposição possibilitaram montagens mais rápidas. Ainda assim, Ford queria descobrir o que fazer para que as cerca de cem peças projetadas com precisão que compunham o Modelo T fossem reunidas no menor tempo possível para montar um automóvel. Para atingir esse alvo, ele realizou vários experimentos. Por padrão, de início, o método artesanal possuía equipes de quinze funcionários que trabalhavam em cada carro. Ford experimentou deixar apenas um funcionário construindo cada carro, ao passo que os outros funcionários lhe traziam as peças. Porém, a necessidade desse único funcionário de alterar o contexto entre todas as diferentes etapas de montagem ainda resultava em atrasos. Assim, Ford criou um sistema no qual cada funcionário se dedicava a uma tarefa específica — parafusar o para-choque do carro, por exemplo — e andava pela fábrica, de carro em carro, executando essa mesma etapa em cada veículo. O resultado foi um pouco melhor, mas era muito difícil organizar a rotação desses especialistas.

Foi em 1913, cerca de cinco anos após a criação do Modelo T, que Ford deu o próximo passo lógico da elaboração desse processo: e se os carros fossem até os funcionários estacionários em vez de os funcionários irem até os carros estacionários? Para testar isso, ele montou uma pequena linha de montagem feita para acelerar a produção dos eletroímãs que geravam as faíscas para o sistema de ignição do Modelo T. Um único funcionário levava cerca de vinte minutos para fabricar um eletroímã do zero na sua bancada de trabalho. Depois que Ford instalou uma esteira básica que ficava à altura da cintura e dividiu a montagem em cinco etapas, realizada por cinco funcionários que ficavam um do lado do outro, um eletroímã passou a ser montado em cinco minutos.

Uma luz havia se acendido. Depois do ímã, veio uma nova linha de montagem para o eixo do veículo, reduzindo o tempo de construção de 2,5 horas para 26 minutos. Então, surgiu a linha dinâmica para a transmissão de três marchas do veículo, que ajudou a reduzir o tempo de montagem do motor de 10 para 4 horas. Com a confiança lá em cima, Ford deu o passo final para o seu sistema de produção melhorado construindo a esteira impulsionada por correntes para trabalhos pesados e que era necessária para movimentar um chassi inteiro de um carro por uma linha de montagem de movimento contínuo.[5]

Hoje em dia, já estamos acostumados com processos complexos de fabricação, mas foi difícil superestimar a magnitude dessa inovação quando ela foi introduzida em grande escala por Ford. Antigamente, eram necessárias cerca de 12,5 horas de trabalho para montar um Modelo T. Depois da linha de montagem, esse tempo baixou para 93 minutos. Ford vendeu 16,5 milhões de unidades do seu icônico veículo. A essa altura, um novo Modelo T saía pelas portas da sua gigantesca fábrica Highland Park a cada 40 segundos.

O barulho das correntes e as faíscas da solda de uma fábrica de automóveis do início do século XX podem parecer distantes do nosso cenário atual de trabalhadores intelectuais escrevendo e-mails em monitores de computadores luxuosos. Mas, como disse antes, a inovação de Ford e seu impacto subsequente no mundo da fabricação mundial servirão como uma excelente analogia para nos ajudar a entender o que será necessário fazer para deixarmos os malefícios do fluxo de trabalho da mente coletiva hiperativa para trás.

No outono de 2019, o *Wall Street Journal* publicou uma matéria sobre um empreendedor alemão chamado Lasse Rheingans, que havia adotado uma nova prática na sua startup de tecnologia de dezesseis funcionários: um dia de trabalho de cinco horas. Rheingans não estava apenas reduzindo o tempo que seus funcionários passavam no escritório, mas o tempo total que passavam trabalhando a cada dia. Eles chegavam por volta das oito da manhã e saíam por volta da uma da tarde. Durante o dia, a mídia social era proibida, as reuniões eram extremamente restritas e as verificações de e-mails eram controladas. Quando terminassem de trabalhar, eles realmente não precisavam fazer mais nada até a manhã seguinte — nada de reuniões tarde da noite pelo computador ou mensagens enviadas discretamente durante os eventos esportivos dos seus filhos —, visto que as atividades profissionais se limitavam ao período gasto no seu escritório físico. Rheingans achava que, quando eliminássemos as distrações e as conversas sem fim *sobre* o trabalho, cinco horas por dia seriam suficientes para que as pessoas pudessem concluir as atividades principais que importavam para a empresa.

Logo depois que esse perfil sobre Rheingans foi publicado, o *New York Times* me convidou para escrever um artigo de opinião sobre esse experimento, que havia sido publicado no jornal algumas semanas antes.[6] Então, escrevi o seguinte: "O *Wall Street Journal* descreveu a abordagem do Sr. Rheingans como 'radical'. [Mas] acho que o que realmente é radical é o fato de muito mais organizações não estarem realizando experiências similares." Para justificar minha afirmação, usei a história de Henry Ford e da linha de montagem. Uma lição fundamental da história é que, quando falamos sobre a fabricação de produtos em uma economia de mercado movida pelo capital, a quantidade de recursos que temos não é suficiente por si só para prever nossa rentabilidade. Durante os eventos que levaram ao Modelo T, por exemplo, Ford não tinha mais capital do que seus concorrentes. Inclusive, em certos momentos, ele provavelmente tinha menos. (Quando o primeiro Modelo A de Ford foi vendido por US$750 a um dentista de Chicago, ele tinha apenas US$223 nas suas reservas financeiras.[7]) Ainda assim, em fins de 1914, Ford estava produzindo carros a um custo que o tornou dez vezes mais rentável do que suas empresas de automóveis concorrentes. Tão importante quanto a quantidade de capital que ele tinha era como ele o *utilizava*.

Por causa da revolução de Ford, esse princípio se tornou fundamental para a gestão industrial. Hoje em dia, é amplamente aceito que o crescimento industrial contínuo exige a experimentação contínua e a reinvenção dos processos que fabricam as coisas que vendemos. Tal como Peter Drucker afirmou no seu clássico artigo de 1999, essa obsessão com o aprimoramento industrial teve um grande sucesso. Drucker recorda o leitor que, desde os anos de 1900, a produtividade do trabalhador manual cresceu por *um fator de 50*! Ele escreveu: "A produtividade do trabalhador manual criou o que chamamos agora de economias 'desenvolvidas'. Desta economia se baseiam *todos* os ganhos econômicos e sociais do século XX."[8]

Mas, quando nos voltamos para o trabalho intelectual, encontramos uma falta desse mesmo espírito de experimentação e reinvenção. É isso que queria dizer quando escrevi no *Times* que a raridade de experimentos como o do dia de trabalho de cinco horas de Lasse Rheingans era "radical" em si. Rheingans estava pensando na sua organização com uma mentalidade de Henry Ford, por meio da qual afirmo que ele estava procurando por novas e audaciosas maneiras de usar seu capital para produzir mais valor. Logo após meu artigo de opinião do *Times*, Rheingans entrou em contato comigo e começamos a conversar sobre como é a vida na sua empresa. Ele me explicou que seu experimento de dias de trabalho de cinco horas já estava em execução há dois anos e que, até então, ele não tinha nenhuma intenção de alterar esse arranjo no futuro próximo.

No entanto, foi trabalhoso realizar essa transformação. Eu perguntei a Rheingans como ele convenceu os funcionários a não ficar verificando as contas de e-mails o tempo todo. "A resposta não é tão simples como você talvez espere", ele respondeu. Simplesmente sugerir que verificassem menos as contas de e-mail não foi suficiente para muitos da equipe. Ele acabou contratando coaches externos para enfatizar "que verificar a conta de e-mail ou mídia social o tempo todo não lhes seria de ajuda". Os coaches também incentivaram os funcionários a adotar exercícios de redução de estresse baseados em mindfulness, como a meditação, e a melhorar a saúde física através de práticas como a ioga. O objetivo de Rheingans era que todos desacelerassem; que lidassem com o trabalho de modo mais deliberativo e com menos frenesi; que percebessem que estavam "sempre correndo sem chegar a lugar nenhum". Ao realizar essas mudanças, de repente, cinco horas se mostraram mais do que o suficiente para realizarem o trabalho que costumava exigir uma parte muito maior do dia.

Rheingans é um dos poucos líderes empresariais que mostraram a disposição de alterar drasticamente a maneira de trabalhar na nossa era de cérebros interligados. Hoje em dia, a maioria das organizações continua atolada na areia movediça da produtividade do fluxo de trabalho da mente coletiva hiperativa, contentando-se em se concentrar em ajustes realizados para compensar seus piores excessos. É essa mentalidade que resulta em "soluções" como aprimorar as expectativas em relação aos tempos de resposta dos e-mails ou escrever linhas de assunto melhores. Isso faz com que adotemos a função de autocompletar texto do Gmail para que possamos escrever mensagens mais rápido, ou a função de busca do Slack para que possamos encontrar o que estamos procurando mais rapidamente no meio daquele falatório todo. No trabalho intelectual, isso equivale a aumentar a velocidade do método artesanal da fabricação de carros dando sapatos mais rápidos aos funcionários. É uma pequena vitória obtida na guerra errada.

Lasse Rheingans e eu não fomos os únicos a perceber o que estava em jogo nessa discussão. No mesmo artigo de 1999 citado anteriormente, Peter Drucker observou que, em termos de pensamento de produtividade, o trabalho intelectual estava no mesmo ponto da fabricação industrial do início do século XX — ou seja, logo antes dos experimentos radicais que aumentaram a produtividade em cinquenta vezes. Em outras palavras, estamos a ponto de obter grandes crescimentos similares na eficácia econômica do trabalho intelectual, isso *se* estivermos realmente dispostos a questionar a maneira como trabalhamos. Drucker escreveu que esse empurrão para fazer com que o trabalho intelectual se torne mais produtivo é o "principal desafio" dos nossos tempos: "É, acima de tudo, da produtividade do [trabalho intelectual] que a prosperidade futura — na verdade, nossa sobrevivência futura — das economias desenvolvidas dependerá cada vez mais."[9]

Podemos juntar tanto a necessidade e o potencial dessa mentalidade no seguinte princípio, que é a base de todas as ideias práticas contidas na Parte 2 deste livro.

> **O Princípio do Capital de Atenção**
> A produtividade do trabalho intelectual pode aumentar significativamente se conseguirmos identificar fluxos de trabalho que otimizem melhor a habilidade do cérebro humano de adicionar valor à informação de modo sustentável.

No setor industrial, os recursos primários de capital eram os materiais e os equipamentos.[10] Algumas maneiras de utilizar esse capital resultam em um retorno de valor muito superior do que outras (por exemplo: a linha de montagem versus o método artesanal). Por outro lado, no trabalho intelectual, os recursos primários de capital são os cérebros humanos que usamos para acrescentar valor à informação — o que eu chamo de *capital de atenção*. Mas as mesmas dinâmicas são aplicadas: diferentes estratégias de como utilizar esse capital geram retornos diferentes. Com base na evidência que revisamos na Parte 1, fica claro que as constantes trocas de redes que confundem o nosso cérebro e que são exigidas pela mente coletiva hiperativa não estão nem perto do ideal, gerando, em certo sentido, o equivalente cognitivo do antigo método artesanal de montagem de carros. Para obtermos o desejado aumento de produtividade profetizado por Peter Drucker para o século XXI, vamos precisar nos empenhar para encontrar abordagens para o trabalho intelectual que possam gerar retornos muito melhores.

Os capítulos seguintes explorarão ideias específicas do que esses usos melhores do capital de atenção poderiam incluir. Vamos aprender sobre o valor de deixar de nos concentrar na otimização de pessoas e passar a nos concentrar na otimização de processos, e sobre a importância de se separar o trabalho especializado de trabalhos administrativos. Também vamos abordar por que acho que a quantidade de trabalho bruto que se espera que o trabalhador individual médio realize de modo quixotesco deve ser reduzido drasticamente, e também analisaremos vários estudos de caso de pessoas como Lasse Rheingans e de organizações que se mostraram dispostas a fazer experimentos com alternativas melhores. Porém, antes de entrar nesses assuntos, o restante deste capítulo apresentará um conjunto de melhores práticas *gerais* para colocar o princípio do capital de atenção em prática.

Estudo de Caso: Devesh Dispensa a Mente Coletiva

Vamos começar a explorar o princípio do capital de atenção através de um estudo de caso real: um empreendedor chamado Devesh, que aplicou essas ideias para reimaginar o trabalho da sua pequena empresa de marketing. A empresa de Devesh emprega um grupo de funcionários remotos que estão espalhados pelos Estados Unidos e pela Europa. Essa diversidade geográfica, que inclui muitos fusos horários, dependia de ferramentas de comunicação assíncrona, como o e-mail. Assim como muitas outras empresas em situações similares, a de Devesh se viu presa no fluxo de trabalho da mente coletiva hiperativa, com suas atividades de desdobrando na forma de um emaranhado sem fim de mensagens de e-mail que iam e vinham. Devesh explicou que isso resultava em dias frustrantes, nos quais eles tinham que limpar suas caixas de entrada que estavam "cheias de recados e arquivos de design, mensagens únicas e e-mails particulares que falavam sobre vários projetos diferentes".

Como muitos outros donos de negócios que estavam se sentindo sobrecarregados com o fluxo de trabalho da mente coletiva, Devesh primeiro tentou resolver o problema fazendo com que a comunicação se tornasse mais eficiente. Entre outros passos, ele fez com que a empresa adotasse o Gmail, que é o melhor em termos de agrupamento automático de mensagens em conversas e indicou um aplicativo de smartphone moderno que permitiria que os funcionários se mantivessem a par das conversas enquanto estivessem longe das suas mesas. No entanto, essas tentativas para manter a eficiência não eliminou aquela sensação de que havia alguma coisa fundamentalmente errada com a grande quantidade de comunicação frenética exigida deles. Devesh me disse que ele e seus funcionários se sentiam "bombardeados" por mensagens, as quais "ditavam" como eles deveriam passar seu tempo. Ficou cada vez mais claro que essa simplesmente não poderia ser a melhor maneira de se executar o trabalho cognitivo. Usando nossa nova terminologia, Devesh temia que estava obtendo um baixo retorno do uso do capital de atenção da sua empresa.

Baseando-se nas técnicas de Henry Ford, Devesh começou a experimentar novas abordagens para organizar o trabalho da sua firma. Sua principal ideia era que, enquanto os funcionários se baseassem na mente coletiva, seus dias seriam estruturados pela chegada de mensagens, as quais ditariam no que eles trabalhariam e fariam com que eles continuassem a trabalhar em vários projetos ao mesmo tempo, limitando a qualidade de atenção que poderiam devotar a um único objetivo. Devesh decidiu inverter essa dinâmica. Ele queria que seus funcionários decidissem no que trabalhariam e, então, uma vez que tivessem tomado essa decisão, dariam total atenção a essa opção até que estivessem prontos para trabalhar em outra coisa. Para cumprir com esse novo objetivo, Devesh abandonou o modelo da mente coletiva, no qual todo o trabalho passava pela caixa de entrada geral de cada pessoa. Ele reconstruiu o fluxo de trabalho da empresa ao redor de uma ferramenta de gestão de projetos chamada Trello.

Quando iniciamos um projeto no Trello, criamos uma página chamada "quadro", que é compartilhada com os colaboradores relevantes. Então, criamos colunas e atribuímos um nome a cada uma delas. Em cada coluna, organizamos "cartões" em "listas", criando um conjunto de cartões alinhados na vertical, similar ao jogo Paciência. Cada cartão tem uma pequena descrição na frente, e, quando clicamos nele, obtemos acesso a mais informações na parte de trás, incluindo anexos, listas de tarefas, observações e discussões.

A meu pedido, Devesh me enviou uma foto do quadro de Trello que ele estava usando para um dos seus projetos de marketing em andamento. Ele continha quatro listas com os seguintes nomes:

- **Pesquisas & Notas.** Os cartões desta lista continham informações de histórico relevantes para a campanha de marketing. Por exemplo, um dos cartões continha notas de uma ligação recente de um cliente, ao passo que outro continha algumas ideias de como fazer a lista de e-mails do cliente crescer.

- **Backlog.** Os cartões dessa lista descreviam o passo de um projeto que devia ser completado em certo ponto, mas no qual ninguém estava trabalhando no momento. Por exemplo, um desses cartões detalhava um passo no qual os depoimentos de um novo cliente precisavam ser acrescentados ao seu site.

☐ **Design** e **Execução.** Os cartões dessas duas últimas listas descreviam passos de projetos que ainda estavam sendo executados. A lista de *design*, naturalmente, continha passos relacionados com o design e a lista de *execução* se concentrava nos outros passos relevantes para se colocar a campanha de marketing em prática. Pessoas diferentes trabalhavam nesses dois elementos, de modo que fazia sentido separá-los. O mais importante era que, ao clicar em cada um desses cartões, havia não apenas uma descrição do passo, mas também seu status atual e uma interessante seção de comentários, na qual as pessoas podiam fazer perguntas e delegar responsabilidades para a realização de tarefas essenciais relacionadas com o cartão. Alguns desses cartões tinham até listas de verificação de subtarefas, ao passo que outros possuíam prazos em cores brilhantes embaixo do título do cartão. Muitos tinham arquivos relevantes anexados diretamente neles.

Devesh me explicou que as atividades da sua empresa giram em torno do Trello agora. Se fôssemos atribuídos a um projeto, todo o nosso trabalho, incluindo nossas discussões, delegações e arquivos relevantes, seria coordenado no quadro correspondente — nem por mensagens de e-mail nem pelo chat do Slack. Quando decidíssemos trabalhar em um projeto, abriríamos esse quadro e trabalharíamos com os cartões. À medida que os passos fossem completados, os cartões seriam movidos de *backlog* para as colunas ativas. À medida que novas ideias surgissem ou à medida que os clientes fizessem novos pedidos, eles seriam adicionados à coluna *pesquisas & notas*. Quando surgissem perguntas ou quando fosse necessário delegar trabalho, essas mensagens seriam incluídas na discussão, na parte de trás do cartão relevante, onde todos os envolvidos no projeto poderiam vê-las.

Antes dessas mudanças, o dia de trabalho de cada funcionário era orquestrado por sua caixa de entrada. Eles a abriam quando começavam a trabalhar de manhã, e ficavam respondendo a mensagens até o fim do dia. Com o novo fluxo de trabalho baseado no Trello, o trabalho de cada funcionário passou a ser orquestrado por quadros de projetos, os quais são consultados durante o dia. Embora o e-mail continue a ser usado para fins administrativos não urgentes e conversas particulares entre duas pessoas, sua importância foi bastante reduzida. Agora, as caixas de entrada são algo que é verificado uma ou duas vezes por dia, assim como as caixas de correio físicas.

Esse novo fluxo de trabalho encoraja o hábito de lidar com uma tarefa de cada vez. Quando um dos funcionários de Devesh decide trabalhar em determinado projeto, a única informação ou discussão que ele vê no seu quando tem a ver com o projeto. Isso lhe permite se concentrar em uma única coisa até *ele* esteja pronto para seguir em frente. Por outro lado, usar uma caixa de entrada geral faz com que os funcionários pulem de um projeto para outro o tempo todo, às vezes, até na mesma mensagem — um estado cognitivo que é improdutivo e que resulta em infelicidade.

Outra vantagem desse fluxo de trabalho é que ele estrutura todas as informações relevantes sobre determinado projeto de modo claro. Quando a firma de Devesh se baseava na mente coletiva hiperativa, essa informação ficava espalhada de modo desorganizado em mensagens de e-mail enterradas nas várias caixas de entrada de vários funcionários. Ter essa informação em colunas rotuladas e bem organizadas, com os arquivos relevantes e discussões anexadas a cartões bem identificados é uma maneira muito mais eficiente de se manter a par desse serviço e de planejar com eficiência o que deverá ser feito na próxima etapa.

Quando vi os quadros do Trello de Devesh, minha reação foi parecida com a dos fabricantes rivais de automóveis que se depararam com a linha de montagem totalmente funcional da fábrica Highland Park de Henry Ford: uma percepção de que essa simplesmente era a melhor maneira de se organizar o trabalho. Devesh concorda. Seus funcionários parecem muito mais felizes agora que o e-mail não dita mais o que devem fazer, e não houve nem grandes reclamações nem quedas de produtividade. E tem mais: Devesh não tem a menor intenção de retomar os métodos antigos de trabalho. Para enfatizar o quanto as coisas mudaram na sua vida profissional, ele me enviou uma foto da sua caixa de entrada corporativa. Durante todo o mês anterior, ele havia participado de apenas oito conversas de e-mail, enviando e recebendo o total de 44 mensagens. Isso dá uma média de um pouco mais de duas mensagens por dia de trabalho. "É uma bênção", resumiu ele.

É fácil descrever esse tipo de mudança radical de fluxo de trabalho, mas sua implementação costuma ser difícil. Existem muitos obstáculos, desde descobrir onde concentrar nossas energias experimentais e mudar como pensamos sobre questões como a inconveniência ou custos adicionais a fazer com que todos os membros da nossa equipe estejam em concordância. O resto deste capítulo vai explorar algumas das melhores práticas para superar esses obstáculos ao tentar aplicar o princípio do capital de atenção na nossa organização ou na nossa vida profissional.

Crie Estruturas Baseadas na Autonomia

No Capítulo 3, abordamos uma importante pergunta: *Se a mente coletiva hiperativa é tão ineficaz, por que ela é tão popular?* Ironicamente, grande parte da resposta que forneci tem a ver com a mesma pessoa que identificou a produtividade do trabalhador intelectual como o principal desafio do século XXI: Peter Drucker. Como vimos anteriormente, durante os anos 1950 e 1960, Drucker ajudou o mundo dos negócios a encarar o surgimento do trabalho intelectual como um grande setor econômico. Uma das suas principais mensagens era a importância da autonomia. Em 1967, ele escreveu: "O trabalhador intelectual não pode ser supervisionado de perto ou em detalhes. Ele deve administrar a si mesmo."[11]

O que Drucker percebeu foi que o trabalho intelectual necessitava de habilidade e criatividade demais para ser dividido em uma série de tarefas repetitivas que poderia ser atribuída aos funcionários pelos gerentes, tal como era o caso do trabalho manual. Não havia uma maneira simples de pegar uma coisa tão abstrata, como desenvolver uma nova estratégia de negócios ou inovar um processo científico industrial, e transformá-la em uma série de passos otimizados para serem seguidos sem reflexão.

Essa ênfase na autonomia se mostrou influente, e nos ajuda a explicar a teimosia persistente da existência da mente coletiva. Como disse, quando delegamos decisões de produtividade às pessoas, não é nenhuma surpresa que acabemos presos a um fluxo de trabalho simples, flexível e no estilo de menor denominador comum, como a mente coletiva hiperativa.

É aqui que chegamos a um impasse. Por um lado, a autonomia é inevitável no trabalho intelectual por causa de sua complexidade. Por outro lado, a autonomia cria fluxos de trabalho no estilo mente coletiva.

Para usar bem o princípio do capital de atenção, precisamos dar um jeito de escapar dessa armadilha. Para isso, precisamos continuar de onde Drucker parou e deixar claro onde a autonomia realmente importa.

O trabalho intelectual costuma ser encarado como a combinação de dois componentes: a *execução do trabalho* e o *fluxo de trabalho*. O primeiro componente, a execução do trabalho, descreve o ato de realmente executar as atividades subjacentes do trabalho intelectual que produzem valor — o programador que escreve códigos de computador e o publicista que escreve um comunicado de imprensa. É como produzimos valor a partir do capital de atenção.

O segundo componente, o fluxo de trabalho, é o que definimos na introdução deste livro. Ele descreve como essas atividades fundamentais são identificadas, atribuídas, coordenadas e revisadas. A mente coletiva hiperativa é um fluxo de trabalho, assim como o sistema de quadros de projetos de Devesh. A execução do trabalho é o que gera valor. Assim, os fluxos de trabalhos são o que dão estrutura a esses serviços.

Quando entendemos que esses componentes descrevem duas coisas diferentes, podemos encontrar uma maneira de escapar da armadilha da autonomia. Quando Drucker enfatizou a autonomia, ele estava pensando na execução do trabalho, visto que essas atividades são complexas demais para serem divididas em procedimentos mecânicos. Por outro lado, os indivíduos não devem decidir que fluxo de trabalho adotar, visto que as probabilidades de os sistemas mais eficientes surgirem de modo natural são baixas. Eles precisam ser identificados de modo explícito como parte dos procedimentos operacionais de uma organização.

Se administrássemos um time de desenvolvimento, não precisaríamos dizer como os programadores de computadores deveriam escrever determinadas rotinas. Por outro lado, deveríamos pensar bastante em quantas rotinas serão designadas a eles, como essas tarefas serão acompanhadas, como administraremos a base do código e até quem mais na organização teria permissão de incomodá-los e assim por diante. (Para mais sobre fluxos de trabalhos radicalmente originais para desenvolvedores de software, veja o estudo de caso sobre *programação extrema* no Capítulo 7.)

Vemos essa divisão em ação na empresa de marketing de Devesh. Ao levar a gestão dos projetos para os quadros do Trello, Devesh não passou a controlar a maneira como sua equipe de fato executava suas atividades principais de design e execução de campanhas de marketing. O que ele mudou, porém, foram os fluxos de trabalhos que davam suporte a essas atividades — incluindo como as informações sobre esses projetos eram monitoradas, e como as informações e perguntas relevantes eram comunicadas. Ele inovou os fluxos de trabalhos, mas deixou os detalhes da execução do trabalho a cargo dos seus habilidosos funcionários. Veremos a mesma divisão na maioria dos estudos de caso e exemplos que abordaremos nos capítulos à frente.

Para sermos justos, não podemos culpar Drucker por não fazer essa distinção na sua pesquisa original sobre o trabalho intelectual. Nos anos 1950 e 1960, quando ele começou a abordar esse tópico, a noção de *qualquer* autonomia de funcionários era tão radical que não havia muito espaço para diferenças sutis. Já era difícil convencer as pessoas que a abordagem autoritária que havia produzido tal crescimento milagroso no setor industrial talvez não se aplicasse a esse novo tipo de atividade baseada na mente.

Drucker foi bem-sucedido nos seus esforços de pregar a palavra da autonomia a um público cético, e aqueles de nós que fazem parte do trabalho intelectual hoje em dia nos beneficiamos desses argumentos claros. No entanto, não podemos parar aqui. Para fazer com que a promessa do princípio do capital de atenção se torne realidade, precisamos subir nos ombros de Drucker e propagar essas teorias para que elas possam evoluir e atingir uma nova etapa de complexidade. Diferenciar os fluxos e a execução do trabalho é fundamental se queremos continuar a aumentar a produtividade do trabalho intelectual. Para tirar o máximo de valor do capital de atenção, precisamos começar a levar a sério a forma como estruturamos o trabalho. Isso não restringe a autonomia dos trabalhadores intelectuais, mas os prepara para usar ainda melhor sua habilidade e criatividade.

Minimizar Trocas de Contexto e Sobrecarga

Henry Ford começou a fazer experiências para descobrir maneiras melhores de fabricar carros no início do século XX. Um século mais tarde, Devesh começou a fazer experiências para descobrir maneiras melhores de atender seus clientes de marketing. Entre esses esforços, temos que admitir que Ford tinha a vantagem. Quando o assunto é fabricar carros, fica claro, logo de cara, o que torna um processo superior ao outro: a velocidade. Este princípio de design — mais rápido é melhor do que mais lento — orientou os esforços de Ford e lhe permitiu ligar as melhorias dos processos de fabricação de baixo nível ao balanço final. No trabalho intelectual, essa equação não é tão clara. Quando tentamos estruturar nossos fluxos de trabalho para obter o melhor retorno do nosso capital de atenção, o que estamos buscando? Qual é o equivalente da velocidade de produção no trabalho cognitivo?

Para responder a essa pergunta, podemos nos basear no que vimos na Parte 1 deste livro, que abordou os problemas do fluxo de trabalho da mente coletiva hiperativa. Nos capítulos anteriores, vimos que alternar nossa atenção entre objetivos tem um grande custo. Qualquer fluxo de trabalho que exige que fiquemos o tempo todo prestando atenção a conversas que estão acontecendo em uma caixa de entrada ou em canais de chat reduzirá a qualidade do trabalho do nosso cérebro. Também vimos que a sobrecarga de comunicação — a sensação de que nunca vamos conseguir atender a todas as mensagens que recebemos, pedindo nosso tempo e atenção — entra em conflito com nossos antigos instintos sociais, resultando em infelicidade a curto prazo e em burnout a longo prazo.

Com base nessas observações, sugiro o seguinte princípio de design para desenvolver abordagens de trabalho que resultam em melhores retornos do nosso capital de atenção pessoal ou organizacional: procurar por fluxos de trabalhos que (1) minimizam trocas de contexto no meio das tarefas e (2) minimizam a sensação de sobrecarga de comunicação. Essas duas propriedades são o equivalente da obsessão de Henry Ford com a velocidade no trabalho intelectual.

Vamos começar com a primeira propriedade. Chamamos de troca de contexto no meio de uma tarefa os momentos quando precisamos parar uma tarefa que, de outra forma, seria independente e dar nossa atenção para algo não relacionado antes de voltar para o objeto original da nossa atenção. O exemplo clássico dessa troca é a necessidade de continuamente voltar à nossa caixa de entrada ou canal de mensagens instantâneas para nos manter a par de conversas extensas sobre assuntos não relacionados. Essas trocas, porém, também podem ser análogas. Em um escritório aberto, por exemplo, talvez sejamos interrompidos com frequência por pessoas que param do nosso lado para fazer perguntas, e, se as exigências do nosso fluxo de trabalho exigem reuniões constantes, isso também acabará dividindo nossa programação em partes pequenas demais para poder incluir tarefas que poderiam ser iniciadas e concluídas.

Independentemente da fonte dessas interrupções, quando o assunto é a geração de valor no nosso cérebro, quanto mais capazes formos de terminar uma coisa de cada vez, nos apegando a uma tarefa até que ela seja concluída antes de passar para a próxima, mais eficiente e eficaz será o nosso trabalho. Como vimos na Parte 1, isso se aplica a vários tipos de trabalho intelectual, seja de raciocínio profundo, gestão ou até papéis de suporte. Usar o cérebro de modo sequencial é a melhor opção.

A segunda propriedade mencionada acima busca reduzir o fardo cognitivo de sentirmos que todo mundo precisa da gente o tempo todo. Sob essas circunstâncias, os fluxos de trabalhos que minimizam essa fonte constante de comunicação urgente são superiores àqueles que a amplificam. Quando estamos em casa à noite, relaxando no final de semana ou de férias, não deveríamos sentir que cada momento que passamos longe do trabalho é um momento que serviu para acumular mais obrigações de comunicação. Na era da mente coletiva hiperativa, passamos a encarar esse estado descontente como uma consequência necessária do nosso mundo de alta tecnologia; mas isso é bobagem. Fluxos de trabalhos melhores podem controlar essa sensação de sobrecarga e, dessa forma, fazer com que nos sintamos não só mais felizes, mas mais eficazes, além de reduzir as probabilidades de um burnout no futuro.

Se voltarmos para a história de Devesh, poderemos ver esses princípios de design em ação. Seu novo fluxo de trabalho baseado em um quadro de projetos elimina as trocas de contexto no meio das tarefas. Toda comunicação sobre um determinado projeto acontece agora apenas quando decidimos abrir o quadro desse projeto e consultar os cartões relevantes. A caixa de entrada geral, onde encontraríamos mensagens sobre um projeto enquanto estivéssemos trabalhando em outro, não existe mais. Devesh chamou isso de "inverter o roteiro": *nós* decidimos quando falar sobre um projeto; não deixamos que *o projeto* faça isso por nós.

O novo fluxo de trabalho de Devesh também minimizou a sobrecarga de comunicação. Quando as interações passaram a ser realizadas por meio de cartões de tarefas associados com um projeto, aquela sensação de *acúmulo* de requisições diminuiu. Contribuímos com a conversa quando decidimos acessar o quadro de determinado projeto. Se não estivermos lá, não haverá uma caixa de entrada específica ficando cada vez mais cheia com pedidos e notificações impacientes.

Não basta minimizar as trocas de contexto e a sobrecarga para criar fluxos de trabalhos melhores. Isso deve orientar nossos experimentos a curto prazo; mas, a longo prazo, ainda precisamos monitorar o padrão básico de medição: a quantidade e qualidade de produção de valor que estamos gerando. No caso de uma organização de trabalho intelectual, isso significa monitorar o impacto de novos fluxos de trabalhos na renda, ao passo que, no caso de um trabalhador intelectual, isso talvez descreva a velocidade com a qual ele esteja atingindo marcos ou concluindo projetos.

Ver esses números aumentarem com o passar do tempo nos dará a confiança de que precisamos para nos apegar aos novos métodos de trabalho. Da mesma forma, se virmos que essas mudanças estão fazendo nossos números diminuírem, ficará claro que fomos longe demais, o que acidentalmente está nos impedindo de realizar atividades cruciais para o nosso sucesso. O ponto-chave é encontrar maneiras de minimizar trocas de contexto e sobrecarga *ao passo que ainda conseguimos fazer o que precisamos fazer.*

Não Tenha Medo das Inconveniências

Quando contei a história de Devesh a outros trabalhadores intelectuais, eles previram alguns problemas. Quando imaginaram sua própria organização se afastando da mente coletiva hiperativa em direção a algo melhor estruturado, tal como o fluxo de trabalho de Devesh, baseado em quadros de projetos, eles não demoraram para apontar alguns possíveis problemas. Não poder mais requisitar a atenção de alguém para nada e a qualquer hora poderia resultar na falta de cumprimento de prazos e de conclusão de tarefas urgentes ou em longos períodos antes de obtermos as respostas das quais precisamos para progredir em passos fundamentais do nosso projeto. Em outras palavras, deixar a simplicidade da mente coletiva hiperativa para trás poderia ser uma fonte constante de inconveniência para todos os envolvidos.

Essa objeção é importante porque ela é relevante para a maioria das tentativas de se aplicar o princípio do capital de atenção. Como vimos, uma das principais explicações para a persistência da mente coletiva hiperativa no trabalho intelectual é que ela é bastante conveniente *no momento* para as pessoas que a usam. Não há sistemas para aprender ou regras para decorar; simplesmente entramos em contato com as pessoas por meios eletrônicos quando necessário. Quase todas as alternativas para esse fluxo de trabalho serão menos convenientes no sentido de que exigirão mais esforços para serem aplicados e que resultarão em problemas a curto prazo, como tarefas perdidas ou ocasionais demoras de resposta. Essa realidade nos ajuda a explicar o porquê de tantos movimentos de reforma trabalhista motivados pela exaustão com nossas caixas de entrada se resumem a apenas alguns pequenos ajustes — tais como promover uma "etiqueta" melhor ao se escrever e enviar mensagens: essas sugestões ineficazes evitam que as pessoas realmente precisem lidar com as dificuldades resultantes de verdadeiras mudanças no status quo da mente coletiva hiperativa.

Vamos imaginar que queremos fazer uma grande mudança no nosso próprio fluxo de trabalho ou no da nossa organização. Como poderemos evitar as inconveniências associadas com esse experimento? *Não podemos.* Nós precisamos ajustar nossa mentalidade para deixar de temer esses incômodos. Como evidência disso, vamos voltar ao setor industrial, onde aceitar inconveniências é algo comum. Pense, por um momento, como deve ter sido na fábrica Highland Park de Henry Ford durante as experiências radicais que aconteceram entre 1908 e 1914. No início desse período, o modo como Ford estava construindo carros fazia todo o sentido. Usando o mesmo método artesanal que já existia há décadas, ele fazia com que os funcionários ficassem ao redor de veículos estacionários, parafusando e desbastando peças, levando e trazendo materiais da oficina mecânica, e, em geral, construindo os veículos da mesma forma que as pessoas sempre construíram coisas complicadas: no local, uma peça de cada vez.

A linha de montagem de Ford deve ter sido um pesadelo para seus funcionários. Nada daquilo era natural. Por exemplo, ela exigia um maquinário muito mais complexo que tinha a tendência de quebrar. Levar um para-choque até um carro estacionário era um processo simples e confiável. Tentar mover o chassi inteiro de um carro através de um sistema de guinchos de velocidade variável até um funcionário que, então, lhe parafusaria um para-choque enquanto ele estivesse passando era uma maneira muito mais complicada de realizar o mesmo passo.

Além disso, havia as ferramentas personalizadas. Algo que possibilitou a produção contínua foram os aparelhos especializados que podiam executar tarefas de precisão com rapidez. Por exemplo, Ford inventou uma furadeira que podia fazer 45 furos em um bloco de motor simultaneamente.[12] Porém, o problema com as ferramentas personalizadas é que é difícil fazer com que elas funcionem de modo consistente. Não é difícil supor que, durante esses anos iniciais, houve muita frustração na Highland Park causada por períodos de inatividade que eram gastos ajustando e consertando essas bugigangas.

Outra realidade irritante de uma linha de montagem é que o travamento em alguma etapa do processo — uma etapa de instalação que está demorando muito ou uma peça que não chega a tempo onde ela deveria estar — pode parar toda a produção. Essas paradas devem ter sido comuns ao passo que essas falhas eram corrigidas nas primeiras linhas. Pense na frustração de ter que deixar a confiabilidade do método artesanal para adotar um processo que o tempo todo fazia os funcionários pararem de trabalhar. Para piorar, a linha de montagem também exigiu que mais gerentes e engenheiros fossem contratados para supervisionar o trabalho. Além de ser mais irritante, ela também era mais cara de operar!

Para resumir, Henry Ford pegou um processo confiável e intuitivo de construir carros e o substituiu por algo cujo funcionamento era mais caro, que exigia mais gerentes, que resultava em maiores despesas gerais, que não era natural e que quebrava com frequência, muitas vezes resultando em grandes atrasos de produção. Nada disso deve ter sido fácil ou óbvio. Se fôssemos gerentes, funcionários ou investidores de Ford nessa época, provavelmente teríamos preferido a abordagem mais segura e menos disruptiva de fabricação, adotando um equivalente industrial ligeiramente mais eficiente do método comprovado da promoção de melhores modos de comunicação por e-mail.

É claro que, agora, sabemos que não havia base para essas dúvidas, visto que a linha de montagem acabou fazendo com que a Ford Motor Company se tornasse uma das maiores e mais rentáveis corporações do mundo. No contexto da produção industrial, já aceitamos essas histórias, porque, quando pensamos em uma fábrica, faz sentido que o alvo não seja a conveniência, a simplicidade ou evitar que coisas ruins aconteçam às vezes — antes, é fabricar produtos com o maior custo-benefício possível.

Se você já leu alguma literatura de administração do século XX, a ideia de obter mais eficácia por meio da nossa habilidade de tolerar o aumento da complexidade é elogiada. No livro *Landmarks of Tomorrow*, de 1959, Peter Drucker louva o "continuar a lutar pelo aperfeiçoamento, adaptação e aplicação", liderados por pesquisadores e engenheiros aplicados, que possibilitam às empresas fabricar novos e melhores produtos com uma rapidez sem precedentes.[13] Da mesma forma, no seu livro clássico de assessoria empresarial *The Management of Time*, de James McCay, também escrito em 1959, McCay relaciona a liderança do mundo moderno com a habilidade de constantemente fazer experimentos com a maneira como o trabalho é realizado, ao passo que lida de modo estoico com a complexidade resultante:

> O homem da vez é aquele que consegue lidar com os problemas complexos criados pela crescente velocidade da invenção. Esse é o homem de excepcional originalidade. Esse é o homem que se disciplinou para adquirir mais conhecimento e desenvolver novas habilidades. Ele criou conceitos de produção e de marketing e abordagens de financiamento.[14]

No trabalho intelectual moderno, nós perdemos e muito nosso interesse de avançar audaciosamente, aceitando as dificuldades resultantes como o custo de fazer negócios melhor do que antes. Ainda falamos sobre "inovação", mas esse termo se aplica hoje em dia quase que exclusivamente aos produtos e serviços que oferecemos, não aos meios pelos quais os produzimos. Quando falamos deste último tópico, os business thinkers tendem a se concentrar em fatores secundários, como melhor liderança ou objetivos mais claros para ajudar a estimular a produtividade. Pouca atenção se dá às verdadeiras mecânicas de como o trabalho é atribuído, executado e revisado.

Esse foco nos fatores secundários não se deve à timidez por parte dos líderes de trabalho intelectual, mas, em grande parte, à armadilha da autonomia discutida anteriormente. Uma consequência natural de deixar os detalhes de *como* os trabalhadores intelectuais devem trabalhar por conta das pessoas é a fixação dos fluxos de trabalhos na priorização da conveniência do momento acima de tudo. Quando nos libertamos dessa armadilha, porém, e começamos a reimaginar a maneira como trabalhamos de modo sistemático, acabamos criando uma inconveniência de curto prazo para obtermos melhorias a longo prazo. Como destacado — assim espero — pela minha história industrial, essa inconveniência não deve ser temida. Nos negócios, o que é bom nem sempre é fácil, e fazer as coisas acontecerem nem sempre é conveniente. Lá no fundo, os trabalhadores intelectuais querem sentir que estão produzindo grandes resultados que usam suas capacidades, adquiridas a duras penas, ao máximo, mesmo que isso signifique que eles nem sempre obterão uma resposta rápida às suas mensagens.

Um Detalhe: As Linhas de Montagem Não Eram Terríveis para os Funcionários?

Enquanto eu estava nas etapas iniciais de elaboração deste livro, fui ao casamento de um parente meu. Durante o jantar de ensaio, comecei a conversar com um outro parente. Ele queria saber no que eu estava trabalhando, de modo que lhe falei sobre este livro e testei minhas ideias sobre a relevância da linha de montagem para a reimaginação do trabalho intelectual. Eu ainda me lembro da reação dele, palavra por palavra: "Isso parece horrível."

O problema de se usar a linha de montagem como um exemplo positivo é que a experiência de realmente trabalhar em uma dessas linhas era tudo menos positiva. No seu livro *Mastodontes*, de 2019, Joshua Freeman afirma que, quando pensamos nos ganhos de produtividade da linha de montagem, nos concentramos demais no manuseio eficiente do material. Grande parte desses ganhos, porém, foram o resultado da "intensificação do trabalho".[15] Se deixássemos de prestar atenção por apenas um instante, poderíamos travar a linha inteira — obrigando os outros funcionários a entrar em um estado não natural de tédio e atividade constante. Frederick Winslow Taylor tentou aumentar a eficiência dos trabalhadores cronometrando seu trabalho e oferecendo incentivos para aqueles que eram mais rápidos. Henry Ford superou a abordagem de Taylor simplesmente fazendo com que ser rápido fosse a única alternativa. Freeman escreveu: "Para aqueles que trabalhavam na linha de montagem, o trabalho era constante e repetitivo. Como não acontece com outros trabalhos, o da linha de montagem drenava as pessoas física e psicologicamente. Como nunca antes, os trabalhadores eram extensões do maquinário, à mercê das suas exigência e ritmo."[16]

Em 1936, Charlie Chaplin satirizou essa realidade sombria com seu incrível filme *Tempos Modernos*, que apresenta seu personagem, O Vagabundo, tentando acompanhar uma linha de montagem, que se movia cada vez mais rápido. Com duas grandes chaves, Chaplin apertava os parafusos de cada item que passava. À medida que o encarregado aumentava a velocidade da linha, as ações de Chaplin se tornavam cada vez mais frenéticas, fazendo com que ele até pulasse na esteira em uma tentativa vã de acompanhar os itens que passavam voando. Ele acabou passando pela abertura da máquina e ficou preso nas grandes engrenagens da fábrica. Chaplin fez esse filme logo depois de visitar uma das fábricas de Henry Ford.[17]

A ideia generalizada de que o trabalho da linha de montagem é desumano foi o que causou a reação negativa do meu parente. Ele estava imaginando um futuro do trabalho intelectual no qual acabaríamos em um reboot da era digital de *Tempos Modernos*, com os frenéticos apertos de parafuso sendo substituídos pela digitação frenética, e a sequência na qual ainda acabaríamos sendo esmagados pelo maquinário da produtividade imaginário. Essa é uma preocupação natural que surge em relação ao princípio do capital de atenção, mas, quando consideramos estudos de casos específicos desse princípio em ação, essa temida escravidão não se torna realidade. Pense na empresa de marketing de Devesh. Nenhum aspecto da ideia de deixar de trabalhar com uma caixa de entrada lotada e adotar quadros de projetos bem estruturados indicou uma mudança para um trabalho mais monótono ou desalmado. Antes, essa mudança teve o efeito contrário. Diferentemente do que aconteceu quando Ford criou a linha de montagem, os funcionários de Devesh acharam que suas vidas profissionais se tornaram menos exaustivas e mais sustentáveis *depois* que Devesh inovou seu fluxo de trabalho.

À medida que formos analisando os estudos de casos da Parte 2, os benefícios da transformação do fluxo de trabalho de Devesh serão a regra, não a exceção. Isso fará sentido quando analisarmos em mais detalhes meu uso da analogia da linha de montagem. Meu objetivo ao usar a história de Henry Ford não é destacar a eficácia da *maneira específica* por meio da qual seus funcionários montavam automóveis, visto que há poucas conexões entre, digamos, montar um ímã e elaborar uma estratégia de marketing. O objetivo é destacar o poder de experimentar diferentes formas de usar o capital — um processo que difere bastante nos setores industrial e de trabalho intelectual. Como Peter Drucker estabeleceu, no trabalho intelectual precisamos manter a autonomia de trabalhadores habilidosos na forma como eles exercem sua função. O princípio do capital de atenção pede que façamos experiências com os fluxos de trabalhos que estruturam como esse trabalho será atribuído e revisado. O objetivo dessas mudanças é fazer com que seja mais fácil e mais sustentável para os trabalhadores intelectuais realmente realizar coisas importantes, e não os obrigar a fazer mais coisas mais rapidamente — uma estratégia que provavelmente não teria muito êxito a longo prazo se aplicada a um trabalho que exige bastante da nossa capacidade cognitiva.

Henry Ford deu passos radicais para reimaginar como poderia fazer mais a partir dos equipamentos da sua fábrica. Os líderes do trabalho intelectual precisam dar passos radicais para fazer mais a partir dos cérebros humanos que usam. Mas essa analogia precisa ir além. No mundo de Ford, os funcionários eram dispensáveis, ao passo que, no mundo do trabalho intelectual, nossos cérebros são a fonte de todo o valor. Na verdade, a mente coletiva hiperativa já nos prendeu em um *Tempos Modernos* digital, onde futilmente tentamos manter o ritmo com as mensagens de e-mail que chegam cada vez mais rápido. O princípio do capital de atenção pode nos ajudar a lidar com esse problema.

Ao Implementar Mudanças, Procure Parceiros, Não Perdão

Em fins de 1984, Sam Carpenter, então com 35 anos, comprou um serviço de atendimento telefônico que estava com problemas.[18] Ele tinha 7 funcionários e 140 clientes. Isso lhe custou US$21 mil. Então, Carpenter começou a dizer a todos que ele sabia que "algum dia, vamos ser o serviço de atendimento telefônico de maior qualidade dos Estados Unidos". Assim como Carpenter resumiu no seu livro *Work the System*, de 2008: "As coisas não aconteceram como esperado."[19]

Acontece que o negócio de serviço de atendimento telefônico é complicado. Os clientes ligam o tempo todo, cada um representando um tipo totalmente diferente de problema, desde emergências médicas a questões urgentes de negócios, cada um deles fazendo suas demandas ao representante que atendia a ligação. Como muitos donos de pequenos negócios, Carpenter descobriu que sua vida havia se tornado um "pesadelo desorganizado" no qual ele trabalhava oitenta horas por semana e resolvia problemas o tempo todo. Ele perdeu a casa e o carro. Colocou beliches no escritório para que as duas filhas adolescentes pudessem dormir. Em certo ponto, o próprio Carpenter estava atendendo às ligações como o único representante em serviço durante o turno da 0h às 8h. Então, ele trabalhava das 8h às 17h nos problemas administrativos gerados pelo negócio.[20]

É claro que isso não era nada sustentável. Depois de quinze anos, Carpenter estava quase em ruínas, tanto física como financeiramente. Foi então que, como costuma acontecer nessas memórias de negócios, ele teve uma ideia "fantástica". Estar ciente de que seu negócio estava nos seus momentos finais deu a Carpenter a confiança para experimentar novas e ousadas abordagens. Foi essa mentalidade que lhe deu esta ideia: sua empresa era como um aparelho mecânico. Ela era composta de várias peças que funcionavam juntas de modo previsível. Seus problemas, desde as constantes crises à imensa quantidade de trabalho administrativo que estavam acabando com ele, não eram inevitáveis ou caprichos das circunstâncias, mas resultado de falhas dos sistemas subjacentes que compunham o funcionamento da empresa. Se ele pudesse identificar com clareza cada um desses sistemas, escrever como ela funcionava e otimizá-la à medida que esses problemas surgissem, poderia fazer com que a empresa funcionasse sem problemas, e sem exigir suas intervenções constantes e diretas.

Carpenter criou uma lista-mestra com todas as várias atividades que definiam o funcionamento da sua empresa, e começou a trabalhar com o pessoal relevante em um sistema oficial para cada uma. Um dos locais pelo qual ele começou foram as finanças da empresa. Ele costumava passar várias horas por dia pagando contas e descontando cheques, o que incluía visitas regulares ao banco — sendo que tudo isso era uma grande fonte de estresse. Ele substituiu esse caos por um sistema melhor estruturado para monitorar as despesas e a renda, e empoderou seus funcionários para irem até o banco em seu lugar. O que costumava levar horas a cada semana foi reduzido a uma única curta sessão durante a qual ele assinava cheques — um passo que ele admite que também poderia ter automatizado, mas decidiu não automatizar para ter uma compreensão mais tangível das despesas. Outro desses novos sistemas otimizou os serviços de atendimento ao consumidor por meio do fornecimento de guias claros que empoderavam os funcionários para lidar com a maioria dos problemas do serviço diretamente, sem o envolvimento de Carpenter. Esse procedimento operacional básico de como sua equipe central de atendimento atendia às chamadas também se tornou estritamente codificada, fornecendo muito mais consistência ao serviço (significando menos problemas de desempenho com os quais Carpenter precisaria lidar), e até grande parte dos processos de contratação de novos funcionários foram automatizados, reduzindo bastante a complexidade da rotação de funcionários.

Ele escreveu: "A lógica por detrás disso era clara, linda. Eu senti uma alegria dentro de mim que nunca havia sentido antes. Até hoje, me lembro de cada momento."[21] O otimismo de Carpenter foi bem fundado. À medida que ele trabalhava para reconstruir a empresa com base em sistemas mais claros e otimizados, os lucros aumentaram pela primeira vez. "Minha renda pessoal é... digamos apenas que é mais do que preciso", escreveu Carpenter no seu site. E o mais importante: suas obrigações no trabalho caíram de oitenta horas ou mais por semana para menos de duas. Com base em algumas medidas estatísticas, a empresa até atingiu o alvo original e arrogante de Carpenter de ser a empresa número um dentre as mais de 1.500 empresas de serviços de atendimento do país.[22]

Sam Carpenter não dirige uma organização de trabalho intelectual. Assim, não devemos nos atentar em demasia aos detalhes dos sistemas que ele criou para melhorar o funcionamento da empresa de serviço de atendimento. O que o torna relevante para a nossa discussão é uma realização mais generalizada: fazer com que seus funcionários mudassem drasticamente sua maneira de trabalhar. Os próximos capítulos apresentarão algumas ideias de como aplicar o princípio do capital de atenção com a reimaginação radical dos fluxos de trabalho. Na maioria dos casos, o impacto dessas mudanças se estenderá além da nossa vida profissional e afetará as experiências diárias de outras pessoas — talvez nossos funcionários, colegas ou clientes. Isso poderá gerar dinâmicas confusas, e é por isso que, antes de analisarmos essas sugestões detalhadas do que mudar, primeiro devemos analisar a questão de *como* fazer esse tipo de modificações generalizadas de fluxos de trabalhos de uma forma permanente. A experiência de Carpenter pode nos ajudar a atingir esse alvo.

A aplicação do princípio do capital de atenção pode afetar as pessoas com quem trabalhamos de duas maneiras. A primeira é quando ela altera os fluxos de trabalhos de tal forma que as pessoas são obrigadas a mudar a forma como elas *executam* seu trabalho. Foi isso o que aconteceu, por exemplo, quando Devesh alterou o fluxo de trabalho da sua empresa de marketing para deixar de usar o e-mail e passar a usar os quadros de projetos. Agora, seus funcionários precisavam entrar no Trello e clicar nos cartões para se comunicar sobre determinado projeto em vez de simplesmente enviar e-mails.

O segundo tipo de impacto altera as *expectativas* dos outros sobre seu trabalho. Isso acontece quando nos concentramos em aprimorar nosso fluxo de trabalho pessoal. Por exemplo, se verificamos nossa caixa de entrada apenas duas vezes por dia como parte de uma grande reformulação da nossa maneira de trabalhar, as expectativas dos nossos colegas em relação a quão rapidamente responderemos às suas mensagens deverá mudar.

Vamos começar considerando o primeiro tipo de impacto, visto que é mais difícil lidar com ele. Esse é também o tipo de impacto para o qual podemos tirar mais lições a partir do exemplo de Sam Carpenter. Um ponto-chave apresentado no livro de Carpenter é a necessidade de envolver aqueles que serão afetados pelo novo procedimento de trabalho na elaboração desse procedimento. Seu pessoal escreveu 98% dos procedimentos atualmente em execução e tiveram "grande influência" na formulação dos 2% restantes do que Carpenter criou por conta própria. Em resultado disso, os funcionários tinham "pleno direito de posse" a esses processos. E, o que talvez seja o mais importante, Carpenter fez com que o incentivo para futuras melhorias fosse facilitado. "Se um funcionário tivesse uma boa ideia de como melhorar um procedimento, o modificaríamos na hora — sem esperas burocráticas", ele explica.[23] Ele levava o envolvimento dos funcionários tão a sério que, hoje em dia, ele exige que seus representantes de serviços apresentem, pelo menos, doze propostas de melhorias se desejam se qualificar para receber seus bônus anuais de desempenho.

A abordagem de Carpenter tem sentido no contexto do que é conhecido como *teoria do locus de controle*, um subcampo da psicologia de personalidade que afirma que a motivação está intimamente relacionada com a sensação de as pessoas acharem que têm controle sobre o êxito de um empreendimento. Quando podemos opinar no que estamos fazendo (inserir o locus de controle na parte interna do espectro), teremos muito mais motivação do que quando sentimos que nossas ações são, em grande parte, controladas por forças externas (inserir o locus de controle na parte externa).

Isso é o que dará errado se quisermos ir contra o modelo de Carpenter e tentarmos forçar nossa equipe a adotar um novo fluxo de trabalho. Independentemente dos benefícios inerentes do nosso fluxo de trabalho, talvez estejamos acidentalmente tirando o senso de controle da nossa equipe interna e colocando na externa, eliminando a motivação e fazendo com que as probabilidades de eles se apegarem às mudanças se tornem ínfimas. Por outro lado, se os membros da nossa equipe se envolverem na elaboração de um novo fluxo de trabalho e, o que é tão importante quanto, sentirem que poderão resolver os problemas que surgirem, então o controle permanecerá interno e as probabilidades de que esse fluxo de trabalho seja adotado serão muito maiores.

Esse conceito não se aplica tanto a posições em que não há expectativa de autonomia. É por isso que, por exemplo, o renomado autocrático Henry Ford não achava que precisava envolver seus funcionários nas suas discussões sobre as vantagens e desvantagens da linha de montagem. Isso também explica por que os campos de treinamento militar — o epítome de controle externo — são tão bem-sucedidos em fazer com que voluntários se tornem soldados profissionais: os novos recrutas entram no processo confiando que o sistema que passou no teste do tempo fará com que cheguem aonde devem chegar. Porém, como vimos, desde as teorias avançadas de Peter Drucker, o trabalho intelectual sempre será definido por uma grande quantidade de ações autônomas. Assim, a teoria do locus de controle inevitavelmente se aplicará: fazer mudanças radicais no fluxo de trabalho simplesmente não funcionará sem a contribuição daqueles que deverão usá-lo.

Três passos são necessários para fazer com que esses experimentos sejam colaborativos. O primeiro é a educação. É importante que nossa equipe entenda a diferença entre o fluxo e a execução do trabalho, e o motivo pelo qual a mente coletiva hiperativa não passa de um fluxo de trabalho entre muitos outros — e por que ela provavelmente não é um dos melhores fluxos de trabalho que existe. Para muitos trabalhadores intelectuais, o e-mail é sinônimo de trabalho. Assim, é fundamental esclarecer esse ponto antes de começarmos a discutir a eliminação da sua confortável dependência da mente coletiva para trabalhar.

O segundo passo é fazer com que todos os que realmente estarão envolvidos na execução dos processos do novo fluxo de trabalho contribuam com ele. Para atingir esse alvo, essas ideias devem ser o resultado de uma discussão. Todos devem concordar que experimentar o novo fluxo de trabalho valerá a pena e, seguindo o exemplo de Carpenter, seus detalhes devem ser registrados com clareza total, de modo que não haja dúvidas do que realmente está sendo implementado.

O terceiro passo é continuar a seguir o exemplo de Carpenter criando métodos simples de melhorar os processos do novo fluxo de trabalho quando surgirem problemas. Talvez não haja melhor maneira de manter o locus de controle interno do que empoderar nossa equipe para mudar o que não esteja funcionando. Na prática, talvez fiquemos surpresos com quão poucas mudanças realmente são sugeridas. O que realmente importa é a *habilidade* de fazer mudanças, visto que ela provê uma válvula de emergência psicológica, neutralizando o medo de que talvez acabemos presos em uma situação difícil e inesperada do novo fluxo de trabalho, incapazes de realizar nosso serviço.

Também é comum que aqueles que deixam a acessibilidade universal da mente coletiva hiperativa criem um sistema de backup de emergência para lidar com questões urgentes que o novo fluxo de trabalho talvez venha a negligenciar. Para que esse sistema realmente seja um backup, e não apenas um meio de voltarmos a usar a mente coletiva, precisamos acrescentar atrito suficiente para que ela não seja usada a menos que a situação seja realmente urgente. Um exemplo clássico é fazer ligações telefônicas de emergência: nossos colegas poderão nos ligar se alguma coisa for urgente demais e não puder ser tratada a tempo pelo fluxo de trabalho oficial. Esses sistemas de emergência nos darão a paz mental de que nada *tão* ruim poderá acontecer durante o tempo que talvez seja necessário para identificar e corrigir as falhas dos novos processos.

Agora vamos analisar o outro impacto que a aplicação do princípio do capital de atenção causa nas outras pessoas: mudanças na expectativa dos outros sobre o nosso próprio comportamento. Como vimos, isso se aplica quando alteramos nosso fluxo de trabalho pessoal, afastando nossa rotina diária do imprevisível vai e vem de mensagens da mente coletiva hiperativa. Isso poderá resultar em mudanças que nossos colegas e clientes poderão sentir, sendo que a mais notável será o fato de que não estaremos mais disponíveis para responder a e-mails ou mensagens instantâneas assim que eles chegarem. Em outras palavras, as pessoas vão precisar mudar suas expectativas ao trabalhar conosco.

Um método comum para lidar com essas mudanças pessoais de fluxo de trabalho é explicar com clareza a estrutura da nova abordagem aos nossos colegas, talvez acompanhada de uma explicação inquestionável para os motivos de fazermos essas mudanças. Um bom exemplo dessa ideia em ação é a seguinte resposta automática do e-mail que Tim Ferriss citou no seu grande best-seller *Trabalhe 4 Horas por Semana*, de 2007:[24]

> Saudações, Amigos [ou Estimados Colegas],
>
> Devido à grande quantidade de trabalho, estou lendo e respondendo aos meus e-mails duas vezes por dia, às 12h
> [ou seu fuso horário] e às 16h.
>
> Se precisar de ajuda urgente (por favor, certifique-se de que seja urgente) e não puder esperar até 12h ou 16h, por favor, entre em contato comigo pelo número 555-555-5555.
>
> Grato por sua compreensão quanto a essa atitude cujo objetivo é gerar mais eficiência e eficácia. Ela me ajuda a fazer mais e a atendê-lo(a) melhor.
>
> Atenciosamente,
>
> [Seu nome]

Devido ao sucesso do livro de Ferriss, houve uma época, há alguns anos, em que milhares de trabalhadores intelectuais ao redor do mundo passaram a receber uma variação dessa resposta automática dos seus colegas que haviam aprendido a técnica. De um ponto de vista racional, essa estratégia faz todo o sentido: ela reconfigura as expectativas para que nossos correspondentes não fiquem se perguntando quando receberão nossa resposta, e fornece uma explicação válida para essa mudança; ela é simples, clara e é difícil de encontrar um argumento contra ela. É por isso que muitas pessoas ficaram tão animadas quando se depararam com ela pela primeira vez. O problema, porém, é que as pessoas que recebiam essas respostas automáticas se incomodavam muito com elas.

É difícil dizer com precisão o que as incomodava — talvez tenha sido a extrema formalidade, que chegava a entrar no campo da condescendência, ou a insistência do autor de que a resposta automática estava tentando neutralizar os maus hábitos de trabalho do destinatário. Independentemente dos motivos exatos, os fãs de Ferriss perceberam que essa técnica específica não estava funcionando tão bem quanto esperavam. Aparentemente, essas respostas automáticas são muito mais raras hoje do que quando estavam no seu auge, logo depois que o livro de Ferriss foi publicado. Em teoria, essa era uma boa ideia, mas ela não sobreviveu ao uso no mundo real.

A lição por trás desse estudo de caso é que precisamos ter cuidado com a forma como divulgamos as mudanças dos nossos hábitos pessoais. Com o passar nos anos, depois de observar diversas tentativas das pessoas de eliminar ou alterar sua dependência da mente coletiva hiperativa, e depois de algumas das minhas próprias tentativas nesse sentido, cheguei à conclusão de que a melhor maneira de executar esses experimentos é silenciosamente. Não devemos compartilhar os detalhes da nossa abordagem de trabalho, a menos que alguém nos questione especificamente porque está genuinamente interessado. Devemos até evitar gerar novas expectativas, tais como "costumo ler meus e-mails só depois das 10h" ou "verifico minha caixa de entrada somente algumas vezes por dia". Colegas, clientes e chefes céticos não demorarão para apresentar argumentos contra isso. ("E se o que eu estivesse precisando fosse algo urgente? Não... eu não gosto disso — acho que você deve estar sempre a par das suas mensagens.") Da mesma forma, se tivermos o hábito de ficar nos desculpando — o que costuma ser sugerido —, as pessoas ao nosso redor poderão começar a achar que as nossas estratégias de trabalho não funcionam. De outra forma, por que precisaríamos nos desculpar com tanta frequência?

Uma estratégia melhor para mudar as expectativas dos outros sobre nosso trabalho é entregar de modo consistente o que prometemos em vez de sempre ficar explicando como estamos trabalhando. Devemos nos tornar conhecidos como alguém que não pisa na bola, não como alguém que está sempre pensando na sua própria produtividade. Se alguém nos pedir para fazer alguma coisa, seja por e-mail ou por chat, devemos nos certificar de que isso será feito. Não devemos empurrar as coisas com a barriga; se nos comprometemos a fazer algo até certa data, devemos respeitar esse prazo ou explicar por que precisamos mudá-la. Em geral, se as pessoas mostram confiança suficiente para nos enviar serviço, então elas não verão nenhum problema em não receber uma resposta da nossa parte logo em seguida. Por outro lado, se as pessoas não puderem confiar em nós, elas exigirão respostas mais rápidas, visto que precisarão ficar no nosso pé para se certificarem de que as coisas estão sendo feitas. O professor e autor empresarial Adam Grant usa a expressão "crédito de idiossincrasia" para descrever essa realidade.[25] Ele explica que, quanto melhores formos no que fazemos, mais liberdade receberemos para sermos idiossincráticos na forma como o fazemos — sem a necessidade de explicações.

Outro problema que surge com a transformação do nosso fluxo de trabalho pessoal tem a ver com a interface do sistema. Se instituirmos os tipos de sistemas de fluxo de trabalho avançados que serão discutidos nos capítulos seguintes, vamos precisar descobrir como queremos que as outras pessoas, que estão acostumadas a requisitar nossa atenção por meio de mensagens rápidas, interajam com essas alternativas mais bem estruturadas.

Para orientações sobre esse assunto, podemos aprender com o mundo do suporte de TI. Como já vimos neste livro, há algumas décadas, o departamento do suporte de TI começou a organizar internamente os problemas tecnológicos que precisavam ser consertados usando sistemas de tickets. Esses sistemas atribuíam um único *ticket* a cada problema. Todas as conversas e notas sobre o problema eram anexados a esse ticket, em que poderiam ser consultados com facilidade.

Os profissionais de TI logo perceberam a futilidade de requisitar que aqueles a quem eles atendiam lidassem diretamente com o sistema de tickets; por exemplo, fazê-los entrar em um site especial de suporte para criar e monitorar esses tickets. Talvez essa fosse a maneira mais eficiente de lidar com esses problemas em teoria, mas a realidade de muitas organizações é que a maioria das pessoas não querem ter esse trabalho extra. A solução para esse problema era criar uma *interface direta*. No caso da maioria dos serviços de TI, agora podemos relatar um problema da maneira mais natural possível: enviando um e-mail para um endereço para fins gerais como suporte@nomedaempresa.com. A maioria dos sistemas de tickets pode ser configurada para receber esses e-mails diretamente e transformá-los em tickets, os quais são inseridos em uma caixa de entrada virtual para serem processados. Enquanto a equipe de TI trabalha em um ticket, o sistema pode enviar atualizações automáticas, na forma de mensagens de e-mail, para a pessoa que sinalizou o problema. A pessoa que interage com o departamento de TI não sabe nada sobre os sistemas de tickets. Ela simplesmente envia um e-mail e recebe e-mails de atualização como resposta. Internamente, porém, algo muito mais complexo acontece.

Essa lição se aplica ao sistema que criamos para organizar nossos fluxos de trabalhos pessoais. Não devemos exigir que as pessoas que trabalham conosco estejam a par dos nossos novos sistemas ou mudem o modo como interagem conosco. Devemos, quando possível, usar uma interface direta. Podemos usar minha própria experiência recente como professor para nos ajudar a elaborar essa abordagem. Durante o ano em que escrevi grande parte do rascunho deste livro, eu me tornei o diretor dos estudos de graduação do departamento de ciências da computação de Georgetown. Uma das responsabilidades deste cargo é presidir o comitê de graduação, que supervisiona o programa de graduação, incluindo a aprovação de mudanças e responder a questões sobre as políticas.

Como você deve imaginar, acabei ficando responsável por resolver muitos problemas. Usando os métodos de Devesh, comecei a usar um quadro do Trello para me ajudar a entender esses pedidos. Meu quadro tinha as seguintes colunas:

- *aguardando para resolver*
- *aguardando para resolver (com prazo)*
- *para discutir na próxima reunião do comitê de graduação*
- *para discutir na próxima reunião com o presidente do departamento*
- *aguardando a resposta de alguém*
- *sendo resolvido esta semana*

Quando alguém me enviava um e-mail ou ia até o meu escritório para falar sobre um problema relacionado com o programa de graduação, eu imediatamente o transformava em um cartão e o colocava na coluna apropriada do quadro do Trello.

No início de cada semana, eu revisava esse quadro e movia os cartões conforme apropriado: por exemplo, para decidir no que eu queria trabalhar naquela semana ou o que precisava ser discutido em reuniões futuras. Eu também podia monitorar questões cujas soluções dependiam da resposta de alguém. Minha regra geral é que, quando eu movia um cartão para uma nova coluna, eu enviava um e-mail de atualização para a pessoa que havia me apresentado esse problema. Por exemplo, se eu movesse algo da coluna *aguardando* para a coluna *para discutir na próxima reunião do comitê de graduação*, eu enviaria uma mensagem para a pessoa apropriada lhe informando que falaríamos sobre seu problema em breve. Se eu tirasse um cartão do quadro porque a tarefa correspondente havia sido concluída, eu informava as pessoas relevantes sobre a solução. E assim por diante.

O ponto-chave desse sistema é que os professores e os alunos de graduação do meu departamento não sabiam nada sobre isso. Acho que poderia insistir com eles para entrarem no meu quadro do Trello e inserir novos problemas e verificar o status deles. Em teoria, isso poderia ter evitado que eu tivesse que enviar algumas mensagens extras, mas, na verdade, ninguém faria isso — e não posso culpá-los! Levo meia hora, uma vez por semana, para processar meu quadro e enviar mensagens de atualização. Os benefícios que recebo por estruturar essas questões de forma tão clara são imensos, e, como gasto um pouco mais de tempo para fazer com que a minha interface seja direta, meus colegas também podem desfrutar desse benefício.

De início, meu conselho para aplicar o princípio do capital de atenção em grupos parece diferente do meu conselho para aplicar o mesmo princípio para indivíduos. O primeiro enfatiza a necessidade de comunicação clara sobre os fluxos de trabalhos que substituirão a mente coletiva hiperativa, ao passo que o último basicamente sugere que mantenhamos essas mudanças em segredo. No entanto, se analisarmos mais de perto, veremos que ambas as abordagens se baseiam no mesmo princípio: as pessoas não gostam de mudanças que não podem controlar.

Quando modificamos o fluxo de trabalho de uma equipe ou organização inteira, todos podem se envolver nessa mudança e se sentir empoderados para otimizá-la. Como vimos antes, isso lhes dá a sensação de que o locus de controle é interno, o que motiva as pessoas a se apegar às mudanças. No entanto, quando alteramos nosso fluxo de trabalho pessoal, aqueles que trabalham conosco não poderão opinar para decidir o que vamos fazer. Se eles se depararem com um novo sistema que afetará seu próprio trabalho, mas sobre o qual eles não terão o direito de opinar, o locus de controle passa a ser externo, gerando irritação e a tendência de rejeitá-lo e voltar a obter algum controle. Eles não elogiarão nossas engenhosas respostas automáticas; eles procurarão alguma maneira de acabar com as restrições que lhe foram impostas.

A psicologia em ação aqui talvez seja um pouco sutil, mas também é fundamental se desejamos obter sucesso na maximização do nosso capital de atenção. O trabalho não se trata apenas de terminar nossas tarefas; é um conjunto de complicadas personalidades humanas tentando descobrir como colaborar com êxito. Os três capítulos a seguir abordarão estratégias específicas para substituir a mente coletiva hiperativa por fluxos de trabalhos muito mais eficazes. O valor dessas abordagens detalhadas, porém, será muito reduzido se não dominarmos primeiro a sutil arte de instituí-las permanentemente.

Capítulo 5

O Princípio do Processo

O Poder do Processo

Enquanto estava nos primórdios do trabalho deste livro, me lembro de passar os olhos por uma prateleira pouco usada e bem escondida da Biblioteca Lauinger de Georgetown, onde havia vários livros que falavam em detalhes sobre engenharia industrial. Eu me deparei com uma coleção de artigos de uma revista de negócios do século XX chamada *System*, que agora não é mais publicada. Essa publicação se dedicava a estudos de caso sobre o que então era conhecida como abordagem "científica" da administração. Praticamente todos esses artigos transbordavam de entusiasmo com relação a quanto dinheiro as organizações industriais poderiam ganhar se começassem a pensar mais sistematicamente sobre como seu trabalho realmente era realizado. Logo ficou claro, porém, que esses artigos eram bem chatos para os leitores modernos. A administração científica dessa era parecia ser composta basicamente do ato de preencher formulários em três vias. A revista *System* adorava formulários. Nas suas páginas, encontrávamos fotos de formulários e aprendíamos sobre suas cores, como eram perfurados e até sobre o material das pastas nas quais eles eram inseridos (preferência para as de papel pardo).[1]

No meio de todos esses detalhes, porém, encontrei um estudo de caso de uma edição de 1916 que chamou a minha atenção. O assunto era tão antiquado que chegava a ser engraçado: aumentar a eficiência da usinagem de latão realizada no enorme complexo fabril da companhia de vagões de trem Pullman do Lago Calumet, a 22km ao sul de Chicago. Mas havia algo nessa história, escrita sob a direção do presidente da Pullman, John Runnells, que, para minha surpresa, me pareceu bastante atual. Vários dos 33 departamentos da Pullman dependiam da usinagem de latão para fabricar seus componentes principais, o que mantinha os cerca de 350 funcionários das fundições e das máquinas da usinagem de latão constantemente ocupados. Segundo o artigo, o problema do sistema que lidava com todo esse trabalho era que praticamente não havia nenhum sistema, pois tudo se resumia a um conjunto de "métodos realizados de qualquer jeito".[2]

O departamento de latão tinha apenas sete gerentes que tentavam organizar o constante recebimento de ordens de serviço. Obviamente, esses gerentes estavam sobrecarregados. Por causa disso, todos precisavam se envolver informalmente na administração do fluxo de trabalho. A revista dizia: "Em muitos pontos da usina, uma pessoa ou outra precisava devotar parte do seu tempo para dar assistência aos sete em serviço. Todo o planejamento estava sendo realizado em outra parte. E todas as pessoas que, dessa forma, estavam contribuindo, prejudicavam seu próprio trabalho por causa dessa interrupção." Como o artigo relata, se tornou comum que os funcionários de outras partes da fábrica comparecessem no departamento de latão e ficassem por lá durante boa parte do dia, incomodando os funcionários que já conheciam, até que eles tivessem a peça da qual necessitavam.

Em outras palavras, nas primeiras décadas do século XX, a usinagem de latão da Pullman havia adotado algo bastante similar ao fluxo de trabalho da mente coletiva hiperativa. No entanto, diferentemente de muitas das organizações de trabalho intelectual da atualidade que sofrem por causa de um fluxo de trabalho informal parecido com esse, os líderes da Pullman, animados com a administração científica, estavam dispostos a experimentar soluções radicais.

Para fazer com que a usinagem de latão se tornasse mais eficiente, a equipe executiva da Pullman fez algo contraintuitivo: eles fizeram com que a operação se tornasse mais complicada. Se precisássemos de uma peça de latão, agora precisaríamos preencher um formulário oficial que continha todas as informações relevantes. Para evitar que os funcionários burlassem esse processo e voltassem para o status quo mais conveniente de importunar os outros funcionários, eles literalmente trancaram a porta e colocaram grades nas janelas. Não havia opção senão utilizar o recém-imposto "canal oficial".

Depois que um pedido fosse entregue no local apropriado, ele passava por um processo rigoroso. Um funcionário ficava encarregado de elaborar um plano razoável para realizar o trabalho, o que incluía descrever que matérias-primas e quantas horas de trabalho seriam necessárias para fabricar o produto final. Então, os detalhes do plano eram distribuídos aos subdepartamentos apropriados para garantir que ele fosse executado dentro do prazo. Os detalhes do processo se tornavam complicados a partir desse ponto, mas eram fascinantes. Usando exércitos de empregados, a usinagem de latão da Pullman parece ter replicado muitas das tarefas que podemos implementar instantaneamente hoje em dia através do clique de um botão em um programa de computador. Eles implementaram um tipo de sistema steampunk de TI composto de instruções passo a passo e de um sem-fim de formulários que passavam de mesa em mesa, como pacotes das redes modernas. Eles até construíram equipamentos personalizados, sendo que o meu exemplo favorito é um sistema de planilhas análogas que tinha etiquetas de latão penduradas em um grande quadro de madeira que foi dividido para formar uma grade e que, de alguma forma, tornava possível que os planejadores fizessem uma rápida "indexação cruzada" de qual funcionário havia sido designado a que máquina.

Para implementar esse fluxo de trabalho mais bem estruturado, Runnells precisou gastar mais dinheiro. Antes, havia 7 gerentes para organizar o trabalho dos 350 funcionários que trabalhavam na usinagem de latão. Agora havia 47. "Isso representava um aumento considerável das despesas gerais", o artigo admite. Cada um desses novos gerentes ganhava cerca de mil dólares, o que aumentava consideravelmente os custos do departamento com salários. "Mas valeu a pena?", perguntou o artigo. "Com certeza." O novo processo reduziu o custo de produção de cada vagão em US$100, o que não apenas cobria as despesas gerais extras, mas acabou sendo um "lucro considerável".

O artigo deixava claro por que as despesas gerais adicionais resultaram em lucro. O antigo processo — que na verdade não era um processo — exigia que os 350 funcionários que realmente produziam o valioso produto do departamento alterassem o tempo todo entre as tarefas de administrar informalmente seu fluxo de trabalho e realizar o trabalho em si. Essa tarefa dupla "prejudicial" fazia com que eles se tornassem muito mais lentos no trabalho em que realmente eram especializados, diminuindo o retorno que o departamento estava obtendo dos seus funcionários da linha de frente.

Quando o fluxo de trabalho foi reestruturado para eliminar grande parte dessa dupla atividade, esses mesmos funcionários passaram a produzir muito mais produtos de latão na mesma quantidade de tempo. O artigo conclui: "A antiga falta de métodos não é e nunca será uma porta para o aprimoramento dos padrões. Mas a sistematização logo resultou em um aumento surpreendente da qualidade; a concentração dos funcionários é refletida no produto final."

O que mestres da produtividade industrial como John Runnells começaram a descobrir nas primeiras décadas do século XX é que a eficiência vai além das ações envolvidas na fabricação física de uma coisa. Algo igualmente importante é o modo como coordenamos esse trabalho. Em outras palavras, o problema com a usinagem de latão da Pullman não era que os funcionários não sabiam fundir e polir peças de latão, mas como essas atividades eram designadas e organizadas.

Como muitas ideias fundamentais, levou um tempo para que essa nova mentalidade dominasse o setor industrial. Quando Frederick Winslow Taylor, o pai da revolução da administração científica, começou a se destacar em fins da década de 1890, grande parte da energia desse movimento se concentrou no ato da produção em si. Essa foi a era que estabeleceu a imagem do rígido consultor taylorista, com o cronômetro na mão e tentando eliminar atividades desnecessárias na fábrica. O próprio Taylor obteve sua reputação trabalhando na Bethlehem Steel entre 1898 e 1900, onde, entre outras melhorias, ficou famoso por trocar o tipo de pá que os funcionários usavam para retirar a escória, aumentando a velocidade com a qual eles podiam transferir esse material entre as pilhas. Pullman integrou várias dessas ideias ao construir sua fábrica durante esse período. John Runnells menciona que os funcionários haviam sido posicionados com cuidado em amplos corredores, com ferramentas organizadas em prateleiras, para aumentar a eficiência com a qual o trabalho era realizado. Mas, como descobriram, se concentrar apenas na produtividade física não era suficiente para o funcionamento ideal do departamento.

Quando o estudo de caso da Pullman foi publicado em 1916, um ano depois da morte de Taylor, revistas como a *System* ampliaram seu foco para incluir informações e decisões relacionadas com o trabalho manual. A revista passou a falar menos sobre pás e mais sobre formulários melhores para nos ajudar a descobrir quando o serviço deveria ser feito com as pás. Para sermos mais precisos, vamos usar o termo *processo de produção* para falar sobre essa combinação do trabalho de fabricação em si e das informações e decisões que organizam esse trabalho. A mentalidade do processo de produção apresentada naquele artigo de 1916 acabou dominando a administração industrial, onde continuou a ser um conceito central. Por exemplo, no seu clássico empresarial cult *High Output Management*, de 1983, o ex-CEO da Intel, Andy Grove, dedicou os primeiros dois capítulos para explicar o poder da mentalidade do processo de produção. Ele afirmou que, sem essa estrutura, teríamos apenas uma opção para aumentar a produtividade: descobrir como fazer as pessoas "trabalharem mais rápido". Porém, depois de visualizarmos todo o processo, uma opção muito mais poderosa surgiria: "Podemos mudar a natureza do trabalho realizado." Ele incentivou a otimização dos processos, não das pessoas.[3]

Isso nos leva de volta ao assunto deste livro: o trabalho intelectual. Neste setor, teimamos em rejeitar essa ideia da administração industrial. Costumamos ignorar os processos e investimos nossa energia em descobrir como fazer as pessoas trabalharem mais rapidamente. Ficamos obcecados com a contratação e promoção de funcionários excepcionais. Buscamos consultores de liderança para nos ajudar a motivar as pessoas a trabalharem por mais tempo e com mais intensidade. Adotamos inovações como o smartphone, que permite que mais horas do dia sejam marcadas por trabalho. Construímos lavanderias a seco nos nossos campi corporativos e instalamos wi-fi nos nossos ônibus corporativos, tudo para descobrir maneiras mais rápidas de tirar a escória metafórica.

Não é nenhuma surpresa que isso não tenha funcionado muito bem.

O ponto principal deste capítulo é que a mentalidade do processo de produção se aplica igualmente bem ao trabalho intelectual e à fabricação industrial. Não é só porque produzimos coisas com nosso cérebro em vez de com nossas mãos que a realidade fundamental, de que esses esforços ainda devem ser coordenados, deve mudar. A importância de organizar as decisões de quem deverá trabalhar no quê e desenvolver maneiras sistemáticas de avaliar esse trabalho à medida que ele é realizado se aplica tanto à escrita de códigos de computador e propostas para clientes quanto à fundição de latão.

No trabalho intelectual, todo tipo de resultado valioso que nós ou nossa organização produz com regularidade pode ser considerado como o produto do processo de produção. Se estamos em uma empresa de marketing que realiza campanhas de publicidade para os clientes, essa empresa terá um processo de produção da campanha de publicidade. Se trabalhamos em um departamento de RH que lida com problemas relacionados a salários, esse departamento terá um processo de produção de problemas de salários. Se formos professores que damos aula em uma turma que exige que apliquemos e avaliemos soluções de problemas, teremos um processo para os problemas.

Nas páginas a seguir, veremos que, se os trabalhadores intelectuais admitirem que esses processos existem, e que, se eles esclarecerem e otimizarem sua operação, eles obterão o mesmo resultado da usinagem de latão da Pullman: as despesas gerais adicionais serão muito compensadas pelo aumento da produtividade. Quando comparamos os custos e os benefícios, costumamos ficar com um "lucro considerável". O problema, evidentemente, é que são poucos os trabalhadores intelectuais que têm o costume de pensar assim: eles se concentram nas pessoas, não nos processos. Em resultado disso, o setor do trabalho intelectual prefere não especificar esses processos, se baseando no fluxo de trabalho da mente coletiva hiperativa para organizar seu trabalho de modo informal.

Sim, uma boa explicação para essa aversão aos processos é a insistência na autonomia do trabalhador intelectual que vimos antes. Os processos de produção, por definição, exigem regras sobre como o trabalho é coordenado. As regras diminuem a autonomia — gerando atrito com a ideia de que os trabalhadores intelectuais "devem administrar a si mesmos", tal como Peter Drucker orientou. No entanto, esse desgosto pelos processos vai além desse viés generalizado pela autonomia. Muitos trabalhadores intelectuais acreditam, de modo implícito, que a falta de processos nesse setor não é apenas um efeito colateral inevitável da autogestão, mas um jeito *inteligente* de trabalhar. Entende-se que a falta de processos é sinônimo de agilidade e flexibilidade — uma base para o tipo de pensamento original que sempre identificamos como fundamental.

Essa visão é basicamente rousseauniana, uma referência ao filósofo iluminista do século XVIII Jean-Jacques Rousseau, que acreditava que a natureza humana, antes da introdução da influência política, era fundamentalmente virtuosa. Ela afirma que, quando têm a liberdade de trabalhar da maneira como lhes parece natural, os trabalhadores intelectuais se adaptarão sem dificuldades às condições complexas que encontrarem, gerando soluções originais e inovações revolucionárias. Sob esta perspectiva, os processos de trabalho são codificados: eles corrompem a criatividade edênica, resultando em burocracia e estagnação — os quadrinhos de *Dilbert* se tornam realidade.

Depois de passar anos estudando os detalhes da produtividade do trabalho intelectual, acho que essa ideia é bastante falha. Usando a analogia da filosofia iluminista, a realidade do trabalho intelectual é mais hobbesiana, uma referência à ideia de Thomas Hobbes, originalmente apresentada em *Leviatã*, de que, sem as restrições do estado, a vida humana é "sórdida, brutal e curta". Quando reduzimos o trabalho a uma condição da natureza, permitindo que os processos se desenvolvam informalmente, o comportamento resultante é tudo menos utópico. Com base no que observamos no ambiente natural, nos locais de trabalho com processos informais, o domínio das hierarquias costuma prevalecer. Se formos rudes e desagradáveis, ou se formos o empregado favorito do chefe, poderemos, como o leão mais forte do bando, evitar serviços dos quais não gostamos intimidando aqueles que estiverem tentando passá-los para nós, ignorando suas mensagens ou dizendo que estamos sobrecarregados. Por outro lado, se formos mais razoáveis e agradáveis, vamos acabar sobrecarregados com mais trabalho do que seria considerado razoável para uma pessoa realizar. Essas duas condições são prejudiciais e um uso extremamente ineficaz do nosso capital de atenção. Mas, sem uma força compensatória, essas hierarquias costumam ser inevitáveis.

Assim como nos ambientes naturais, os locais de trabalho que não possuem processos bem definidos acabam priorizando a minimização de energia. Basicamente, isso é da natureza humana: se não houver uma estrutura que define como nossos esforços serão coordenados, adotamos nossa atitude instintiva de não gastar mais energia do que é necessário. A maioria de nós age assim quando tem a oportunidade. Recebemos um e-mail informal nos informando que receberemos mais responsabilidade; como não há um processo formal em execução para nos atribuir o trabalho ou monitorar seu progresso, buscamos pela forma mais simples de nos livrar — mesmo que temporariamente — dessa responsabilidade: respondendo ao e-mail com uma pergunta vaga. Dessa forma, inicia-se um jogo da batata quente de responsabilidade, trocando mensagens para fazer a responsabilidade passar de uma caixa de entrada para a outra, até que um prazo ou um chefe irritado para a música, resultando em esforços de última hora para produzir um resultado que é meramente aceitável. Sim, essa é uma maneira muito pouco eficiente de se trabalhar.

Em outras palavras, um processo de produção bem elaborado não é um obstáculo para um trabalho intelectual eficiente, mas um pré-requisito. E isso nos leva ao princípio que este capítulo abordará.

> **O Princípio do Processo**
>
> Instituir processos inteligentes de produção para que os trabalhadores intelectuais possam aprimorar drasticamente seu desempenho e fazer com que o trabalho seja muito menos desgastante.

Para não precisarmos lidar com as limitações do fluxo de trabalho da mente coletiva hiperativa, precisamos abandonar nosso otimismo rousseauniano de que, se os trabalhadores intelectuais não tiverem restrições, eles prosperarão. Para tirar o máximo proveito do nosso capital de atenção, precisamos de processos, e isso vale tanto para organizações como para os trabalhadores em si. Para reiterar o óbvio, não estou falando de processos que, de alguma forma, tentam reduzir os elementos especializados e dinâmicos do trabalho intelectual a receitas com o passo a passo. Como vimos no último capítulo, as reformas sugeridas neste livro se concentram nos *fluxos de trabalhos* que coordenam o trabalho intelectual, não na *execução* especializada do trabalho em si. Isso também se aplica à nossa discussão sobre os processos de produção, que nos ajudam a saber quem está trabalhando no que, mas não especificam os detalhes de como esse trabalho será realizado; em outras palavras, eles substituem aquele vai e vem das mensagens da mente coletiva por orientações que permitem que os trabalhadores intelectuais passem mais do seu tempo de fato trabalhando em vez de conversando sobre seu trabalho — o equivalente cognitivo da fundição de latão renovada de John Runnells.

O restante deste capítulo explorará ideias para criar processos de produção inteligentes tanto na nossa organização de trabalho intelectual como na nossa vida profissional. Como de costume, vamos começar com um estudo de caso concreto que poderemos usar como referência nas discussões que se seguirão. Nesse caso, vamos analisar uma companhia de mídia de doze pessoas que estendeu o princípio do processo ao seu máximo rentável.

Estudo de Caso: Otimizando os Otimizadores

A Optimize Enterprises é uma companhia de mídia que se concentra em conteúdos de autoaperfeiçoamento. Seu principal produto é um serviço de inscrição que fornece resumos semanais e bem elaborados de livros e lições diárias apresentados na forma de vídeos curtos. Podemos acessar esse serviço pelo site ou por um aplicativo de smartphone. Recentemente, a Optimize também iniciou um programa de treinamento de coaches que, para sua surpresa, foi um sucesso. Mais de mil coaches se inscreveram para o primeiro ciclo de treinamento, que tem a duração de trezentos dias. A empresa emprega doze funcionários de tempo integral, que trabalham com oito a doze profissionais terceirizados. A Optimize não tem uma sede física, o que significa que todos os seus funcionários trabalham remotamente. Ao ser entrevistado para este livro, Brian Johnson, o presidente e fundador da companhia, relatou que ela está em vias de ganhar US$2,5 milhões de receitas anuais.

    A empresa de Johnson me interessou não pelo seu tamanho nem pelos produtos que ela oferece, mas pela forma como ela funciona. Na nossa conversa, Johnson explicou: "Não enviamos e-mails. Nenhum. Nenhum membro da nossa equipe chegará a enviar um e-mail para o outro." Embora ele não tenha usado exatamente essas palavras, Johnson e sua equipe conseguiram evitar a mente coletiva hiperativa adotando uma mentalidade de processo de produção. Motivado por seu intuitivo desgosto por interrupções e agitação perturbadora, Johnson e sua equipe metodicamente dividiram o trabalho em processos que poderiam ser identificados com clareza e (o que é apropriado) otimizados para maximizar o tempo que eles gastavam realizando um trabalho significativo e minimizando o tempo gasto alternando entre o trabalho e as caixas de entrada. Johnson conta: "Nossa equipe está totalmente comprometida com a realização de uma tarefa por vez. Fazemos uma coisa de cada vez."

Por exemplo, um dos processos mais intrincados da Optimize envolve a produção de vídeos de lições diárias que são transmitidos a várias plataformas todas as manhãs. O trabalho necessário para essa produção é considerável. Johnson é responsável por de fato elaborar e escrever as lições. Ele também as apresenta na frente da câmera para os vídeos. Mas existem outras tarefas além dessas: as versões em texto dessas lições devem ser editadas, os vídeos devem ser filmados e as gravações devem ser editadas, e tudo isso deve ser lançado em várias plataformas no momento certo. Cerca de doze pessoas estão envolvidas na execução de todas essas etapas.

No caso de muitas organizações, a grande quantidade de ações interconectadas necessárias para manter essa máquina de produção de conteúdo funcionando aparentemente exigiria o envio e recebimento sem fim de e-mails urgentes ou conversas hiperativas pelo Slack. Mas esse não é o caso da Optimize: com o passar dos anos, eles criaram um processo de produção para essas atividades que elimina quase toda a interação informal, permitindo que aqueles que estão envolvidos possam concentrar quase que 100% da sua energia em, de fato, realizar o trabalho especializado necessário para manter uma constante produção de conteúdo de alta qualidade.

Esse processo começa com uma planilha compartilhada. Quando Johnson tem uma ideia para uma lição, ele escreve um título e um subtítulo na planilha. Cada linha tem uma coluna de *status*, que Johnson define como uma "ideia", indicando que a lição ainda está nas etapas iniciais de desenvolvimento. Depois que Johnson escreve a lição, ele faz o upload dela em um diretório compartilhado da conta do Dropbox da companhia e insere na planilha o link desse rascunho na linha da lição correspondente. Então, ele muda o status para "pronta para edição". O editor de Johnson não interage diretamente com Johnson; ele só monitora a planilha. Quando vê que uma lição está pronta para ser editada, ele faz o download da planilha, coloca no formato apropriado, edita e move para a pasta do Dropbox de pós-produção, que armazena o que está pronto para ser transmitido.

Nesse ponto, o editor altera o status da lição para "pronta para filmagem". Johnson tem um estúdio em casa, onde ele filma as lições. Ele tem uma programação com sua equipe de filmagem que especifica quais dias do mês eles devem ir até lá para filmar vários vídeos de lições. Quando a equipe chega, ela sabe bem o que será gravado: todas as lições cujo status está indicado como "pronta para filmagem". Depois do dia de gravação, a equipe faz o upload dos arquivos brutos em um diretório compartilhado do Dropbox dedicado para o processo de edição. O status dessas lições é alterado na planilha para indicar que estão prontas para edição. Nesse ponto, o editor de filmes da Optimize baixa os vídeos do diretório dedicado, os processa segundo os métodos padrão para prepará-los para o lançamento e faz o upload deles em uma pasta de pós-produção compartilhada. O status das lições muda novamente para indicar que elas estão prontas para serem exibidas; então, a data de lançamento é escolhida e acrescentada à linha correspondente.

O passo final é o lançamento em si das versões por escrito e em vídeo das lições nas suas datas de lançamento programadas. Dois profissionais de serviços de gerenciamento de conteúdo (CMS) dão este último passo. Eles monitoram a planilha para ver quais lições estão programadas para quais dias. Eles baixam o conteúdo de diretórios de pós-produção e o programam para o lançamento usando a plataforma de CMS. Quando chega a hora, a lição que havia surgido apenas como uma ideia na mente de Johnson é publicada nas redes da Optimize.

O que me deixou fascinado com esse processo de produção foi o seguinte: ele coordena um grupo de tamanho considerável de profissionais do mundo todo para realizar a intrincada tarefa de lançar um conteúdo multimídia de alta qualidade com base em uma programação diária apertada — tudo isso sem a necessidade de um único e-mail ou mensagem instantânea não programada. Nenhum dos habilidosos trabalhadores intelectuais envolvidos nesse processo precisa carregar sua caixa de entrada nem visualizar seu canal de mensagens instantâneas. Quase 100% do seu tempo é dedicado a de fato realizar o trabalho que foram treinados para realizar, e, quando o trabalho termina, eles param de trabalhar — não tem nada para verificar, nada urgente que exija uma resposta.

No entanto, a produção de mídia é um trabalho bem estruturado. Muitos trabalhadores intelectuais precisam lidar com exigências mais amorfas e que estão em constante mudança. Para entender como esse tipo de trabalho poderia ser estruturado em processos, pedi a Johnson para me explicar como era um dia comum dos gerentes de alto nível da sua empresa — alguém que precisa supervisionar vários projetos singulares, além de criar estratégias originais com regularidade. Johnson me explicou que o gerente em questão tem uma programação que começa todo dia com três horas de trabalho concentrado e ininterrupto antes que ele possa receber "qualquer informação de outra pessoa". Esse é um período reservado para que o gerente possa se concentrar nos seus projetos — tomar decisões bem informadas sobre como seguir em frente, onde se concentrar em seguida, o que melhorar e o que ignorar.

Só depois que esse período da manhã termina é que o gerente passa a administrar ativamente os projetos dos quais ele está cuidando. Para fazer com que essa administração de projetos se torne ainda mais sistemática, a Optimize usa uma ferramenta de colaboração online chamada Flow. Em termos simples, o Flow nos permite monitorar tarefas associadas a projetos. Cada tarefa é representada por um cartão que pode ser atribuído a pessoas específicas e receber um prazo. Arquivos e informações relacionados à tarefa podem ser anexados ao cartão, e as ferramentas de discussão possibilitam que aqueles que estão trabalhando na tarefa conversem diretamente pelo cartão virtual em um formato que se parece com um fórum. Por fim, esses cartões podem ser movidos e organizados em colunas diferentes, nas quais cada coluna é identificada para representar uma categoria diferente das tarefas ou do status.

Assim como a empresa de marketing de Devesh usou o Trello no estudo de caso que vimos no último capítulo, esses cartões virtuais que são organizados em quadros virtuais são o núcleo ao redor do qual o trabalho dos projetos se desenrola. Em vez de fazer com que toda a comunicação do fluxo de trabalho seja realizada através de uma caixa de entrada ou de um canal geral, podemos escolher trabalhar em um projeto específico abrindo sua página e vendo quais tarefas nos foram designadas. É exatamente isso o que nosso gerente da Optimize faz depois que seu período de trabalho concentrado termina: ele verifica cada um dos projetos, participa das conversas pelos cartões quando necessário e passa a ter uma visão mais generalizada de como as coisas estão fluindo.

Depois de verificar esses projetos no Flow, o gerente costuma fazer reuniões particulares pelo FaceTime com vários dos membros da equipe que ele supervisiona. Essas conversas são usadas para discutir iniciativas ou resolver problemas com as tarefas em andamento. Muitos projetos também incluem reuniões regulares que são programadas a cada semana para ajudar a sincronizar o trabalho de todos e resolver problemas do grupo de modo eficiente. O gerente participa dessas reuniões, atualizando as páginas dos projetos correspondentes conforme a necessidade para refletirem quaisquer decisões tomadas sobre o trabalho. Assim como todos os funcionários da Optimize, o expediente do gerente termina entre 16h e 17h. Johnson insiste em impor um "pôr do sol digital" à sua empresa: ele quer que seus funcionários terminem seu dia de trabalho em um horário razoável para passar tempo com a família e recarregarem as baterias. Como não há caixas de entrada para verificar, nosso gerente, assim como todos os outros funcionários da Optimize, realmente não trabalhará até a manhã seguinte.

Essas são mais algumas coisas que descobri sobre os processos da Optimize: embora eles proíbam e-mails internos, eles usam o e-mail para se comunicar com parceiros externos. No entanto, a interação com essas caixas de entrada é bem estruturada. Johnson diz que aqueles que são responsáveis por esses endereços de e-mail para comunicação externa têm um "curto período" para verificar mensagens — em geral, uma vez por dia. Para cuidar do serviço de atendimento ao cliente, a Optimize usa uma ferramenta chamada Intercom, que otimiza o processo de responder às questões mais comuns e evita que e-mails ambíguos dos clientes se acumulem. A Optimize também realiza uma reunião com todos os membros da empresa às segundas (usando um software de teleconferência) para sincronizar suas atividades.

O que talvez seja o mais interessante de tudo — e uma verdadeira surpresa quando ouvi isso pela primeira vez — é que a Optimize usa o Slack. No entanto, Johnson me explicou que o uso dessa ferramenta é significativamente diferente do falatório clichê da mente coletiva. Como a maior parte da interação necessária para realizar o grosso do trabalho da Optimize já é realizada por meio de processos bem definidos, não sobra muita coisa para ser discutida por meio desses canais de chat. Essa ferramenta é usada principalmente para dois fins. O primeiro é "celebrar vitórias": se alguém realiza algo importante, seja a nível profissional ou pessoal, eles podem compartilhar isso no canal do Slack da empresa. Johnson descreve isso como uma oportunidade de cumprimentar a outra pessoa com um "toca aqui" virtual. Ele explica que, como a empresa é virtual, é importante que haja um meio para realizar alguma interação social. O outro objetivo para o qual eles usam o Slack é marcar reuniões, nas quais a verdadeira interação de trabalho ocorre.

A Optimize realmente usa o Slack de modo assíncrono — verificando-o uma ou duas vezes durante o dia entre outras tarefas. Não faria sentido usar o Slack com mais frequência do que isso, visto que a quantidade de coisas compartilhadas no canal não chega a ser suficiente para que isso chegue a valer a pena. Em um dia comum, um funcionário da Optimize talvez acabe usando o Slack por apenas alguns minutos — talvez para cumprimentar outra pessoa ou informar um horário para um gerente que está tentando marcar uma reunião.

Por fim, para dar suporte a essa abordagem ao trabalho baseada em processos, Johnson insiste que a empresa leve os processos a sério. Ele encara a execução adequada desses processos como a base do seu sucesso. Todos os funcionários da Optimize devem passar, pelo menos, os noventa minutos iniciais de cada dia realizando um trabalho concentrado, sem receber ideias de outros (algumas pessoas, como o gerente analisado anteriormente, passam muito mais tempo assim). Um dos principais objetivos desse período da manhã é pensar nos processos e em como melhorá-los. Johnson me explicou que leva tempo para descobrir qual é a melhor forma de estruturar essas ideias doidas e toda a interação relacionada com a maioria dos processos de trabalho. Ele se esforça com diligência para se certificar de que todos continuem a priorizar isso. "Precisamos de um tempo longe das ideias dos outros para descobrir como sistematizá-las da melhor forma possível", explica ele. Esse talvez seja o processo mais importante da Optimize: o que nos ajuda a aprimorar os processos já existentes.

Quem Está Fazendo o Que e Como? As Propriedades dos Processos Eficazes

Vamos imaginar que aceitamos o desafio de elaborar os melhores processos de produção de trabalho intelectual do mundo. O que faz com que um processo seja eficaz neste contexto? Vamos analisar o processo de produção da Optimize Enterprises de Brian Johnson para criar conteúdo multimídia. Depois que Johnson insere o título e subtítulo de uma nova lição na planilha compartilhada da sua equipe, os passos para sair dessa etapa inicial e chegar até o lançamento do conteúdo ficam organizados em uma sequência de fases predeterminadas. A cada fase, fica bem claro qual trabalho deve ser realizado, onde os arquivos relevantes podem ser encontrados, quem deve realizar o trabalho e o que deve acontecer após a sua conclusão.

Os processos da Optimize para lidar com projetos únicos e cada vez mais variados não podem se basear em sequências exatas de fases predeterminadas, visto que cada um desses projetos é diferente. Mas o fluxo geral do trabalho continua a ser muito bem estruturado. A informação sobre quem está trabalhando no que e o que está acontecendo é facilmente identificada pelo uso da ferramenta de administração de projetos Flow. As decisões sobre quais tarefas incluir e sobre quem deverá trabalhar nelas são tomadas em reuniões agendadas regularmente. Se estivermos trabalhando em algum desses projetos, o ritmo do nosso trabalho não será ambíguo. Verificamos os cartões de tarefas que nos são atribuídos no Flow e nos concentramos para trabalhar nessas tarefas, atualizando os cartões depois de terminarmos. Às vezes, participamos de reuniões quando há a necessidade de discutir uma questão em mais detalhes ou de tomar uma decisão. Os resultados dessas reuniões são refletidos imediatamente no Flow. Da mesma forma, este processo focado no projeto minimiza o tempo gasto falando sobre o trabalho e maximiza o tempo em que de fato realizamos algo produtivo.

Esses exemplos de produção eficaz de processos têm as seguintes propriedades:

1. Não é difícil verificar quem está trabalhando no que e como o trabalho está indo.

2. O trabalho pode se desenrolar sem muita comunicação não programada.

3. Existe um procedimento para atualizar as designações de trabalho à medida que o processo avança.

Para o nosso exemplo da lição diária, a primeira propriedade é satisfeita pelo campo *status* da planilha compartilhada, que informa a equipe com exatidão em que ponto a lição se encontra no processo de produção. A segunda e terceira propriedades são satisfeitas por uma sequência predeterminada de fases, que especifica exatamente o que devemos fazer quando é a nossa vez de trabalhar em uma lição, onde encontrar os arquivos necessários quando começamos, onde colocar esses arquivos ao terminarmos de trabalhar com eles e o que vem depois que a nossa fase termina.

Para o processo do projeto, a primeira propriedade é satisfeita pelo Flow, que fornece uma bela interface visual que exibe todas as tarefas ativas de um projeto. Pequenos ícones com fotos em cada tarefa indicam quem foi designado para elas. Ao trabalharmos em um desses projetos, não haverá ambiguidade quanto ao que deveríamos estar fazendo no momento. A segunda propriedade é satisfeita por uma combinação das ferramentas de colaboração do Flow, que já vêm embutidas nos cartões de tarefas, e pelo ritmo de pequenas reuniões regulares de status. A comunicação sobre o projeto se restringe a esses canais. Por fim, para satisfazer a terceira propriedade, as decisões sobre quem deve trabalhar em novas tarefas costumam ser tomadas em reuniões e são logo refletidas no Flow.

Em outras palavras, um bom processo de produção deve minimizar a ambiguidade do que está acontecendo e a quantidade de comunicação não programada necessária para realizar esse trabalho. Perceba que nada dessas propriedades limita a autonomia do trabalhador intelectual quanto a descobrir *como* ele deve realizar seu trabalho; o foco está na coordenação do trabalho. Perceba também que a probabilidade de essas propriedades resultarem em uma burocracia sufocante é mínima, visto que o processo criado foi otimizado para *reduzir* as despesas gerais — em termos de troca de contexto e tempo — relacionadas com o ato em si de produzir coisas valiosas. Os funcionários da altamente sistematizada Optimize Enterprises provavelmente se sentem muito mais empoderados e muito menos sobrecarregados do que aqueles que estão presos ao status quo do fluxo de trabalho da mente coletiva hiperativa.

O principal problema dos processos de produção no contexto do trabalho intelectual é que, em geral, eles precisam ser personalizados para se adequarem a cada circunstância. O que funciona para a Optimize, por exemplo, pode não funcionar para uma empresa de desenvolvimento de aplicativos móveis, e o que funciona para essa empresa de aplicativos provavelmente não vai funcionar para uma empresa de contabilidade de uma única pessoa. Com essa realidade em mente, o restante deste capítulo explorará várias melhores práticas que podemos usar para tentar criar os processos de produção que se adequarão melhor para a nossa situação específica.

Cartões em Colunas: A Revolução do Quadro de Tarefas

Um executivo que vamos chamar de Alex administra uma equipe de quinze pessoas que trabalha como uma startup independente de uma grande provedora nacional de serviços de saúde. Sua equipe se concentra na análise de dados. Se, por exemplo, fôssemos pesquisadores dessa empresa, e ganhássemos um subsídio que exigisse que fizéssemos alguns cálculos complicados, a equipe de Alex poderia criar as ferramentas necessárias. Eles também implementam projetos internos que ajudam a provedora a trabalhar com mais eficiência, sendo que algumas dessas soluções acabam se tornando programas à parte. Devido a esses vários papéis, Alex, como já era de se esperar, precisa administrar o tempo da sua equipe para lidar com as várias requisições que recebe.

Uma boa parte de como ele realiza esse grande feito fica óbvio assim que entramos no seu escritório. Em uma das paredes, há uma grande lousa de 1m x 2,5m. Ela está dividida em cinco colunas: *planejamento, pronto, bloqueado, trabalho* e *concluído*. A coluna *trabalho* está dividida em duas subcolunas: *em desenvolvimento* e *em teste*. Em cada coluna, há vários cartões escritos à mão. Se ficarmos por algum tempo no escritório de Alex, perceberemos um padrão. Na maioria das manhãs, os líderes de projetos da equipe de Alex se reúnem ao redor do que ficou conhecido como "grande quadro" e falam sobre os cartões. À medida que conversam, os cartões são reorganizados: alguns passam de uma coluna para outra e outros assumem outra posição na mesma coluna. O que não veremos é esses líderes de projetos dividindo a atenção entre a discussão que estão tendo e as caixas de entrada dos seus e-mails. A equipe de Alex não é muito chegada em e-mails (nem em mensagens instantâneas, por falar nisso): eles veem essa tecnologia primariamente como uma ferramenta para interagir com parceiros externos. A informação que realmente importa para fazer as coisas evoluírem está bem na frente deles, escrita em cartões colados em uma lousa.

Quando perguntei como ele consegue evitar o fluxo de trabalho da mente coletiva hiperativa, Alex me explicou que a lousa no seu escritório não é a única ferramenta que a equipe usa. Cada cartão preso no grande quadro representa um projeto. Quando um projeto passa para a coluna *trabalho*, o grupo de funcionários designado para esse projeto cria seu próprio quadro dedicado para as tarefas necessárias para realizar o projeto. Diferentemente do grande quadro, esses quadros menores costumam ser implementados no software. A equipe de Alex dá preferência a duas ferramentas que são populares na comunidade de desenvolvimento de software, chamadas Asana e Jira, para criar esses quadros digitais. Quando um projeto está em execução, aqueles que estão trabalhando nele realizarão suas próprias reuniões regulares para atualizar o quadro do projeto — conversando sobre os cartões e os reorganizando entre as colunas.

Quando conversei com Alex, por exemplo, havia um cartão no grande quadro com o nome de um projeto que envolvia o processo usado por um dos hospitais da provedora para armazenar os resultados de testes genéticos realizados em bebês. Na época, esses dados estavam armazenados em um servidor FTP. A equipe de Alex precisava descobrir como transferir essa informação para um banco de dados mais flexível. Ele me explicou como esse projeto avançaria:

> Estamos cientes desse projeto. Ele é representado por um cartão na coluna *planejamento*. Ele está logo atrás de três coisas que precisamos fazer antes. Quando chegar a vez dele nessa coluna, vamos conversar sobre ele e criar tarefas detalhadas para ele, as quais serão inseridas no Asana ou no Jira. No grande quadro, vamos passar esse cartão para *em desenvolvimento*.

Alex costuma marcar essas reuniões de discussão para todas as manhãs. Se suas equipes de desenvolvimento já estiverem bem ocupadas com outros projetos — "mandando brasa" —, essas reuniões para analisar o todo da empresa passam a ocorrer, temporariamente, uma vez por semana, até que haja mais planejamento para ser feito.

Essa é a terceira vez que encontramos um padrão similar: informações sobre o trabalho intelectual organizado em colunas de cartões em um quadro. A equipe de Alex usa tanto uma lousa física como um quadro virtual implementado pelo Asana. A Optimize Enterprises utiliza o Flow. Devesh, do último capítulo, usa o Trello.

A ideia geral de postar tarefas em quadros para organizar o trabalho não é nova. Os prontos-socorros, por exemplo, já vêm utilizando *quadros de monitoramento* há muito tempo: lousas com uma tabela para listar todos os pacientes que estão sendo tratados, incluindo seu quarto, o médico ou enfermeira designados, e seu nível de triagem. Para uma equipe bem ocupada, esse quadro de monitoramento fornece, em apenas uma olhada, uma boa ideia da situação atual do pronto-socorro. Ele também simplifica as tarefas de saber onde colocar novos pacientes e onde os médicos devem dedicar seu tempo. Como mencionado, até no início do século XX, a companhia de trens Pullman utilizava quadros. Eles usavam etiquetas de latão penduradas em um quadro de madeira para indicar a quais máquinas os funcionários que trabalhavam na usinagem de latão haviam sido designados.

Mais recentemente, um método mais refinado surgiu para inserir tarefas em quadros, o qual passou a ser usado como uma ferramenta de produtividade. Nesse método, os quadros são divididos em colunas. Cada coluna recebe um nome e as tarefas são organizadas em cartões na vertical naquela que melhor descreve seu status. Às vezes, como acontece com a coluna *planejamento* do grande quadro de Alex, a ordem vertical dos cartões indica sua prioridade. Esse é o arranjo geral utilizado por Alex, Devesh e Brian Johnson.

Esse método de organizar o trabalho tem origem na comunidade de desenvolvimento de software, que, nas últimas décadas, vem adotando cada vez mais metodologias de desenvolvimento *ágil* para a criação de software. As ideias básicas por trás do desenvolvimento ágil foram resumidas pela primeira vez em um manifesto de 2001 escrito por um grupo de dezessete programadores e gerentes de projeto. Este manifesto dizia, com otimismo: "Estamos descobrindo maneiras melhores de desenvolver software." Então, ele apresentava doze princípios, cada um deles explicados em linguagem simples. "Nossa maior prioridade é satisfazer o cliente pela entrega antecipada e contínua de software de valor", dizia um dos princípios. "A simplicidade — a arte de maximizar a quantidade de trabalho não realizado — é essencial", dizia outro.[4]

Para entender o desenvolvimento ágil, precisamos entender o que ele substitui. O desenvolvimento de software dependia de planejamento de projetos lentos e complicados, que irrealisticamente tentavam antecipar todo o trabalho necessário para criar um grande programa de computador. A ideia era que, com base em um desses planos, que costumavam ser cuidadosamente apresentados por meio de gráficos de Gantt cheios de linhas e multicoloridos, poderíamos saber exatamente quantos programadores designar a cada etapa e fornecer uma programação de lançamento precisa ao cliente. Em teoria, essa abordagem fazia sentido. No entanto, com exceção de projetos simples, esses planos quase nunca eram precisos. Criar software não é como montar carros: é difícil calcular com certeza quanto tempo seus vários passos vão levar para serem concluídos e que problemas poderão surgir. E, no fim das contas, os clientes nem sempre obtinham tudo de que precisavam com antecedência. Assim, os recursos que estavam sendo desenvolvidos mudavam à medida que o projeto avançava, o que prejudicava ainda mais a programação.

A mentalidade ágil diz que o desenvolvimento de software deveria ser dividido em pequenas partes que poderiam ser lançadas assim que possível. À medida que os usuários fornecessem feedback, essa informação poderia ser rapidamente integrada em atualizações futuras — criando um ciclo de feedback fluido que faria com que o software melhorasse em vez de tentar criá-lo com perfeição de uma só vez antes do lançamento. À medida que cada vez mais softwares se tornaram web based, simplificando o processo de lançamento de atualizações e de solicitação de feedback, várias metodologias de desenvolvimento ágil se tornaram extremamente populares no mundo dos desenvolvedores.

A palavra *várias* é importante aqui. O desenvolvimento ágil em si não é um sistema organizacional: ele apenas define uma abordagem geral que é realizada por vários sistemas específicos. Dois dos sistemas mais populares do momento são o Scrum e o Kanban, nos quais, caso esteja envolvido com o desenvolvimento de software, você já deve pelo menos ter ouvido falar. Em termos gerais, o Scrum divide o trabalho em *sprints*, quando uma equipe se dedica por completo à entrega de determinada atualização antes de passar para a próxima. O Kanban, por outro lado, dá ênfase a um fluxo mais contínuo de tarefas por meio de um conjunto fixo de fases, com o objetivo geral de minimizar os *trabalhos em andamento* de qualquer fase, evitando gargalos.

E isso nos leva de volta aos quadros. Quando olhamos além dos detalhes da sua implementação, percebemos que o Scrum e o Kanban fazem uso de um *quadro de tarefas* nos quais os cartões que representam as tarefas são colocados um em cima do outro em colunas que representam as fases do processo de desenvolvimento de software. No Scrum, por exemplo, existe uma coluna chamada *backlog* para recursos que foram identificados como potencialmente importantes, mas que ainda não foram abordados. Também existe uma coluna para recursos que estão sendo desenvolvidos por uma equipe de programadores que está em um sprint, uma coluna para recursos que foram concluídos e que agora estão sendo testados, e uma coluna para recursos que foram concluídos, testados e que estão prontos para lançamento.

Não é nenhuma coincidência que esses dois sistemas acabaram usando os mesmos métodos para organizar suas tarefas. A ideia-chave que faz com que a administração de um projeto de desenvolvimento ágil avance é que os seres humanos são naturalmente muito bons em planejamento. Não precisamos de estratégias complicadas de administração de projetos para descobrir o que fazer em seguida; costuma ser suficiente reunir um grupo de engenheiros bem informados para chegar a um consenso. A principal limitação desse método, porém, é que só conseguiremos utilizar nosso instinto de planejamento eficazmente *se estivermos a par de todas as informações relevantes* — quais tarefas já estão sendo realizadas, o que precisa ser feito, onde estão os gargalos e assim por diante. Os cartões inseridos nas colunas de fato são um excelente método para comunicar essas informações com rapidez.

Essa propriedade dos quadros de tarefas possibilita que eles sejam aplicados em outros campos além do desenvolvimento de software, motivo pelo qual os vemos com frequência em exemplos de organizações avançadas de trabalho intelectual que estão tentando se tornar mais do que sistemáticas sobre seus processos. É por esse motivo que também os recomendo como algo a ser considerado ao desenvolver processos para nossas organizações. Para nos ajudar nessa tarefa, fiz uma lista de várias melhores práticas para tirar o máximo de proveito dos quadros de tarefas no contexto do trabalho intelectual.

Prática do Quadro de Tarefas nº 1: Os Cartões Devem Ser Claros e Informativos

A base do método do quadro de tarefas é organizar os cartões em colunas. Esses cartões costumam representar tarefas específicas de trabalho. É importante que essas tarefas sejam descritas com clareza: não deve haver ambiguidade sobre que tarefas cada cartão representa.

Outra coisa fundamental para o sucesso dessa abordagem é possuir métodos claros para atribuir cartões a pessoas. Em sistemas digitais, como o Flow, essa atribuição é um recurso nativo, o que permite que vejamos pequenos ícones com fotos das pessoas associadas ao cartão de tarefa. Mas mesmo em sistemas que não oferecem essa funcionalidade de atribuição, basta incluir essa informação no título do cartão. Em alguns casos, essas atribuições são realizadas de modo implícito dependendo da coluna em que o cartão está; por exemplo, talvez, em uma pequena equipe de desenvolvimento, exista alguém responsável pelas tarefas que estão na coluna *teste*. O importante é que, quando um cartão for passado para uma coluna que indica que a sua tarefa deveria ser realizada, não deve haver incerteza sobre quem é o responsável por esse trabalho.

Por último, deve haver um método simples para associar informações relevantes a cada cartão. Quando usamos ferramentas de quadros digitais como o Flow ou o Trello, podemos anexar arquivos e escrever longos textos descritivos nos cartões virtuais. Isso é muito útil, pois organiza todas as informações relevantes sobre a tarefa em apenas um lugar. Isso foi algo que percebi quando estava estudando os quadros de Trello usados por Devesh. Um dos cartões que encontrei nos seus quadros, por exemplo, representava a tarefa de escrever um relatório analítico para um cliente. Anexos ao cartão estavam todos os arquivos relevantes que continham dados para a elaboração desse relatório e algumas observações sobre como formatá-lo. Não haveria a necessidade de a pessoa que realizaria essa tarefa procurar por esses materiais em caixas de entrada lotadas ou em arquivos de chat. Quando chegasse a hora de trabalhar no relatório, todo o necessário estaria em apenas um lugar.

Se usamos quadros físicos, obviamente não podemos anexar arquivos digitais nem escrever longas descrições nesses cartões. Mas podemos obter mais ou menos o mesmo efeito usando um serviço como o Dropbox para criar um diretório compartilhado para o quadro, com um subdiretório para cada coluna. Podemos armazenar informações relevantes para os cartões de uma coluna no subdiretório correspondente — simplificando a tarefa de encontrar essa informação quando fosse necessário.

Prática do Quadro de Tarefas nº 2:
Quando em Dúvida, Comece com as Colunas Padrão do Kanban

Quando deixamos o conforto das arraigadas orientações relacionadas ao uso de quadros de tarefas do desenvolvimento de software para trás, obviamente não será necessário utilizá-las da mesma forma no nosso contexto específico de trabalho intelectual. Quando estivermos em dúvida, poderemos começar com a configuração padrão da metodologia Kanban, que tem apenas três colunas: *para fazer, em execução* e *concluído*. Então, poderemos desenvolver uma configuração mais elaborada com base nisso conforme a necessidade.

Por exemplo, nos quadros de Devesh havia uma coluna para tarefas de design e uma coluna para implementar as campanhas dos clientes. Essa adaptação do padrão do Kanban se mostrou útil no contexto da sua empresa de marketing porque os trabalhos de design e implementação são realizados por duas equipes diferentes de funcionários. Os quadros do Flow usados pela Optimize Enterprises, por outro lado, tendem a utilizar uma configuração mais simples, com uma única coluna dedicada para todas as tarefas do projeto que estão sendo executadas no momento.

Outra útil expansão do padrão Kanban é incluir uma coluna para reunir notas de histórico e pesquisa geral relevantes para um projeto. Essa técnica subverte a convenção de que cada cartão representa uma tarefa, mas, quando usamos quadros digitais, esse pode ser um bom método para manter as informações perto de onde elas serão necessárias. Na empresa de marketing de Devesh, por exemplo, uma coluna desse tipo era usada para incluir notas das ligações dos clientes.

Prática do Quadro de Tarefas nº 3: Marque Reuniões Regulares de Revisão

Como vimos antes, uma propriedade-chave de cada processo de produção do trabalho intelectual é um sistema eficaz para decidir quem vai trabalhar no quê. No contexto dos quadros de tarefas, essas decisões aparecem nos cartões nos quadros e a quem eles são atribuídos. Mas como essas decisões devem ser tomadas? Uma ideia básica da metodologia do desenvolvimento ágil é que reuniões curtas agendadas com regularidade são, de longe, a melhor maneira de revisar e atualizar quadros de tarefas. O desenvolvimento ágil rejeita a ideia de que devemos deixar essas decisões se desdobrarem informalmente por meio de conversas de e-mail ou de mensagens instantâneas. Ao usar os quadros de tarefas para os nossos processos de produção, devemos seguir essa mesma regra.

Um formato padrão para essas reuniões é pedir que todos resumam brevemente no que estão trabalhando, de que tarefas dependem para fazerem seu projeto avançar no restante do dia e o que aconteceu com as tarefas com as quais se comprometeram a trabalhar no dia anterior. É durante essas *reuniões de revisão* que novas tarefas podem ser identificadas e novas pessoas podem ser designadas para elas. Essas reuniões também ajudam a eliminar gargalos causados por alguém que está aguardando que outra pessoa lhe dê alguma informação, e elas nos dão um grande senso de responsabilidade: se deixarmos de fazer a tarefa com a qual nos comprometemos durante a reunião do dia, vamos precisar revelar publicamente essa falta de resultados durante a revisão do dia seguinte.

Em parte, essas reuniões regulares de revisão funcionam bem porque são colaborativas: todos sentem que contribuíram para a tomada de decisões das tarefas que estão realizando. Elas também funcionam bem porque não são ambíguas: todos estarão presentes durante a discussão para decidir quais tarefas realizar. E, por último, como vimos na Parte 1 deste livro, a comunicação em tempo real costuma ser um meio muito mais eficaz de coordenar as pessoas do que o vai e vem de mensagens. Uma reunião de dez minutos pode substituir dezenas de mensagens ambíguas que, de outra forma, poderiam resultar em interrupções frequentes durante o dia.

Obviamente, muitas organizações modernas de trabalho intelectual têm funcionários remotos, o que faz com que seja impossível que todos aqueles que estão trabalhando com determinado quadro de tarefas compareçam a essas reuniões em pessoa. A solução padrão é usar um software de conferências, como o Skype, o Zoom ou o FaceTime (se os grupos forem pequenos). A chave é a interação em tempo real.

Prática do Quadro de Tarefas nº 4:
Use Cartões de Conversas para Substituir o Falatório da Mente Coletiva

Um dos recursos mais poderosos dos sistemas de quadros digitais é a função de discussão incorporada em cada cartão virtual. No Trello e no Flow, por exemplo, além de anexar arquivos e informações aos cartões, encontramos ferramentas para enviar mensagens que são armazenadas diretamente em cada cartão. As pessoas podem fazer perguntas que outros podem responder depois. Nas organizações de trabalho intelectual que usam quadros digitais de tarefas, observei que essas *conversas por cartões* eram uma parte fundamental do trabalho de coordenação de tarefas específicas. As pessoas consultavam essas conversas várias vezes por dia, reduzindo a quantidade de discussão necessária durante as reuniões de revisão e eliminando a necessidade de comunicação generalizada através de ferramentas como o e-mail, que não estruturam bem a informação, resultando em uma bagunça em pouco tempo.

Uma preocupação justificada é se essas conversas por cartões poderiam fazer com que a troca de mensagens não estruturada no estilo da mente coletiva hiperativa voltasse a se inserir na organização. Com base no que observei, porém, a experiência das conversas por cartões foi significativamente diferente da experiência do falatório da mente coletiva. Devesh, por exemplo, descreveu sua mudança das conversas por e-mail para os cartões como a "inversão do roteiro" da comunicação. Quando temos uma caixa de entrada de e-mail pela qual todas as conversas passam, somos obrigados a continuar verificando essa caixa de entrada, o que faz com que tenhamos que lidar com várias discussões sobre vários projetos diferentes. Por outro lado, quando usamos as conversas por cartões, a única maneira de encontrar a discussão sobre determinado projeto é acessando o quadro desse projeto. Nesse ponto, vamos encontrar conversas *apenas* sobre esse projeto. Isso inverte o roteiro porque agora podemos decidir sobre qual projeto queremos falar, em vez de permitir que os projetos decidam isso por nós.

As conversas por cartões também vêm com expectativas diferentes. Costuma-se supor que verificaremos nossos cartões relevantes de tarefas apenas algumas vezes por dia. Assim, não existe nenhum senso de urgência nem a expectativa de que daremos uma resposta rápida. Consequentemente, os detalhes do trabalho aumentam e as pessoas se acostumam a trabalhar com uma coisa de cada vez, durante longos períodos, antes de passar para a próxima. Por outro lado, quando essas conversas acontecem por meio de uma ferramenta de comunicação generalizada, a ideia de que todos verificarão essa ferramenta com mais frequência resulta no aumento das expectativas relacionadas com o tempo de resposta de toda a comunicação, inevitavelmente voltando a todo vapor a um fluxo de trabalho da mente coletiva hiperativa. (Veja a discussão do Capítulo 3 sobre o ciclo da capacidade de resposta.)

As conversas por cartões também são mais bem estruturadas do que o falatório da mente coletiva, pois elas vêm anexadas a tarefas específicas e são acompanhadas por todos os arquivos relevantes dessa tarefa. Por exemplo, se estivermos trabalhando em um projeto e quisermos verificar o status de uma tarefa-chave, podemos simplesmente virar o cartão virtual e revisar rapidamente toda a discussão relevante — nos atualizando. Isso se contrasta com o fluxo de trabalho da mente coletiva, em que toda essa informação se encontra espalhada pelas muitas caixas de entrada das pessoas ou enterrada no amontoado de mensagens dos canais de chat.

Essa mudança em prol das conversas por cartões parece vir acompanhada de um ritmo mais lento e de paz. Evitar essa briga com nossas caixas de entrada que estão quase sempre cheias é um benefício que não deve ser subestimado.

Kanban Pessoal: Organizando Nossa Vida Profissional com Quadros de Tarefas Individuais

Jim Benson pensa bastante em como melhorar o trabalho intelectual. Sua empresa de consultoria, a Modus Cooperandi, se especializa em criar processos personalizados que aprimoram a colaboração em organizações de trabalho intelectual. Muito provavelmente influenciado pela sua antiga carreira como empreendedor de software bem versado em metodologias ágeis, os processos de Benson usam quadros de tarefas. As fotos que são apresentadas no site da Modus Cooperandi estão cheias de notas de post-it de cores brilhantes organizadas em complexas colunas.[5]

Nos círculos de produtividade pessoal, porém, Benson é mais conhecido pelo pequeno livro que ele mesmo publicou em 2011. Ele é intitulado *Personal Kanban* [Kanban Pessoal], e faz uma promessa sedutora: as metodologias do desenvolvimento ágil que podem ajudar as equipes a entender projetos complexos podem ser usadas para organizar as obrigações complexas da nossa vida profissional.

As ideias principais por trás de *Personal Kanban* são simples o suficiente a ponto de Benson conseguir resumi-las em um vídeo de cinco minutos que está hospedado no site do livro.[6] Nesse vídeo, Benson está de frente para um grande bloco de notas que está em cima de um cavalete. Ele enche o centro da folha com um monte de notas de post-it coloridas, que representam as "expectativas" dos nossos familiares, amigos, colegas, chefes e de nós mesmos. "Todas essas coisas se tornam um tipo de grande massa que se solidifica na nossa mente e que precisamos desmontar sempre que temos que decidir algo que gostaríamos de fazer", ele explica. Isso exige que desmontemos essa "massa" para pensarmos através de todas essas muitas obrigações apenas para descobrir o que devemos fazer em seguida. "Isso não é legal", resume Benson.

A solução do Kanban Pessoal para esse problema é organizar esse emaranhado de expectativas em um quadro de tarefas pessoal. Benson sugere que usemos três colunas. A primeira é chamada de *opções*, e é aqui que organizaremos nossas obrigações em colunas de post-it: uma nota por tarefa. "Assim, pegamos aquela horrível massa de trabalho e a transformamos em um retângulo cognitivamente agradável." A segunda coluna é chamada de *em execução*. É para cá que movemos os post-its que representam as tarefas nas quais estamos trabalhando no momento. A chave para essa coluna — e uma grande parte do molho secreto dos sistemas Kanban em geral — é que devemos estabelecer um limite estrito de quantas tarefas poderemos realizar ao mesmo tempo. Nos termos do Kanban, isso é chamado de *limite de trabalho em andamento (WIP)*. No vídeo, Benson estabelece esse limite como três. Segundo ele, se tentássemos trabalhar em muitas tarefas ao mesmo tempo, nossa vida seria "uma bagunça". De modo convincente, ele afirma que é melhor fazer uma pequena quantidade de coisas por vez: dar-lhes nossa total atenção e substituí-las por algo novo só depois de terminarmos com elas.

E isso nos leva à coluna de *concluído*. É para cá que movemos as tarefas que já terminamos. Em teoria, poderíamos simplesmente jogar fora o post-it depois de concluir a tarefa, mas Benson afirma que o incentivo psicológico de fisicamente mover o post-it de *em execução* para *concluído* é um motivador poderoso.

Nos anos desde que Benson publicou *Personal Kanban*, esse sistema reuniu vários admiradores. Uma pesquisa no YouTube apresenta vários vídeos caseiros de fãs explicando como aplicaram as técnicas de Benson para aprimorar sua produtividade pessoal. Se supõe que todos esses fãs aderem estritamente ao design original de três colunas de Benson, isso quer dizer que você não sabe muito sobre a comunidade da produtividade pessoal. À medida que assistimos a esses vídeos de fãs, encontramos variações bastante complexas e personalizadas.

Um desses vídeos substitui a coluna de *em execução* por uma coluna de *pronto* dividida em três subcolunas: *frio*, *morno* e *quente* — possibilitando uma abordagem mais gradual do status das tarefas pendentes.[7] Em outro vídeo, gravado por um professor que dá aulas de administração de cadeias logísticas, o formato do quadro pessoal apresentado ali é tão complicado que parece ser necessário um estudo superior de administração de cadeias logísticas para chegar a entendê-lo. Ele dividiu sua coluna de *opções* em linhas codificadas por cores que ele chama de "fluxos de valor", cada uma delas dedicada a um tipo diferente de tarefa e exibindo notas de post-it de cores iguais. Essas linhas são divididas em colunas internas. Uma coluna é chamada de "tanque de armazenamento" de tarefas que ele não poderá iniciar no semestre atual, ao passo que outra coluna foi reservada para tarefas que ele espera concluir. Cada linha tem uma posição de "área de preparação" para onde a próxima tarefa do fluxo que será concluída pode ser movida. A partir desse número maior de áreas de preparação, as tarefas podem ser transformadas em um pequeno número de lotes de *em execução*, restritos por um limite de WIP de três. Sua coluna de *concluído* tem linhas que mantêm o mesmo fluxo de valor codificado por cores que sua coluna de *em execução*, o que lhe permite, através de uma rápida olhada, ter uma ideia de como ele vem alocando seu tempo recentemente.[8]

O sucesso do Kanban Pessoal entre aficionados da produtividade destaca uma importante realidade para todos aqueles que desejam escapar da mente coletiva hiperativa: os quadros de tarefas não são apenas uma maneira eficaz de coordenar o trabalho entre equipes; eles também podem ser bastante eficazes para nos ajudar a entender melhor nossas obrigações individuais — mesmo que não tenhamos um treinamento de nível superior em administração de cadeias logísticas.

Como já mencionei brevemente, adotei essa ideia na minha própria vida profissional como professor, quando passei a usar quadros do Trello para monitorar minhas obrigações durante o período que trabalhei como diretor dos estudos de graduação (DGS) de ciências da computação de Georgetown. Seguindo a estrutura básica de Jim Benson, eu tinha colunas de *em execução* e *concluído*. Seguindo as orientações da comunidade do Kanban Pessoal, eu também desenvolvi minha própria combinação de colunas personalizadas para organizar as tarefas nas quais eu intencionava trabalhar, mas não estava lidando no momento (mais sobre isso a seguir). Toda segunda, eu revisava o quadro, atualizando as posições dos cartões e decidindo no que eu trabalharia naquela semana. Nos dias seguintes, consultava o quadro para decidir o que eu deveria fazer com o tempo reservado para cumprir com minhas obrigações de DGS. À medida que novas tarefas surgiam — na forma de e-mails, ligações ou, o que também era comum, alunos aparecendo no meu escritório para fazer perguntas que eu não sabia como responder —, eu imediatamente as transformava em cartões que eram colocados no meu quadro e com os quais eu lidava mais tarde.

Sem esse sistema de quadro de tarefas, eu dependeria do fluxo de trabalho da mente coletiva hiperativa para realizar meu trabalho como DGS, o que faria com que eu tivesse de lidar com uma avalanche de conversas de e-mail lentas e simultâneas realizadas durante o dia. Eu seria *aquele cara*, com o notebook aberto em todas as reuniões e telefone sempre na mão ao atravessar o campus, tentando fazer tudo ao mesmo tempo através de uma resposta frenética por vez. Em outras palavras, sem esse sistema, meu trabalho teria sido insuportável. Com ele, o fardo desse cargo diminuiu bastante — as obrigações eram inseridas em um quadro, em que eram organizadas; então, eu as realizava metodicamente nos períodos reservados para esse fim. É por isso que, como já era de se esperar, eu me tornei um grande defensor do uso de quadros de tarefas, não só para organizar equipes, mas também para organizar nossas vidas individuais como trabalhadores intelectuais.

Para ajudar nesse sentido, apresento-lhe aqui algumas melhores práticas para que você também possa aprender a fazer bom uso dos quadros de tarefas individuais.

Prática de Quadros de Tarefas Individuais nº 1: Use Mais de Um Quadro

Muitos defensores do método Kanban Pessoal usam um único quadro para organizar todas as tarefas da sua vida profissional. Eu recomendo algo um pouco diferente: ter um quadro diferente para cada grande cargo da sua vida profissional. No momento, estou exercendo três grandes cargos como professor na minha universidade: pesquisador, professor e DGS. Eu uso um quadro de tarefas para cada um deles. Assim, quando, por exemplo, estou pensando em ensinar, não preciso me deparar com tarefas não relacionadas sobre pesquisa ou sobre o programa de graduação. Isso diminui a troca de redes e, consequentemente, aumenta a velocidade com a qual sou capaz de resolver problemas.

De modo similar, também acho útil criar um quadro de tarefas à parte para grandes projetos (digamos, um projeto que poderia levar mais de duas semanas para terminar). Por exemplo, há pouco tempo, fui o presidente-geral de uma grande conferência acadêmica. As obrigações deste cargo eram tantas que achei mais fácil inseri-las em um quadro de tarefas próprio para ele, isolado das outras áreas da minha vida acadêmica. Depois que o projeto terminou, descartei esse quadro.

Obviamente, existe um limite de quantos quadros podemos acompanhar antes que se tornem demasiados. É por isso que acho que a regra de um quadro por cargo e um quadro por projeto grandioso está na proporção apropriada. Para a maioria das pessoas, isso dá de dois a quatro quadros para administrar sua vida, o que funciona bem. Por outro lado, se tivermos dez quadros, o custo de alternar entre eles começará a ser maior do que as vantagens de separar as tarefas.

Prática de Quadros de Tarefas Individuais nº 2:
Marque Reuniões Regulares de Revisão Particulares

Quando falamos sobre quadros de tarefas para equipes de trabalho intelectual, vimos que as reuniões regulares de revisão eram a melhor maneira de atualizar esses quadros. O mesmo vale para os nossos quadros pessoais. Se queremos tirar o máximo de proveito dessa ferramenta, vamos precisar separar um tempo a cada semana para revisar e atualizar nosso quadro pessoal. Durante essas *reuniões de revisão particulares*, revise todos os cartões do quadro, mova-os entre as colunas e atualize seus status conforme a necessidade. Isso não deve demorar muito: um período de 5 a 10 minutos costuma ser suficiente se fizermos isso com regularidade. E essas sessões não precisam ser frequentes: acho que uma vez por semana é suficiente. Mas não podemos deixar de fazê-las. Assim que acharmos que um quadro de tarefas deixa de ser confiável como um local seguro para inserir nossas obrigações, vamos recorrer às frenéticas trocas de mensagens da mente coletiva hiperativa. Agende suas reuniões particulares no seu calendário e leve-as tão a sério quanto qualquer outra reunião. Os quadros de tarefas individuais podem aprimorar bastante nossa qualidade de vida como trabalhadores intelectuais, mas só se investirmos tempo suficiente para administrá-los corretamente.

Prática de Quadros de Tarefas Individuais nº 3:
Insira uma Coluna de "Para Discutir"

No meu trabalho como DGS, havia vários colegas com quem eu frequentemente precisava discutir assuntos relacionados com esse cargo: o presidente do meu departamento, o gerente do programa de graduação e os outros dois professores que compunham o comitê de graduação que eu administrava. Para cada uma dessas três categorias de colegas, inseri uma coluna no meu quadro de tarefas de DGS identificada como *para discutir na próxima reunião*. Sempre que aparecia uma tarefa para a qual eu necessitava da opinião dessas pessoas, eu ignorava meu instinto de lhes enviar um e-mail rápido e movia a tarefa para a coluna apropriada de *para discutir*.

Eu me reunia semanalmente com meu gerente de programa, seguindo uma programação. Durante cada reunião, revisávamos todas as tarefas que compunham essa coluna desde a última reunião. No caso do presidente do meu departamento e do comitê de graduação, eu aguardava até que suas colunas de *para discutir* estivessem cheias o suficiente para formar um grande lote de tarefas antes de marcar nossa próxima reunião para revisá-las.

Esse método pode parecer bem simples, mas o impacto na minha vida foi muito positivo. Imagine, por exemplo, que eu deixei cinco cartões se acumularem na coluna de *para discutir* com o presidente do meu departamento durante determinada semana. Em uma reunião de 20 a 30 minutos, era possível criar um plano razoável para lidar com cada um desses cartões. Se, em vez disso, eu lhe tivesse enviado um e-mail para cada uma dessas tarefas, o resultado seria cinco conversas diferentes acontecendo na minha caixa de entrada com as quais eu teria de lidar durante a semana — o que faria com que eu tivesse que verificar minha caixa de entrada várias vezes durante o dia, o que, por sua vez, tiraria a minha concentração.

Se deseja empregar o poder dos quadros de tarefas pessoais para minimizar o vai e vem de mensagens do estilo mente coletiva, esse método provavelmente é o mais importante que você vai encontrar neste capítulo. Um ritmo regular de reuniões eficientes pode substituir 90% das mensagens da mente coletiva *se* criarmos uma maneira de monitorar o que precisa ser discutido nessas reuniões. O quadro de tarefas simplifica esse trabalho.

Prática de Quadros de Tarefas Individuais nº 4:
Insira uma Coluna de "Aguardando a Resposta"

No trabalho intelectual colaborativo, costuma acontecer de o progresso de uma tarefa ser interrompido enquanto aguardamos pelo feedback de alguém, pela resposta a uma pergunta ou por uma informação essencial de alguma pessoa. Se usarmos um quadro de tarefas individual para organizar nossas obrigações, será mais fácil monitorar essas tarefas que foram interrompidas movendo-as para uma coluna chamada *aguardando a resposta*. Ao movermos uma tarefa para essa coluna, devemos anotar no cartão de quem estamos aguardando a resposta e que passos serão dados depois de recebermos essa resposta. Isso nos ajudará a não ficarmos perdidos depois de temporariamente abdicarmos o controle direto da tarefa, e nos permitirá progredir de modo eficiente depois de receber a informação da qual precisávamos. E o mais importante: essas obrigações em aberto terão um lugar seguro para ficar, nos libertando daquela preocupação no fundo da nossa mente de que algo está faltando.

O A Vem Depois do B: Processos Automáticos

Vamos voltar ao processo da Optimize Enterprises para criar conteúdo diário. Diferentemente dos exemplos que consideramos, este processo não inclui quadros de tarefas nem reuniões de revisão. Na verdade, quase não há interações ou tomadas de decisões. Depois que Brian Johnson insere uma ideia para uma nova lição na planilha compartilhada, ela passa de um status para outro na hora certa. Em cada fase, as pessoas relevantes sabem exatamente o que se espera delas.

Esse estilo de processo de produção *automático* exerce um papel importante em muitos ambientes de trabalho intelectual. Nem todos os processos, porém, podem ser automatizados. Para que essa estratégia possa ser utilizada, os processos em questão devem produzir resultados por meio de ações altamente repetitivas, nas quais os mesmos passos podem ser implementados, na mesma sequência, pelas mesmas pessoas, toda vez. Em contraste com isso, os tipos de processos otimizados por quadros de tarefas são mais diversificados e dinâmicos, exigindo a tomada de decisões colaborativa para determinar quais tarefas serão realizadas a seguir e quem será responsável por elas.

Pense, por exemplo, na tarefa de realizar o orçamento trimestral da nossa equipe. Essa tarefa provavelmente poderia ser reduzida a uma série de passos claros que seriam executados da mesma forma e na mesma ordem a cada trimestre, o que faz dela uma boa candidata para a automação. Atualizar o site da nossa empresa, por outro lado, provavelmente será um projeto não tão bem definido e que exigirá mais discussão e planejamento para ser realizado da maneira apropriada, o que o torna mais adequado para a abordagem do quadro de tarefas. O processo de acrescentar os depoimentos de novos clientes no site, porém, provavelmente poderia ser automatizado, visto que essa é uma tarefa repetitiva. E assim por diante.

Depois de identificamos um processo que parece ser um bom candidato para a automação, as orientações a seguir nos ajudarão com essa transformação:

1. **Divisão:** Divida o processo em uma série de fases bem definidas que vêm uma após a outra. Para cada fase, especifique com clareza o que deve ser realizado em cada trabalho e quem será responsável por eles.

2. **Sinalização:** Crie um sistema de sinalização ou notificação para monitorar a fase atual de cada resultado produzido pelo processo, o que permitirá que aqueles que estejam envolvidos saibam quando será sua vez de assumir o trabalho.

3. **Canais:** Crie canais claros para transferir recursos e informações relevantes de uma fase para a outra (como arquivos em diretórios compartilhados).

Fica claro que o processo de criação diária de lições da Optimize segue essas orientações. Ele está dividido em fases bem definidas, utiliza uma planilha compartilhada para sinalizar o status atual de cada lição e faz uso de diretórios compartilhados para transferir arquivos. Os processos automáticos, porém, não necessariamente precisam depender de sistemas de software. Por exemplo, durante os anos em que trabalhei como professor, otimizei o processo automático que uso para trabalhar com meus professores assistentes para avaliar os problemas dos meus cursos maiores. Quando escrevo meus problemas, também escrevo soluções simples e detalhadas para cada um desses problemas. E incluo algumas ideias básicas de como avaliá-los, indicando o que acho que merece um crédito total, um crédito parcial e nenhum crédito.[9] No dia que posto os problemas para os meus alunos, envio esses documentos para os meus professores assistentes.

Os alunos entregam seus problemas no início da aula, e eu os levo para o escritório e os coloco em um separador de correspondências que coloquei na parede do corredor, atrás da porta. Então, os professores assistentes vêm e os levam embora. Eu não preciso lhes dizer para fazer isso, visto que eles já sabem qual é o horário das aulas e em quais dias os problemas são devolvidos. Depois que os professores assistentes os pegam, eles começam a avaliá-los. Ao avaliarem as respostas dos alunos, eles podem atualizar minhas observações de notas para refletir problemas comuns com os quais eles se deparam ou heurísticas de avaliação específicas que decidiram aplicar.[10]

Ao terminarem, os professores assistentes registram as notas dos alunos em uma planilha de avaliação compartilhada criada por mim no início do semestre, e colocam os problemas de volta no separador de correspondências da minha porta. No dia em que eu marquei para devolver as tarefas, uso uma planilha para gerar estatísticas sobre as notas dos problemas (por exemplo, as notas médias e medianas), as quais eu colo em um documento que também contém as amostras de soluções e as observações sobre as notas atualizadas pelos meus professores assistentes. (Por meio de tentativa e erro, descobri que as amostras detalhadas das soluções e as observações de avaliação diminuíam bastante o número de alunos que reclamavam sobre suas notas.) Eu imprimo as amostras de soluções logo antes da aula, e as distribuo com as tarefas corrigidas.

Esse processo segue basicamente as orientações especificadas anteriormente. As fases são bem definidas, a fase atual é clara para as pessoas envolvidas e temos canais claros para transferir os recursos relevantes — os problemas, as notas de avaliação, as soluções, as notas — para onde eles devem ir. Diferentemente do exemplo da Optimize, porém, grande parte desse processo é físico — envolvendo o vai e vem de papéis de verdade. No fim das contas, esse detalhe não é muito importante. Contanto que as fases e os canais de comunicação sejam claros, o processo pode ser eficaz.

Como qualquer bom processo automático, minha abordagem para a avaliação dos problemas basicamente elimina toda a comunicação não programada entre mim e meus professores assistentes em relação à avaliação. Quando termino de escrever um conjunto de problemas, minha única interação com o material é colocá-los no separador de correspondências do meu escritório depois que os alunos os entregam a mim; então, eu os levo de volta para a sala de aula junto com as amostras de soluções depois que os professores assistentes terminam de avaliá-los. O único e-mail envolvido nesse processo é quando envio as amostras de soluções aos meus professores assistentes (embora este passo também poderia ser automatizado concedendo aos meus professores assistentes acesso ao diretório compartilhado em que armazeno essas soluções). Não desperdiço nada da minha energia cognitiva me preocupando com logística ou tentando marcar reuniões. Isso pode parecer superficial — como alguém que está tentando evitar o trabalho —, mas a verdade é que a energia e atenção que não foram desperdiçadas com problemas administrativos podem ser investidas em atividades que realmente melhoram a qualidade da aula, como aperfeiçoar as palestras ou responder às perguntas dos alunos. Isso também vale para a maioria dos processos automáticos: eliminar a coordenação desnecessária não só reduz a frustração, como também aumenta a quantidade de recursos que podem ser investidos em atividades que realmente importam.

A maioria das organizações ou equipes tem processos que são bons candidatos para a automação. Porém, a importância dessa transformação não deve ser minimizada, visto que os custos envolvidos em lidar com todos os detalhes desses processos podem ser consideráveis. (Por exemplo, foram necessários alguns anos para que eu desenvolvesse o processo que uso para avaliar conjuntos de problemas.) Um bom método para descobrir se esse esforço vale a pena é aplicar a *regra dos trinta*. Como explicado pelo consultor administrativo Rory Vaden, na sua forma original, essa regra diz que: "Vamos gastar trinta vezes mais tempo para treinar alguém para fazer uma tarefa do que se nós mesmos realizássemos essa tarefa uma vez."[11] Podemos adaptar essa regra à criação de processos automáticos: se nossa equipe ou organização produz um resultado trinta vezes por ano ou mais, e é possível transformar essa produção em um processo automático, essa transformação provavelmente valerá a pena.

Automatizando o Trabalho Individual

Os processos automáticos não se aplicam apenas à otimização do trabalho realizado por equipes; eles também se aplicam às tarefas que costumamos realizar por conta própria. Assim como os processos de equipes, o objetivo ainda é conservar a energia cognitiva e minimizar o vai e vem da comunicação necessária para realizar nossas tarefas, só que, agora, os passos do processo estão totalmente sob o nosso controle.

Por exemplo, quando eu costumava escrever livros de autoajuda para estudantes, eu sugeria que eles criassem um processo individual automatizado para cada tipo de tarefa regular: problemas, tarefas de leituras, relatórios de laboratório — tudo que eles já sabiam de antemão que teriam de fazer várias vezes durante o semestre. A base desses processos era o tempo. Eu recomendava que eles reservassem um tempo nos seus calendários para quando fossem realizar cada tipo de trabalho recorrente. Talvez na terça, das 16h às 18h seria quando eles escreveriam seus relatórios de laboratório para a aula de ciências, e poderiam resolver seus problemas em tempos livres entre as aulas que tinham nas segundas e quartas, das 10h30 às 11h30, e assim por diante. Então, eu recomendava que eles detalhassem como esse trabalho seria realizado durante esses espaços de tempo, incluindo em que parte do campus trabalhariam e que métodos e materiais eles costumavam usar. A ideia era diminuir a quantidade de energia cognitiva usada em planejar ou tomar decisões, permitindo que o aluno se concentrasse apenas na execução.

Esse conselho era revelador para os estudantes. Ao passo que, antes, eles se sentiam a semana inteira culpados, sentindo que suas tarefas estavam atrasadas, sendo impelidos por prazos iminentes e trabalhando a noite toda para cumprir com eles, agora, podiam sentir a confiança resultante de executarem sua programação automatizada, tendo a garantia de que podiam fazer o que precisavam fazer, semana após semana. A redução do fardo e da carga cognitiva necessários para realizar a mesma quantidade de trabalho de repente parecia exigir menos energia.

Não existe nenhum motivo para que essa abordagem não possa se aplicar a responsabilidades não acadêmicas do trabalho intelectual. Se temos um produto ou resultado específico pelo qual somos individualmente responsáveis, provavelmente não vamos perder nada se tentarmos desenvolver um processo melhor estruturado que especifica quando e como realizaremos esse trabalho. Como no caso do meu exemplo dos alunos, podemos começar com a pergunta sobre o tempo: podemos marcar períodos no nosso calendário que serão tratados como reuniões das quais somente nós participaremos para especificar que passos precisamos dar. Então, podemos criar algumas regras sobre como vamos dar esses passos, procurando por otimizações ou técnicas que poderão nos ajudar a fazer com que dar esses passos se torne cada vez mais fácil.

É fundamental que essa otimização minimize o vai e vem da comunicação associada com nossos processos. Imagine, por exemplo, uma consultora que tem a responsabilidade de gerar um relatório semanal para um cliente que indica as horas que sua equipe gastou no projeto. Vamos supor que ela precise consultar os colegas para somar as horas que a equipe gastou. Vamos supor também que ela precise dar ao chefe uma oportunidade de visualizar esse relatório antes de enviá-lo.

Depois que a nossa consultora reservar um tempo por semana para trabalhar nesse relatório, ela poderá começar a otimizar a comunicação necessária para concluí-lo. Por exemplo, ela poderia criar uma planilha compartilhada na qual seus colegas poderiam registrar suas horas. Dois dias antes do prazo do relatório, ela poderia enviar um lembrete aos colegas para que eles registrassem suas horas. Na verdade, ela nem precisaria enviar essas mensagens manualmente, mas programar para que elas fossem enviadas automaticamente (muitos clientes de e-mail, incluindo o Gmail, têm esse recurso).

De modo similar, como agora a consultora sabe *quando* vai trabalhar no relatório a cada semana, ela pode combinar com seu chefe quando o relatório estará pronto para revisão. Por exemplo: "O relatório sempre estará pronto para revisão no nosso diretório compartilhado do Google Docs às 11h das terças-feiras; se o senhor quiser fazer algum comentário, insira-o no documento durante o dia; vou analisar essas observações às 16h, antes de enviar a versão final para o cliente no fim do dia."

Uma tarefa semanal que poderia resultar em muito vai e vem de e-mails urgentes deixará de gerar mensagens extras na caixa de entrada da nossa consultora. Isso também consumirá muito menos energia cognitiva. Nossa consultora verá apenas as reuniões individuais permanentes no seu calendário e executará os mesmos passos toda vez: sem urgência, sem mensagens frenéticas e sem preocupações tarde da noite por ter se esquecido de etapas importantes.

Essa é a promessa da introdução de processos automáticos nas nossas responsabilidades profissionais individuais. Quer usemos uma automação complexa ou apenas procedimentos "artesanais", esses processos reduzirão nossa dependência do fluxo de trabalho da mente coletiva hiperativa e nos recompensarão com energia cognitiva adicional e paz mental. Automatize tudo o que possa ser automatizado, e preocupe-se apenas em fazer o que restar.

Capítulo 6
O Princípio do Protocolo

A Invenção da Informação

Claude Shannon é uma das mais importantes figuras da ciência do século XX. Ainda assim, são poucos aqueles que reconhecem seu nome fora dos campos especializados que ele ajudou a inovar. Talvez seu maior salto intelectual tenha sido sua tese de mestrado do MIT de 1937, que ele entregou quando tinha 21 anos e na qual, entre outras contribuições, estabeleceu a base de toda a eletrônica digital.[1] Mas vamos abordar outro dos seus trabalhos famosos agora, visto que isso será útil para a nossa missão de deixar o fluxo de trabalho da mente coletiva hiperativa para trás. Refiro-me à invenção da informação de Shannon.

Para ser mais preciso, Shannon não foi a primeira pessoa que falou em detalhes sobre a informação ou que tentou quantificá-la. Mas seu trabalho de 1948, "Teoria Matemática da Comunicação", estabeleceu uma estrutura chamada *teoria da informação* que identificava as falhas dos esforços anteriores de estudar formalmente esse tópico e forneceu ferramentas que acabaram possibilitando a revolução da comunicação digital moderna. Essa estrutura se baseia em uma ideia simples, porém profunda: ao inserir complexidade às regras que usamos para estruturar nossa comunicação, a quantidade real de informação necessária para as interações pode ser reduzida. Neste capítulo, vamos adaptar esse princípio à comunicação no ambiente de trabalho, o qual passará a ser expresso da seguinte forma: se gastarmos mais tempo de antemão para estabelecer as regras que coordenam o escritório (as quais eu chamo de *protocolos*), poderemos reduzir os esforços necessários para realizar essa coordenação no momento — o que possibilitará um desenvolvimento muito mais eficiente do trabalho. No entanto, antes de falarmos mais sobre isso, vamos precisar fazer um pequeno desvio para entender melhor a ideia transformadora de Shannon.[2]

Shannon realizou seu trabalho revolucionário sobre comunicação enquanto trabalhava como cientista no Bell Labs, na década de 1940. Baseando-se nos trabalhos anteriores de Ralph Hartley, seu colega e também cientista do Bell Labs, Shannon começou a eliminar qualquer noção do "significado" transmitido pela informação. Na sua estrutura, o desafio era mais abstrato. Um remetente queria transmitir uma mensagem a um destinatário a partir de um conjunto de possíveis mensagens lhe enviando símbolos de um alfabeto fixo através de um canal. O objetivo era que o destinatário identificasse qual mensagem do conjunto original o remetente tinha em mente. (Shannon também incluiu a possibilidade de que o ruído do canal poderia corromper alguns dos símbolos, mas vamos deixar isso de lado por enquanto.) Para manter as coisas o mais claras possível, Shannon simplificou ainda mais o alfabeto de símbolos para conter apenas duas possibilidades: zero e um. Juntando tudo isso, na sua estrutura, a comunicação era reduzida à seguinte brincadeira: o remetente selecionava uma mensagem a partir de um conjunto bem conhecido de mensagens e transmitia uma sequência de zeros e uns por meio de um canal monitorado pelo remetente, que tentaria identificar essa mensagem.

Antes de Shannon, Ralph Hartley já havia identificado um arranjo similar como a maneira correta de pensar sobre a transmissão de informações. Mas Shannon acrescentou um detalhe: em muitos casos, um remetente podia ter a tendência de selecionar algumas mensagens mais do que outras, e isso poderia ajudar o remetente a se comunicar usando uma média menor de símbolos. Imagine, por exemplo, que um remetente esteja transmitindo letras do alfabeto inglês como parte de uma mensagem mais longa. Se as primeiras duas letras enviadas forem "t" e "h", isso limitará bastante a probabilidade de qual letra será enviada a seguir. A probabilidade, por exemplo, de que o remetente venha a transmitir "x", "q" ou "z" a seguir é de zero. Mas a probabilidade de que o remetente venha a transmitir a letra "e", para formar a palavra "the", que significa "o/a" em português, é bem alta. (Assim como Alan Turing, sua contraparte britânica mais famosa do panteão dos pioneiros da computação, Shannon trabalhou na decodificação de mensagens durante a Segunda Guerra Mundial. Portanto, ele estava familiarizado com a ideia de que algumas letras são mais comuns do que outras.)

Shannon afirmava que, nesse caso, quando o remetente e o destinatário tentassem criar regras de antemão de como identificar quais letras estavam sendo transmitidas pelos símbolos, o *protocolo*[3] criado por eles levaria essas possibilidades em conta, pois isso os ajudaria a se comunicar usando uma média de menos símbolos.

Para tornar isso mais claro, imagine o seguinte cenário. Estamos monitorando um medidor de um equipamento importante. Esse medidor de 256 valores diferentes vai de -127 a 128. A engenheira-chefe quer que lhe apresentemos uma atualização dessa medição a cada 10 minutos. Como ela trabalha em um prédio diferente, instalamos um telégrafo para lhe transmitir essa informação usando um código binário de pontos e traços para evitar que tenhamos que ir atrás dela para lhe entregar esse relatório em pessoa.

Para que esse arranjo funcione, nós e a engenheira precisamos, antes de mais nada, criar um protocolo de como vamos codificar as leituras do medidor. A forma mais simples seria codificar cada uma das 256 leituras como uma sequência única de pontos e traços. Por exemplo, talvez a leitura de -127 pudesse ser transmitida como ponto-ponto-ponto-ponto--ponto-ponto-ponto-ponto, a leitura de 16 pudesse ser transmitida como traço-ponto-traço-ponto-ponto-traço-traço-ponto e assim por diante. Por meio de uma conta simples ($2^8 = 256$), podemos confirmar que é possível criar 256 sequências diferentes usando oito pontos e traços. Assim, seria possível atribuir um padrão único a cada leitura possível do medidor.

Esse protocolo exigiria que enviássemos oito símbolos de telégrafo para cada leitura do medidor. Mas digamos que queremos minimizar a quantidade de símbolos que precisamos enviar porque a tecla do telégrafo é chata de usar e machuca nossa mão. Nesse ponto, segundo Shannon, levaríamos em conta as probabilidades de diferentes leituras. Nesse cenário, vamos supor que o medidor quase sempre marca 0, e que este é o estado de funcionamento normal da máquina que está sendo monitorada. Se ele marcar algo diferente de 0, isso quer dizer que ela está com algum problema, e os problemas são relativamente raros. Mais especificamente, vamos dizer que esperamos que o medidor marque 0 durante 99% do tempo.

Agora, nós e a engenheira podemos criar um protocolo melhor. Se enviarmos um único ponto, isso quer dizer que a máquina está marcando 0. Se enviarmos um traço, isso quer dizer que a leitura não é de 0 e que esse traço virá acompanhado por um padrão de oito símbolos para especificar a leitura diferente de 0 que estamos medindo. Perceba que, em caso de problemas, vamos acabar enviando *mais* símbolos com esse novo protocolo do que no caso do primeiro protocolo, visto que a leitura de números diferentes de 0 do novo protocolo exige que enviemos nove símbolos (o traço seguido do padrão de oito símbolos), ao passo que o primeiro protocolo usava sempre apenas oito símbolos. Mas, se não houver problemas, o novo protocolo exigirá apenas um símbolo em comparação com a alternativa dos oito símbolos do primeiro protocolo. Como podemos comparar os custos desses dois cenários? Shannon sugeriu que usássemos probabilidades específicas para calcular o custo médio. Podemos calcular o número médio de símbolos por mensagem do nosso novo protocolo da seguinte forma: $0{,}99 \times 1 + 0{,}01 \times 9 = 1{,}08$. Em outras palavras, se tirarmos a média da quantidade de símbolos que enviamos por medida durante um longo período de tempo, poderemos constatar que serão enviados apenas um pouco mais de um símbolo por mensagem, o que faz com que esse novo protocolo seja muito mais eficiente a longo prazo do que o primeiro protocolo.[4]

Essa era a ideia central da estrutura da teoria da informação de Shannon: protocolos inteligentes levam em conta que a estrutura da informação que está sendo comunicada poderá apresentar um desempenho *muito* melhor do que abordagens simplistas. (Essa não foi a única contribuição da teoria da informação. O trabalho de Shannon também nos mostrou como calcular o melhor desempenho possível de determinada fonte de informação e revolucionou o modo como engenheiros pensam sobre a redução da interferência de ruído, possibilitando a comunicação eletrônica de alta velocidade e um massivo armazenamento digital.[5]) Sem essas ideias, algo tão rotineiro como baixar um filme do iTunes poderia levar vários dias em vez de alguns minutos, e as imagens que compõem o feed do Instagram poderiam demorar 1 hora para surgir em vez dos poucos segundos a que estamos acostumados.

Essas mesmas ideias se aplicam além da comunicação digital. Depois que o inspirador trabalho de 1948 de Shannon começou a se difundir, os engenheiros e cientistas de vários campos reconheceram a utilidade geral dessa estrutura. A teoria da informação começou a surgir em vários contextos bem diferentes do mundo dos arquivos digitais e das redes de computadores, incluindo a linguística, a visão humana e a compreensão da vida em si (os biólogos perceberam que o DNA poderia ser entendido como um eficiente protocolo de informações no estilo Shannon). Agora, vamos acrescentar mais uma área que pode ser beneficiada pela estrutura de Shannon: a coordenação no escritório.

Em um cenário padrão do trabalho, várias partes precisam se comunicar umas com as outras sobre vários assuntos — combinar uma hora para fazer uma reunião, determinar qual será o próximo passo de um projeto conjunto, responder à pergunta de um cliente e fornecer o feedback de uma ideia. Essas atividades de coordenação são estruturadas por regras. Em geral, essas regras são implícitas, no sentido de que elas usam normas que não foram escritas em lugar nenhum. No entanto, às vezes elas são formais. Imagine, por exemplo, uma pequena empresa de consultoria que costuma receber pedidos de clientes em potencial e que precisam ser avaliados para que se possa determinar quais deles devem ser aceitos como novos negócios. Se a empresa adotar o fluxo de trabalho da mente coletiva hiperativa, sua regra implícita para decidir como responder a esses pedidos provavelmente será iniciar uma conversa por e-mail entre os membros relevantes da equipe e esperar que todos acabem chegando a uma conclusão. Em contraste com isso, uma regra mais formal poderia ser fazer uma reunião toda sexta de manhã para avaliar esses pedidos como grupo e decidir quais devem ser atendidos e quem deverá tomar a liderança. Quer sejam implícitas ou formais, muitas atividades de escritório são estruturadas por algum tipo de regras. Para homenagear Shannon, vamos chamar esses conjuntos de regras de *protocolos de coordenação*.

A estrutura da teoria da informação de Shannon nos ensina que, para determinada tarefa, o protocolo que escolhemos é realmente importante, visto que alguns são mais custosos do que outros. Na teoria clássica da informação, o *custo* de determinado protocolo é o número médio de bits necessários para transmitir a tarefa por completo — como no exemplo do medidor que vimos anteriormente, um protocolo que usa uma média menor de bits é melhor do que um que usa mais. Ao avaliar os protocolos de coordenação no ambiente de trabalho, porém, precisamos de uma noção melhor do *custo*.

Por exemplo, talvez tenhamos que medir o custo em termos de *ciclos cognitivos*, os quais descrevem até que ponto um protocolo divide nossa atenção. Para ser ainda mais preciso, podemos copiar a ideia dos pesquisadores da RescueTime que vimos na Parte 1 e dividir o dia de trabalho em grupos de cinco minutos. Para medir o custo do ciclo cognitivo de determinado protocolo de coordenação, contamos o número desses grupos nos quais, pelo menos, algum esforço foi exercido para coordenar a tarefa. Para continuar usando nosso cenário da empresa de consultoria, o protocolo da mente coletiva hiperativa para avaliar os pedidos de novos clientes provavelmente resultará em uma grande troca de e-mails, sendo que cada mensagem corromperá um grupo diferente de cinco minutos, resultando em um grande custo geral do ciclo cognitivo. O protocolo de reunião, por outro lado, exige apenas uma reunião por semana. Supondo que essas reuniões durem apenas uns trinta minutos, então esse protocolo corromperá apenas uns seis desses grupos por semana, o que faz dele algo muito menos custoso.

Outro custo relevante dos protocolos de coordenação do ambiente de trabalho que devemos levar em consideração é a *inconveniência*. Se um protocolo faz com que alguém demore muito para receber uma informação importante, exige mais esforço da parte do remetente ou destinatário, ou resulta em oportunidades perdidas, então ele gera inconveniência. Para realizar esse experimento mental, vamos supor que temos um tipo de escala numérica para medir a inconveniência (números de verdade não importam aqui). Voltando ao exemplo da nossa empresa de consultoria, o protocolo da mente coletiva provavelmente terá uma pontuação melhor nessa escala da inconveniência em comparação com o protocolo de reuniões semanais, visto que a necessidade de esperar até a próxima semana antes de dar uma resposta a um possível cliente poderia ser considerada como um adiamento demasiadamente longo. Em alguns casos, isso poderia resultar até em falência.

Shannon nos ensinou que precisamos prestar bastante atenção a esses custos e estarmos dispostos a adaptar nossos protocolos para encontrar maneiras de equilibrá-los do melhor modo possível. No nosso cenário, o alto custo do ciclo cognitivo do protocolo da mente coletiva para lidar com os pedidos dos clientes parece proibitivo, embora apresente uma boa pontuação para a inconveniência. Em vez disso, podemos usar o protocolo de reuniões semanais, que apresenta uma boa pontuação para o custo do ciclo cognitivo, e buscarmos maneiras de reduzir sua inconveniência. Por exemplo, talvez possamos utilizar o seguinte procedimento operacional padrão: quando o pedido de um novo cliente chegar, quem quer que esteja responsável por monitorar a caixa de entrada imediatamente enviará uma resposta a esse possível cliente agradecendo-lhe pelo seu interesse e prometendo lhe responder dentro de uma semana — reduzindo a probabilidade de que esse cliente se irrite com a demora. Pode ser que esse possível cliente não goste dessa resposta, mas, tendo em vista a rapidez da resposta inicial e a clara expectativa, a possibilidade de que isso venha a acontecer será baixa. Essa abordagem aumenta um pouco o custo do ciclo cognitivo, visto que agora alguém precisará enviar uma resposta rápida para cada mensagem que chegar, mas esse custo ainda é baixo em comparação com o que seria gerado pelo protocolo da mente coletiva, o qual iniciaria uma extensa conversa por e-mail para cada possível novo cliente. Em média, esse protocolo híbrido parece ter um custo mais baixo do que as outras alternativas e provavelmente seria a opção certa para a empresa de consultoria.

Nosso instinto no ambiente do trabalho intelectual é estarmos sempre obcecados com fatores como o pior cenário possível — *o que fazer para que nada de ruim aconteça?!* — ou preferindo a conveniência de protocolos simples (mas custosos) em vez de alternativas complicadas (mas otimizadas). A revolução da teoria da informação nos diz que não devemos confiar nesses instintos. Devemos reservar tempo para criar o protocolo que possua o melhor custo médio, mesmo que essa não seja a opção mais natural no momento, visto que os ganhos de desempenho a longo prazo podem ser significativos.

Agora estamos prontos para juntar todas essas peças para compor o princípio central que vamos abordar neste capítulo. Um elemento fundamental de qualquer fluxo de trabalho é o meio através do qual as pessoas coordenam seu trabalho. Essa coordenação exige comunicação, e, quer utilizemos essa terminologia ou não, ela, por sua vez, exige que as pessoas envolvidas criem um conjunto de regras sobre como e quando essa comunicação ocorrerá — o que chamamos de protocolo de coordenação.

A maioria das organizações acaba utilizando um protocolo do estilo mente coletiva hiperativa para a maioria das suas atividades, porque é mais fácil estabelecê-los e não é necessário muito esforço para convencer as pessoas a usá-lo. A flexibilidade desse protocolo também possibilita que as organizações evitem situações de piores casos possíveis. No entanto, Shannon nos ensina que, se estivermos dispostos a priorizarmos o trabalho duro para desenvolvermos protocolos mais inteligentes para essas tarefas, poderemos diminuir drasticamente seu custo a longo prazo. O trabalho duro que investimos com antecedência para utilizar protocolos otimizados compensará em muito o baixo custo que teremos quando continuarmos a usá-lo. De modo formal:

> **O Princípio do Protocolo**
>
> Criar regras que otimizam quando e como a coordenação ocorrerá no ambiente é ruim a curto prazo, mas poderá resultar em uma operação muito mais produtiva a longo prazo.

O restante deste capítulo apresentará estudos de caso do princípio do protocolo em ação. Vamos aprender a utilidade de um horário reservado para a comunicação no trabalho e por que restringir o acesso dos clientes a nós pode fazer com que eles se tornem mais felizes. Também vamos ver o que aconteceu quando um grupo de pesquisa acadêmica começou a, como as equipes de desenvolvimento de software, realizar reuniões diárias e bem estruturadas para falar sobre o andamento dos seus projetos, e abordaremos um argumento de por que nunca mais deveríamos marcar uma reunião por e-mail novamente. Todos esses protocolos são mais complexos do que simplesmente "mandar brasa" na nossa caixa de entrada ou no canal do Slack, e alguns podem resultar em alguns eventos ruins. Mas, segundo as ideias fundamentais de Shannon, eles adotam a ideia central de que, às vezes, um pouquinho de complexidade adicional pode resultar em um desempenho muito melhor.

Protocolos de Agendamento de Reuniões

Em 2016, fiz uma palestra em um painel de um evento de negócios. Um dos meus colegas palestrantes era um empreendedor de tecnologia de Nova York chamado Dennis Mortensen. Depois, quando conversamos, descobri que ele era o diretor executivo de uma startup que estava em processo de deixar o modo furtivo e começar a fazer alguns testes beta. O nome dela era x.ai, e seu produto usava uma tecnologia de inteligência artificial de ponta para lidar com uma tarefa mundana: marcar reuniões.

Na sua iteração original, a x.ai implementou uma agente digital chamada Amy. Quando precisávamos marcar uma reunião com alguém por e-mail, enviaríamos uma mensagem CC especial para um endereço de e-mail conectado à Amy e, então, em texto normal, pediríamos que a agente nos ajudasse a marcar uma reunião. Por exemplo, poderíamos escrever: "Amy, poderia marcar uma reunião para mim e Bob para a próxima quarta?" Então — e é aqui que a mágica acontece —, Amy interagiria com Bob por e-mail para encontrar um horário na quarta que fosse bom para os dois. Por fim, o evento era criado na nossa agenda. Pode até parecer que isso não é uma grande melhoria para a vida no escritório, mas ela atraiu um grande investimento. Até 2016, quando conheci Mortensen, a x.ai já havia gastado mais de US$26 milhões de capital de investimento na interface de linguagem natural da Amy. Até 2018, eles haviam recebido um total de US$40 milhões de investimento.[6]

Existe um motivo para as empresas de agendamento de reuniões como a x.ai estarem recebendo tanta atenção de investidores: até o maior defensor da mente coletiva hiperativa não pode ignorar quanto tempo os trabalhadores intelectuais perdem para realizar, de modo ineficiente, essa tarefa cada vez mais comum. O protocolo padrão para agendar reuniões é o que eu chamo de *vai e vem do menor esforço de e-mails*. Em certo ponto, durante uma conversa por e-mail, fica claro que é necessário marcar uma reunião. Como essa tarefa é chata e não urgente, todos os participantes envolvidos iniciam um jogo cuja regra não declarada é ver o quão rapidamente conseguimos passar a responsabilidade de marcar a reunião para outra pessoa, mesmo que temporariamente:

"Precisamos fazer uma reunião. Diga-me, quando seria bom para você?"

"Poderíamos fazer a reunião na próxima semana?"

"Pode ser. Em geral, os melhores dias para mim são às terças e quintas."

"Vou estar ocupado nesses dias. Sexta?"

"Claro. Que horas?"

"De manhã?"

"Se não for muito tarde, poderia ser às 11h?"

"Estarei saindo de uma reunião local neste horário. Que tal na próxima semana?"

E assim por diante...

O custo cognitivo desse protocolo é grande, visto que cada uma dessas mensagens que vêm e vão exige que gastemos tempo na nossa caixa de entrada. Para piorar as coisas, enquanto a conversa de agendamento está em andamento, precisamos verificar nossa caixa de entrada com frequência, esperando a próxima mensagem chegar, visto que seria rude sumirmos durante várias horas no meio do vai e vem do menor esforço de uma dessas interações quase síncronas.

Já é ruim ter que agendar uma dessas reuniões. Mas a verdade é que os trabalhadores intelectuais muitas vezes precisam realizar várias dessas conversas ao mesmo tempo. Como relatado em um artigo de 2017 da *Harvard Business Review* dramaticamente intitulado "Stop the Meeting Madness" (Pare com a Loucura das Reuniões), hoje em dia, o executivo médio gasta 23 horas por semana em reuniões.[7] A quantidade de trabalho necessário para agendar essas reuniões induz a uma verificação hiperativa da caixa de entrada, resultando em um grande custo cognitivo. Quando precisamos voltar continuamente à nossa caixa de entrada para lidar com uma das várias conversas de agendamento de reuniões, nossa habilidade de realizar um trabalho cognitivo de valor reduz drasticamente. É por isso que os investidores estão dispostos a gastar US$40 milhões para ver se uma inteligência artificial consegue diminuir esse custo cognitivo — o preço é pequeno em comparação com a grande quantidade de produtividade que poderíamos obter se o trabalho intelectual pudesse simplesmente abandonar o esforço exigido pelo vai e vem do menor esforço de e-mails.

Ao procurarmos por melhores protocolos de agendamento de reuniões, existem várias soluções que são, em média, consideravelmente menos custosas do que a troca de e-mails ad hoc. A primeira, e a mais extrema, é contratar um assistente de carne e osso para verificar nosso calendário e programar reuniões em nosso lugar. Havia uma época em que essa opção era proibitivamente cara para todos, com exceção de altos executivos, visto que ela envolvia pagar um salário integral para um funcionário dedicado. Esse não é mais o caso. Serviços freelance online simplificaram a contratação de assistentes para trabalharem remotamente por um período limitado de horas em tarefas específicas. Quando contratei minha primeira assistente virtual de meio período, usando um serviço chamado Upwork, fiquei surpreso em descobrir que ela conseguia agendar minhas reuniões com não mais do que de duas a três horas faturáveis por semana. O verdadeiro custo de se agendar reuniões vem das várias interrupções necessárias para consultar nossa caixa de entrada e fazer as conversas avançarem. No entanto, essas interrupções custosas não resultam em uma grande quantidade de horas faturáveis quando essa tarefa é atribuída a um assistente.[8]

Embora as taxas horárias variem dependendo da experiência do assistente, dada a realidade da quantidade de tempo que realmente está envolvida em se agendar reuniões, não deveria ser difícil nos desfazermos da nossa carga de agendamento de reuniões por uma média de US$40 por semana. Obviamente, US$160 extras por mês não é um valor insignificante. De acordo com a minha experiência, os trabalhadores intelectuais que provavelmente farão esse investimento são empreendedores que já estão acostumados a investir dinheiro em si mesmos e nos seus negócios para fazer com que as coisas continuem crescendo. No caso daqueles que trabalham como funcionários de grandes organizações, porém, a ideia de pagar para aumentar sua produtividade parece estranha, e, neste contexto, fazer com que um assistente externo interaja com nossos colegas pode parecer meio suspeito ou abertamente hostil. É por isso que, na minha vida profissional, uso minha assistente para administrar o sobrepujante número de pedidos de reuniões e entrevistas que recebo para o meu negócio como escritor e não, pelo menos em grande parte, para lidar com os pedidos do meu outro trabalho como professor universitário.

Duas coisas são necessárias para se conseguir trabalhar com um assistente de meio período que tem a responsabilidade de agendar nossas reuniões: acesso à nossa disponibilidade e uma maneira de inserir novos eventos na nossa agenda. Existem várias ferramentas que podem satisfazer esses requisitos. Eu estava usando um serviço de agendamento online chamado Acuity. No início de cada semestre nos quais contratava uma assistente, eu inseria manualmente no sistema quando eu estava disponível para reuniões nos meses à frente. Quando minha assistente precisava agendar uma reunião, ela usava o Acuity para selecionar um desses períodos de disponibilidade. O que tornava esse serviço útil era que ele podia ser sincronizado com a minha Google Agenda. Quando minha assistente agendava um compromisso no Acuity, ele era exibido automaticamente na minha agenda. Algo igualmente importante era que, se eu agendasse algo diretamente na minha agenda, o Acuity automaticamente removia esse período de disponibilidade.

Obviamente, a pergunta é: por que não usar o Acuity diretamente para acelerar meu agendamento de reuniões? Se alguém quisesse se reunir comigo, em vez de passar isso para minha assistente, eu poderia simplesmente marcar esse compromisso no Acuity para agendar uma reunião em um horário que fosse conveniente para nós dois. O motivo pelo qual não recorro a essa opção mais simples e barata é que eu trabalho com um conjunto diversificado de possíveis compromissos, e nem todos eles são criados igualmente a partir de uma perspectiva de agendamento. Ao agendar uma reunião que será realizada no meu escritório de Georgetown, por exemplo, gostaria de considerar apenas períodos que estou no campus. Ao agendar uma entrevista para um podcast, quero fazer o contrário, oferecendo apenas períodos em que estou trabalhando em casa, o que possibilita que eu use meu estúdio caseiro. Algumas reuniões são urgentes, e desejo encontrar o período disponível mais próximo, ao passo que outras não são, e desejo agendá-las em um período futuro menos conturbado. Para mim, não funcionaria responder a cada pedido de reunião com uma lista de *todos* os períodos em que estou disponível; assim, deixo minha assistente lidar com esses vários pedidos.

Entretanto, no caso da maioria dos trabalhos intelectuais, esses tipos de distinção são menos relevantes. Nós temos uma semana de trabalho padrão durante a qual reservamos períodos para realizar trabalho ininterrupto, deixando o restante em aberto para reuniões e compromissos. Nesse caso, não há a necessidade de um ser humano de verdade nos ajudar com nossa programação. Ferramentas como o Acuity, ScheduleOnce, Calendly e, claro, a x.ai (para citar alguns exemplos dentre muitos) podem ajudar as pessoas a agendar reuniões conosco durante períodos em que estamos disponíveis. Quando alguém requisita uma reunião, simplesmente lhe enviamos um link para o nosso serviço de agendamento e lhe pedimos para escolher um horário que seja melhor para ele. Assim, os dias do vai e vem do menor esforço de e-mails se resumem a uma única mensagem e a alguns cliques em um site de agendamento.

Se a reunião envolver várias pessoas, então evitar o vai e vem de e-mails se torna ainda mais urgente, visto que o número de mensagens necessárias para agendá-la aumenta exponencialmente de acordo com o número de participantes. Nesses casos, vale a pena usar um serviço de pesquisa de grupo, como o Doodle. Para aqueles que não estão familiarizados com eles, por meio desses serviços, podemos configurar uma pesquisa online inserindo várias datas e opções de horários que se adéquem à nossa agenda. Então enviamos a pesquisa para outros participantes, os quais indicarão quais desses horários são melhores para eles, nos permitindo identificar o melhor horário para todos.

Eu gostaria de ir além e dizer que todos aqueles cujo trabalho exige a marcação de mais de um ou dois eventos em uma semana normal, com certeza, deveriam usar um serviço de agendamento ou, se seu serviço exigir isso, um assistente de meio período. Não existe um motivo pelo qual alguém ainda deveria desperdiçar ciclos cognitivos em conversas arrastadas de agendamento. Talvez você esteja pensando que os benefícios sejam poucos — *qual é a dificuldade de se mandar alguns e-mails?* —, mas, se for como eu, você provavelmente ficará surpreso com a sensação de um fardo sendo tirado dos seus ombros quando eliminar todas essas constantes conversas de agendamento, que acabam com a nossa concentração, fazendo com que voltemos continuamente ao falatório da mente coletiva.

A estrutura de Claude Shannon destaca essa realidade. Os protocolos de agendamento de reuniões resultam em custos extras de inconveniência, visto que temos que criar o sistema, e nossos correspondentes agora precisam selecionar horários em um site em vez de simplesmente enviar uma resposta por e-mail na hora. Mas a economia de ciclos cognitivos é tanta que não tem comparação: o custo médio desses protocolos de agendamento de reuniões é muito mais baixo do que aqueles requisitados pelo status quo do vai e vem do menor esforço de e-mails.

Protocolos de Horários Reservados

No início de 2016, eu publiquei um artigo no site da *Harvard Business Review* que tinha um título propositalmente provocativo: "A Modest Proposal: Eliminate Email" (Uma Proposta Modesta: Eliminar o E-mail, em tradução livre). Embora eu já estivesse escrevendo sobre os malefícios dessa tecnologia no meu blog, esse artigo foi um dos meus primeiros ensaios publicados na mídia sobre essas ideias que acabariam se juntando para formar o livro que você está lendo agora. No meio do artigo, depois de revisar os problemas causados pelo fluxo de trabalho da mente coletiva hiperativa, eu cheguei à minha grande conclusão: "Os benefícios são muitos para as organizações que estão dispostas a acabar com o reino do fluxo de trabalho desestruturado e substituí-lo por algo criado do zero com o objetivo específico de maximizar a produção de valor e a satisfação do funcionário."[9]

No meu rascunho original, estava pronto para encerrar esse argumento ali. Meu editor discordava. Ele me lembrou que a ideia de deixar de usar o e-mail era tão nova que deveria haver algumas sugestões de como uma organização poderia funcionar sem ele. Eu ainda não havia trabalhado nos detalhes da teoria do capital de atenção nessa etapa inicial do meu raciocínio. Assim, eu não tinha uma resposta pronta para a pergunta do meu editor sobre o que poderia substituir o e-mail. Procurando um exemplo, me inspirei em uma atividade comum do meu próprio mundo acadêmico: os horários reservados. Eu disse:

> O conceito é simples. Os funcionários não terão mais endereços personalizados de e-mail. Cada pessoa disponibilizará de dois a três espaços de tempo do dia para comunicação. Durante esses *horários reservados*, essa pessoa garante que poderá ser contatada em pessoa, por telefone e por tecnologias de mensagens instantâneas, como o Slack. No entanto, fora do horário reservado estipulado por essa pessoa, não poderemos exigir sua atenção. Se precisarmos dela, vamos precisar nos lembrar do que precisamos e compartilhar isso com essa pessoa da próxima vez que ela estiver disponível.

Para minha tristeza, esse artigo de 2016 não iniciou uma revolução imediata contra o e-mail. Um comentarista corretamente destacou que o horário reservado não se adequaria bem em organizações cujos funcionários estão espalhados em vários fusos horários. Outro comentarista escreveu que eles prefeririam ter mais e-mails do que mais reuniões. E ainda outro comentarista concluiu: "Tentar banir o e-mail agora é como tentar fechar a porta do celeiro depois que o cavalo já fugiu. Simplesmente não vai funcionar." À medida que minha pesquisa sobre o e-mail continuava, afastei o conceito do horário reservado para o fundo da minha mente. Descobri posteriormente, porém, que talvez eu não deveria ter dispensado essa solução assim, tão rapidamente.

―――

Vamos pular para 2018, quando Jason Fried e David Heinemeier Hansson, os iconoclastas cofundadores da empresa de software Basecamp, publicaram um livro intitulado *O Trabalho Não Precisa Ser Uma Loucura*.[10] Esse livro descreve um conjunto de ideias para cultivar uma cultura eficaz de ambiente de trabalho que eles chamam de "a empresa calma", e entre suas sugestões estava uma estratégia familiar: o horário reservado. Tal como Fried e Hansson observam, sua empresa contém muitos especialistas: "Pessoas que podem responder a perguntas sobre estatística, lidar com eventos de JavaScript e dar dicas sobre bancos de dados." Assim, se um dos seus funcionários tivesse uma pergunta sobre um desses tópicos, ele poderia simplesmente contatar o especialista e obter uma resposta. Fried e Hansson têm sentimento mistos sobre essa realidade: "[Isso é] maravilhoso. E terrível."[11]

O aspecto maravilhoso é que esses especialistas podem ajudar seus colegas caso fiquem travados ou precisem identificar soluções mais eficazes para seus problemas. O aspecto terrível, por outro lado, é que os especialistas ficam presos na mente coletiva hiperativa — devotando cada vez mais tempo durante o dia para lidar com esses pedidos ad hoc. Para a minha satisfação, a solução da Basecamp foi introduzir os horários reservados. Agora, os especialistas disponibilizam horários para responder a perguntas durante a semana. Para alguns especialistas, esses horários reservados podem ser escassos, chegando a ser de uma hora por semana, ao passo que, no caso de outros, eles podem ser mais frequentes, chegando a uma hora por dia. A empresa confia que esses especialistas descobrirão qual disponibilidade é melhor para a sua demanda. Assim, as perguntas feitas para esses especialistas se limitam a esses horários reservados.

"Mas e se tivermos uma pergunta na segunda e o horário reservado de alguém for só na quinta?", perguntam Fried e Hansson. Sua resposta é direta: "Espere! É só esperar." Eles observam que, no princípio, talvez essas restrições tenham parecido burocráticas demais, mas que elas acabaram sendo um "grande sucesso" na sua empresa. Eles afirmam: "No fim das contas, esperar não é tão ruim na maioria das vezes. Mas o tempo e o controle readquiridos pelos nossos especialistas é algo muito bom."[12]

Pesquisas adicionais revelam que a Basecamp não foi a única organização não acadêmica a utilizar os horários reservados de forma limitada. Segundo Scott Kirsner, o colunista de Innovation Economy do *Boston Globe*, os horários reservados já vêm se mostrando populares entre os capitalistas de risco. Tal como ele explica em uma coluna intitulada "I'm Joining the Open Office Hours Movement" (Vou Entrar no Movimento dos Horários Reservados, em tradução livre), muitos grupos de investimento da área de Boston, incluindo a Flybridge, a Spark Capital e a Polaris Partners, passaram a reservar períodos regulares a cada semana em que qualquer pessoa interessada em startups de tecnologia podem vir, "sem compromisso", e pedir conselhos, deixar uma sugestão ou fazer conexões.[13] Ao consultar o perfil de um capitalista de risco do Vale do Silício chamado Mike Jackson para o meu livro *So Good They Can't Ignore You*, de 2012, descobri que o sucesso dessa indústria depende de nos expormos a várias ideias e a pessoas diferentes, mas, se essa exposição for realizada através de e-mails não solicitados, podemos acabar nos perdendo neles. "É muito fácil vir trabalhar e passar o dia todo lendo e-mails", ele alertou.[14] Os horários reservados mostraram ser uma boa maneira de fazer os investidores equilibrarem essas forças opostas.

A estrutura de Claude Shannon nos ajuda a explicar por que esses exemplos funcionam tão bem. Para a maioria dos tipos de coordenação, passar a utilizar horários reservados predeterminados significará uma redução do custo do ciclo cognitivo em comparação com simplesmente mandar e receber mensagens de forma ad hoc. Precisar esperar até o próximo horário reservado para se comunicar, porém, pode resultar em um custo de inconveniência. Os protocolos dos horários reservados parecem funcionar melhor no caso de atividades que não afetem tão negativamente esses adiamentos. É por isso que os especialistas da Basecamp e os capitalistas de risco de Boston adotaram os horários reservados: eles diminuem o grande custo cognitivo da distração das mensagens e introduzem um adiamento que não exerce um grande efeito na sua eficácia diária. É por isso também que minha sugestão de 2016 de substituir *todas* as comunicações por horários reservados não deu certo: existem muitos tipos de coordenação que são realizados por e-mail e para os quais um adiamento muito longo *teria* um custo proibitivo. A conclusão é que, quando nos envolvemos em algum tipo de atividade de coordenação que é frequente e não urgente, o protocolo dos horários reservados pode significativamente diminuir seu custo.

Protocolos de Clientes

Em fins da década de 1990, como um adolescente que se deixou levar pelo primeiro boom ponto com, eu me tornei o cofundador de uma empresa de tecnologia com meu amigo Michael Simmons. Como morávamos perto de Princeton, Nova Jersey, e achávamos que o nome desse endereço era atrativo, chamamos a firma de Princeton Web Solutions.[15] Nós focamos o web design, começando com a criação de sites para pequenos negócios da área. Em dado momento, porém, Michael entrou em contato com um grupo de desenvolvedores freelancers da Índia. Logo percebemos duas coisas: primeiro, essa equipe criava sites muito melhores do que nós e, segundo, eles cobravam muito menos em comparação com os padrões norte-americanos da época. Nós fizemos um trato para encontrar clientes e administrar os projetos ao passo que a equipe da Índia faria o trabalho de design gráfico e a programação em HTML em si. Pelo que me lembre, nossos primeiros contratos eram de cerca de mil dólares. Com a nova equipe a bordo, começamos a fazer contratos de US$15 mil a US$40 mil. O problema com tudo isso, obviamente, era que éramos adolescentes vivendo na década de 1990, o que significa que estávamos na escola o dia inteiro e não tínhamos celulares. Assim, estávamos administrando grandes contratos para clientes exigentes que, basicamente, não tinham uma forma de entrar em contato conosco.

Nossa solução para esse problema foi criar um portal bem elaborado para os clientes. Cada cliente tinha seu nome de usuário e senha que poderiam usar para entrar no portal. Depois de entrarem, eles podiam ver informações detalhadas sobre seu projeto. Amostras de design e versões pré-lançamento do seu site estavam disponíveis para revisão no portal, além de um calendário que marcava grandes eventos futuros. Um "diário de trabalho" continha as atualizações diárias de quais serviços haviam sido concluídos naquele dia. A maior parte da interação em si sobre os projetos se resumia a reuniões específicas que estavam relacionadas com nosso detalhado processo de projetos. Cada uma dessas reuniões gerava um memorando correspondente que descrevia o que havíamos decidido, e o qual pedíamos para os clientes assinarem, indicando sua aprovação. (Descobrimos que isso minimizava as chances de que o cliente mudasse de ideia depois que o desenvolvimento estivesse em execução.) Cópias desses memorandos assinados podiam ser baixados pelo portal.

Nunca explicávamos diretamente para os nossos clientes que dependíamos do portal porque estávamos na escola o dia inteiro — embora eu imagine que eles tenham descoberto isso sozinhos. Havíamos configurado as coisas dessa maneira para que isso não fosse um problema. Os designers de hoje em dia reclamam da quantidade de tempo que precisam gastar lidando com e-mails. Nós fazíamos mais ou menos o mesmo trabalho, mas basicamente sem nenhum e-mail.

É claro que não éramos os únicos que estavam comprometidos a desenvolver métodos inteligentes para nos comunicar com nossos clientes. No Capítulo 1, contei a história de como Sean reformulou o fluxo de trabalho da sua pequena startup de tecnologia. Nessa história, era a imensa quantidade de comunicação de clientes, mais do que qualquer outra coisa, que o levou ao ponto de ruptura. Para Sean, as coisas começaram a desmoronar quando um cliente particularmente exigente pediu para ter acesso ao seu canal interno do Slack — fazendo com que suas notificações se tornassem um ruído de fundo constante, com cada mensagem levando a outro pedido do cliente, o que aumentava a ansiedade. Não foi nenhuma surpresa que, quando Sean finalmente decidiu substituir a mente coletiva hiperativa da sua empresa por melhores práticas, uma das principais áreas nas quais ele se concentrou foi em como eles interagiam com seus clientes.

A empresa de Sean inseriu uma seção chamada "Comunicação" em cada contrato de trabalho. "Queríamos que o cliente estivesse ciente de tudo isso antes de o projeto começar", ele me disse. Essa nova seção especificava as regras de comunicação entre o cliente e a empresa, incluindo, tal como Sean enfatizou, o que fazer em casos urgentes. Na maioria dos casos, o procedimento padrão é uma conferência semanal agendada com o cliente, após a qual um resumo da ligação é enviado a ele por escrito. O parceiro de negócios de Sean, que era o responsável pelas relações com os clientes, estava nervoso com essa mudança. Sean explicou: "Ele temia que os clientes não gostariam disso porque somos uma empresa de experiência do usuário, o que significa que a experiência deles conosco tem de ser a melhor. Mas eles ficaram muito felizes. Tudo se trata de administrar as expectativas."

Embora não usemos essa terminologia, tanto Sean como minha empresa dos meus tempos do colégio utilizaram protocolos superiores de comunicação para lidar com as interações entre nossas organizações e nossos clientes. Ao fazer isso, reduzimos significativamente o custo médio dessa coordenação. Ao estudar outros exemplos desses protocolos de clientes, consegui identificar alguns pontos úteis que podem nos ajudar a fazer com que esses esforços sejam bem-sucedidos.

Primeiro, ao tentar minimizar os custos, devemos considerar, além dos nossos, os custos do cliente. Um fator-chave que pode ajudar a fazer um protocolo de cliente funcionar é reduzir os ciclos cognitivos ou inconveniências com os quais o *cliente* também tem de lidar. São poucos os clientes que realmente gostam de nos enviar um mundo de mensagens. Em geral, eles são obrigados a fazer isso porque não sabem de que outra forma podem entrar em contato conosco ou acompanhar o andamento do serviço. Uma coisa que aprendi com a Princeton Web Solutions é que a natureza estruturada do nosso portal não deixava os clientes frustrados; ela lhes dava tranquilidade, visto que não precisavam desperdiçar energia cognitiva se preocupando com nosso contrato. Em contraste com isso, se criarmos um sistema de comunicação que facilita nossa vida, mas faz com que a experiência do cliente seja mais custosa — para dar um exemplo extremo: obrigá-lo a nos enviar formulários de requisição detalhados toda vez que precisar de algo —, teremos uma venda mais difícil nas nossas mãos, e com razão.

Outro ponto importante é a necessidade de clareza. A empresa de Sean incluiu uma descrição detalhada do seu protocolo de clientes no contrato de trabalho que todos os seus clientes assinam. Isso foi inteligente. Se eles tivessem apenas casualmente sugerido aos seus clientes que uma ligação semanal seria suficiente, a probabilidade de que eles clientes voltassem a usar a mente coletiva assim que surgisse a menor inconveniência seria muito grande. Quando a linguagem é contratual, porém, a probabilidade de o cliente passar por uma pequena inconveniência e descobrir, com o passar do tempo, o quanto ele realmente aprecia o custo médio menor de um sistema mais restrito será maior.

Por fim, apesar dos nossos melhores esforços, sempre haverá alguns clientes para os quais esses tipos de protocolos não funcionam. Conversei com uma consultora de comunicação que trabalhava em uma loja de doze pessoas em Washington, DC. Ela me disse que muitos dos seus clientes usavam uma variação do arranjo de Sean: uma ligação semanal agendada seguida de um resumo por escrito de todos os pontos abordados. Alguns clientes, porém, recebiam serviços de crises de comunicação. Esses clientes precisavam de uma maneira de obter a atenção *imediatamente*, assim que surgisse uma crise publicitária. Consequentemente, seu protocolo basicamente se resumia a "ligar assim que alguma coisa acontecesse". Os detalhes desses protocolos, em outras palavras, dependerão do tipo específico de trabalho.

Há também certas pessoas para quem essa abordagem não se aplica, não por causa da natureza do seu trabalho, mas por causa da sua personalidade. Para usar o termo técnico, me refiro a cretinos que gostam de incomodar as pessoas porque isso faz com que eles se sintam importantes. Tim Ferriss escreveu sobre essa situação no seu best-seller *Trabalhe 4 Horas por Semana*, de 2007. Ao relatar como ele aperfeiçoou os fluxos de trabalhos da sua empresa de suplementos, a BrainQuicken, ele conta como acabou "demitindo" um dos seus clientes mais beligerantes e que lhe causava mais estresse. Essa ideia de que podemos demitir clientes tóxicos pode ser incômoda para alguns. "Essa passagem me chamou muito a atenção", disse Tobi Lütke, CEO da empresa de tecnologia Shopify, em um perfil de Ferriss que foi publicado na revista *Inc*. "Se formos a uma faculdade de administração e sugerirmos a demissão de um cliente, seremos expulsos de lá a pontapés. Mas isso se mostrou uma realidade na minha experiência. Isso nos permite identificar com quais clientes realmente queremos trabalhar."[16] A estrutura de Claude Shannon nos ajuda a validar a lógica dessa estratégia de demissão de clientes. Embora seja verdade que perderemos dinheiro a curto prazo, também eliminaremos custos cognitivos significativos. Quando começarmos a levá-los mais a sério, ficará mais fácil deixar clientes cujos custos à nossa psique não justificam o aumento do nosso balanço final imediato.

Juntando essas ideias, deverá ficar mais claro que, se lidamos com clientes, um protocolo otimizado de comunicação com eles será vital na nossa jornada para deixar o fluxo de trabalho da mente coletiva hiperativa para trás.

Protocolos de E-mails Não Pessoais

Alguns aspectos das nossas vidas diárias se tornam tão familiares que fica difícil imaginar que uma alternativa sequer possa existir. Um exemplo desse efeito é o formato canônico dos endereços de e-mail: pessoa@organização. Há uma elegância nessa estrutura. Quando enviamos um e-mail, o protocolo de e-mails subjacente envia a mensagem à organização especificada pelo endereço. Quando ela chega, o servidor de e-mails da organização entrega a mensagem ao destinatário específico do lado esquerdo do símbolo de @. É esse elemento do endereço de e-mail, o campo do destinatário, que encaramos como garantido. Mas se dermos um passo para trás e o examinarmos a partir de uma nova perspectiva, surge uma pergunta intrigante: por que os destinatários dos endereços de e-mail quase sempre são *pessoas* e não, por exemplo, departamentos, projetos ou atividades?

A resposta histórica para essa pergunta pode nos levar a um dos primeiros sistemas de protótipos de e-mail. No início da década de 1960, os computadores ainda eram mainframes grandes e caros que ocupavam cômodos inteiros e exigiam equipes de manutenção para cuidar deles. Para usar essas máquinas, precisávamos esperar nossa vez. Por fim, teríamos controle total sobre esse monstro digital e torcíamos para ele rodar nosso programa, o qual provavelmente era inserido por meio de cartões perfurados, antes que acabasse nossa vez. Os engenheiros do MIT, frustrados com esse arranjo, pensaram em uma maneira melhor de compartilhar o acesso ao mainframe. Sua solução, lançada no Centro de Computação do MIT em 1961, foi chamada de Sistema de Compartilhamento de Tempo Compatível (CTSS). E isso introduziu algo revolucionário no mundo da computação: a habilidade de vários usuários acessarem o mesmo mainframe ao mesmo tempo usando terminais ligados a ele. Esses usuários não estavam literalmente controlando o computador ao mesmo tempo; na verdade, o sistema operacional de compartilhamento de tempo que estava rodando na máquina grande alternava rapidamente entre os vários usuários, fazendo alguns cálculos para o primeiro antes de alternar e fazer alguns cálculos para o segundo, e assim por diante. Mas, da perspectiva dos usuários, parecia que cada um deles tinha acesso exclusivo ao mainframe.

O salto do CTSS para o e-mail foi natural. Uma das características introduzidas pelo compartilhamento de tempo foi a ideia de que cada conta de usuário tinha seu próprio diretório, o qual continha seus próprios arquivos, alguns particulares e alguns que podiam ser acessados por todos no sistema. Esses perspicazes primeiros usuários do CTSS perceberam que era possível deixar mensagens nos diretórios dos outros. Em 1965, esse comportamento foi padronizado pelo comando MAIL, implementado pelos engenheiros de software Tom Van Vleck e Noel Morris. Ele inseria um arquivo chamado "MAIL BOX" no diretório de cada usuário. Quando enviávamos uma mensagem a um usuário específico através do comando MAIL, ela era anexada ao arquivo MAIL BOX do usuário. As pessoas podiam usar essa ferramenta para ler e apagar mensagens dos seus próprios arquivos MAIL BOX.

Em outras palavras, as primeiras contas de e-mail estavam associadas a pessoas individuais porque as contas de usuário dos sistemas de compartilhamento de tempo do mainframe foram configuradas dessa maneira. Depois que essa conexão foi feita, ela ficou. Ray Tomlinson, o engenheiro que talvez tenha sido o maior responsável pelos endereços no formato pessoa@organização e que, mais tarde, se tornaram o padrão, havia trabalhado anteriormente em versões mais avançadas de ferramentas de troca de mensagens de compartilhamento de tempo como o MAIL.[17]

Essa decisão arbitrária e aparentemente inocente de associar o e-mail com indivíduos acabou exercendo um papel no aumento do fluxo de trabalho da mente coletiva hiperativa. Como vimos na Parte 1 deste livro, a mente coletiva expande o modo natural através do qual sempre coordenamos nosso trabalho em pequenos grupos: pelo vai e vem do falatório desestruturado e ad hoc. Como os endereços de e-mail estão associados a pessoas, é fácil usar essa ferramenta para realizar esse tipo de conversa, o que dá início a uma bola de neve que termina na troca descontrolada de mensagens. Em um universo alternativo no qual os endereços de e-mail estão relacionados a projetos ou equipes, o fluxo da mente coletiva pode parecer menos natural e, assim, pode ter tido mais dificuldade de ganhar força.

O objetivo dessa história é nos encorajar a considerar a quebra da convenção de associar endereços de e-mail a indivíduos, em especial quando estamos procurando desenvolver protocolos eficientes de comunicação. Eliminando essa conexão entre o e-mail e as pessoas, através de apenas um grande gesto, desestabilizaremos as expectativas de todos sobre como a comunicação *deveria* ser realizada, facilitando a reconstrução dessas expectativas do zero com um protocolo que faça mais sentido.

Pense, por exemplo, nos protocolos de comunicação com os clientes discutidos neste capítulo. Quando um cliente está acostumado a contatar determinada pessoa da nossa organização quando tem perguntas ou problemas, pode ser difícil diminuir sua expectativa por respostas rápidas. Eles personalizarão essas interações e começarão a encarar a demora como uma afronta pessoal (*por que você está me ignorando?!*). Agora imagine que cada cliente tenha recebido um endereço de e-mail dedicado no formato nomedocliente@nossaorganização.com. Nesse caso, ficaria muito mais fácil acabar com essa ideia de que suas mensagens estão sendo recebidas por uma pessoa específica, que elas serão lidas de imediato e que, por isso, é melhor respondê-las sem demora! Despersonalizando a comunicação, obtemos muito mais opções para otimizá-las.

Eu passei a utilizar protocolos baseados nessas ideias para me ajudar a administrar minha comunicação como autor. Quando eu usava apenas um endereço de e-mail, que estava associado ao meu nome, para que os leitores pudessem entrar em contato comigo, as mensagens aumentaram assustadoramente: não apenas em quantidade, mas também em complexidade. Quando achamos que estamos interagindo com uma pessoa, é natural supor que ela seja razoável o suficiente para ler nossa longa história e fornecer conselhos detalhados, agendar uma ligação para falar sobre nossa oportunidade de negócios ou nos colocar em contato com pessoas relevantes da sua rede. Antes, eu fazia isso com prazer. Mas, à medida que meu público foi crescendo, isso ficou mais difícil.

Para melhorar meus protocolos de comunicação como autor, passei a usar endereços de e-mail não pessoais. Um desses, por exemplo, é o interesting@calnewport.com, que meus leitores podem usar para enviar links ou histórias interessantes. Abaixo do endereço, há uma observação simples: "Eu realmente aprecio essas mensagens. Mas, devido às minhas limitações de tempo, costumo não poder respondê-las." De acordo com a minha experiência, quando colocamos uma observação como essa embaixo de um endereço personalizado, como cal@calnewport.com, ela será amplamente desconsiderada, visto que nossas expectativas de interações particulares são fortes. Mas, quando essa observação está do lado de um endereço não pessoal, como interesting@calnewport.com, recebo menos reclamações — sem expectativas preconcebidas, podemos criá-las do zero.

Existem muitas maneiras de criar protocolos de baixo custo para a nossa vida profissional ou para a nossa organização, mas, em muitos casos, desvincular endereços de e-mail de indivíduos contribui bastante com esses esforços.

Protocolos de Mensagens Curtas

Em 2017, C. L. Max Nikias, um acadêmico renomado e o então presidente da Universidade do Sul da Califórnia, escreveu um artigo editorial peculiar para o *Wall Street Journal*. Ele não falou sobre as realizações acadêmicas que lhe haviam concedido espaço como membro da Academia Nacional de Engenharia e da Academia Americana de Artes e Ciências. Ele também não escreveu sobre sua campanha de US$6 bilhões que realizou, nem sobre o novo campus que ele inaugurou e nem sobre o acréscimo das cem vagas de professores que ele havia ajudado a criar durante os últimos sete anos da sua presidência na USC.[18] Seu tópico era mais universal e mais mundano: o e-mail.

Nikias explicou que, no seu cargo, ele recebia mais de trezentos e-mails por dia — e isso era um problema. Ele escreveu: "O objetivo de ser um líder é fazer com que a organização avance em uma direção significativa. Porém, o e-mail tem o efeito contrário, impedindo o leitor de realizar qualquer coisa proativa ou de conteúdo duradouro." Para evitar o destino de passar todo o seu tempo "preso ao monitor e respondendo um sem-fim de e-mails", Nikias pensou em uma solução simples: "Vou escrever e-mails curtos — nada além [do comprimento médio] de uma mensagem de texto." E o que dizer dos e-mails cuja interação exigia algo maior do que uma mensagem de texto? Nikias ligava para a pessoa ou pedia para que ela agendasse uma reunião. "Afinal, os detalhes cruciais da comunicação humana não podem ser apropriadamente traduzidos no ciberespaço", explicou.

Nikias não foi a única pessoa que fez experiências com e-mails mais curtos. Em 2007, um web designer chamado Mike Davidson postou um ensaio no seu blog pessoal intitulado "A Low-Fi Solution to E-mail Overload" (Uma Solução Minimalista para a Sobrecarga de E-mails).[19] No seu post, Davidson descreveu sua frustração com a natureza assimétrica da comunicação por e-mail. Ele escreveu: "Muitas vezes, em uma frase, o remetente faz duas ou três perguntas abertas que exigem respostas de vários parágrafos. Nesses casos, o remetente, que gastou apenas um minuto para escrever uma mensagem, implicitamente faz com que o destinatário tenha de gastar até uma hora para respondê-la." A solução dele foi basicamente a mesma de C. L. Max Nikias: fazer com que *todos* os seus e-mails sejam curtos. Ele também classificou a contagem de 160 caracteres das mensagens SMS como um alvo razoável, mas, reconhecendo que a contagem de caracteres exigiria algum tipo de plug-in especial, ele simplesmente usou uma aproximação: escreveria todos os seus e-mails com cinco frases ou menos.

Para explicar essa regra aos seus correspondentes "com educação", Davidson criou um site simples, o http://five.sentenc.es [conteúdo em inglês], que explica sua política em uma landing page minimalista. Depois, ele acrescentou a seguinte assinatura no fim dos seus e-mails:

P: Por que este e-mail tem cinco frases ou menos?

R: http://five.sentenc.es

Como Davidson conclui na sua postagem introdutória: "Ao garantir que todos os e-mails que envio levem o mesmo tempo para serem enviados (ou seja, 'não muito'), estou igualando o nível deles e, no fim das contas, poderei dar atenção a muitos outros."

———

A ideia de limitar o comprimento dos e-mails é mais do que um truque. Ela representa um passo que poucos vêm dando na nossa era digital atual: o estabelecimento de limites claros do que o e-mail deve e *não* deve realizar. O fluxo de trabalho da mente coletiva hiperativa quer que o e-mail seja um meio de comunicação neutro que possa dar suporte a conversas flexíveis, desestruturadas e constantes de todos os tipos. O movimento dos e-mails curtos afasta essa ideia. Ele especifica que o e-mail é uma coisa útil para perguntas, respostas e atualizações curtas, mas faz com que tenhamos de lidar com qualquer coisa mais complicada através de um tipo diferente de comunicação que seja mais apropriada para essa interação. Isso pode ser ruim no momento, mas, da perspectiva da estrutura de Claude Shannon, esse protocolo resultará em um custo médio mais baixo a longo prazo.

Por exemplo, no seu artigo editorial publicado no *Wall Street Journal*, Nikias explicou que, enquanto estava supervisionando a maior expansão do campus da história da sua universidade, ele sempre recebia e-mails dos administradores da construção com atualizações de design ou requisições de pequenas mudanças que precisavam de aprovação rapidamente ("tudo, desde amostras de tijolos a vitrais"). Esse é um ótimo uso do e-mail: se os administradores da construção interrompessem Nikias com ligações ou reuniões toda vez que precisassem de uma dessas aprovações, isso teria tomado todo o seu tempo. Por outro lado, como Nikias discorreu, quando um problema da construção parecia requerer uma discussão "mais profunda", ele imediatamente tirava isso da sua caixa de entrada e fazia uma ligação.

Quando usadas corretamente, essas políticas de mensagens curtas implementam protocolos eficientes que usam o e-mail para um tipo de comunicação mais apropriado para ele (rápida e assíncrona), obrigando as pessoas a usar meios de comunicação melhores para todo o resto. Sempre escrever e-mails curtos é uma regra simples, mas pode ser muito benéfico. Quando deixamos de pensar no e-mail como uma ferramenta generalizada para falar sobre qualquer coisa e a qualquer hora, ele deixará de drenar a nossa atenção.

Protocolos de Reuniões de Status

Em 2002, Michael Hicks e Jeffrey Foster entraram como novos professores assistentes no departamento de ciências da computação da Universidade de Maryland, onde começaram a trabalhar juntos para criar um grupo de pesquisa. Diante da necessidade de orientar os alunos que estavam contratando, Hicks e Foster usaram uma estratégia que é utilizada por quase todos os professores de ciência da computação: eles agendaram reuniões semanais com cada aluno para avaliar seu progresso e trabalhar juntos em problemas de pesquisa.

Por um tempo, essa abordagem funcionou. Como muitos professores juniores, Hicks e Foster tinham apenas dois ou três alunos para supervisionar e tinham relativamente poucas responsabilidades adicionais além da pesquisa e ensino. Porém, como explicaram em um relatório técnico sobre a produtividade da pesquisa que publicaram em 2010, à medida que suas carreiras avançavam, essa estratégia padrão de mentoria começou a "atingir os seus limites".[20] De dois ou três alunos, eles passaram a supervisionar seis ou sete alunos cada. Ao passo que suas responsabilidades como mentores cresciam, o mesmo acontecia com suas responsabilidades externas de revisar trabalhos e conceder subsídios, o que limitava ainda mais seu tempo livre.

As reuniões com cada aluno se tornaram "extremamente ineficientes", visto que a mesma quantidade de tempo era reservada: de 30 minutos a 1 hora, o que nem sempre era a duração apropriada — às vezes, eles precisavam apenas de 10 minutos para obter uma atualização sobre o status, ao passo que, em outras ocasiões, precisavam de algumas horas para lidar com um problema especialmente complicado.

A agenda cada vez mais lotada de Hicks e Foster dificultava a marcação de outras reuniões com alunos, além daquelas que já estavam agendadas para a semana. Em resultado disso, os alunos começaram a ser negligenciados. Se um deles estivesse lidando com algum problema, poderia levar uma semana antes de poderem discutir como chegar a uma solução. Hicks e Foster também perceberam que as reuniões particulares não estavam gerando um senso de comunidade no seu grupo de pesquisa. "Havíamos reunido um conjunto de ótimos alunos individuais em vez de um grupo de pesquisa colaborativo", escreveram. Considerando todos esses problemas, a conclusão deles foi simples: "Alguma coisa obviamente precisava mudar."

Uma coisa que levou a essa mudança foi uma reunião de pesquisa da qual Hicks participou em 2006. Ele estava conversando com um colega da universidade que havia se tornado desenvolvedor de software. Esse colega começou a contar a Hicks sobre como ele gostava do Scrum, a metodologia de desenvolvimento ágil que seu chefe usava para organizar o trabalho de desenvolvimento. Alguma coisa dessa ideia marcou Hicks. Quando voltou para Maryland, ele sugeriu a Foster que essas técnicas exóticas de organização do mundo do desenvolvimento de software era exatamente o que estava faltando para que o funcionamento do seu grupo de pesquisa fosse mais eficiente.

Nós falamos sobre o Scrum e sobre as metodologias de desenvolvimento ágil de modo mais genérico no Capítulo 5, quando abordamos os quadros de tarefas. Dos vários elementos dessa estratégia, o que mais marcou Hicks e Foster foi a disciplina dos scrums diários. Como deve se lembrar, no Scrum padrão, as equipes de desenvolvimento de software dividem o trabalho em sprints: sessões de duas a quatro semanas que são dedicadas ao desenvolvimento de recursos específicos. Durante esses sprints, a equipe se reúne toda manhã, durante quinze minutos, em uma reunião chamada scrum. Durante essa reunião, cada pessoa do grupo responde às seguintes perguntas: (1) O que você fez desde a última reunião de scrum? (2) Quais obstáculos você enfrentou? (3) O que você vai fazer antes do próximo scrum? Então, eles passam o restante do dia trabalhando para, de fato, alcançar seus objetivos. No software, esse método de coordenação acaba sendo muito mais eficiente do que a troca de e-mails ou de mensagens instantâneas durante o dia. Para respeitar o limite de quinze minutos e, assim, evitar que as reuniões entrem no território do desperdício de tempo, os scrums tradicionalmente exigem que todos estejam de pé.

Hicks e Foster adaptaram esse conceito do scrum diário ao seu grupo de pesquisa. Em vez de fazer as reuniões todos os dias, elas eram feitas às segundas, quartas e sextas. Eles também trocaram o nome para "reuniões de status". De resto, os detalhes permaneceram basicamente os mesmos: essas reuniões têm a duração de 15 minutos e todos da equipe de pesquisa respondem às três perguntas tradicionais. Eles até experimentaram fazer as reuniões em pé e, "surpreendentemente", descobriram que isso os ajudou a se apegarem ao limite de tempo. Hicks e Foster também participam, atualizando os alunos sobre suas atividades diárias. Eles chamam seu sistema modificado de SCORE.

A chave do SCORE de Hicks e Foster era distinguir com clareza essas reuniões de status de discussões técnicas mais profundas. Se, durante uma reunião de status, ficar óbvio que um aluno precisa realizar uma discussão mais detalhada para fazer progresso, uma "reunião técnica" à parte é marcada ali, na hora. Diferentemente do antigo sistema de reuniões semanais, essas reuniões técnicas eram marcadas apenas quando houvesse necessidade. Como eles já sabiam qual era seu objetivo assim que eram marcadas, elas tendiam a ser mais eficientes — todos compareciam já sabendo qual era o objetivo da discussão. Segundo Hicks e Foster, como suas reuniões semanais com cada aluno foram removidas da sua agenda, havia mais tempo livre para realizar essas reuniões sob demanda quando surgisse a necessidade.

Curiosos para saber se seus alunos compartilhavam do seu apreço pela abordagem SCORE, os professores realizaram uma enquete formal com o grupo de pesquisa. Eles pediram que o grupo classificasse sete aspectos diferentes da sua experiência de pesquisa como alunos de graduação, incluindo "a qualidade das interações com o orientador", "o nível de produtividade" e o "entusiasmo pela pesquisa". No caso dos alunos que já faziam parte do grupo antes da instituição do SCORE, eles também foram convidados a classificar sua experiência com o método antigo de organizar o grupo. Hicks e Foster resumiram a enquete da seguinte forma: "Todas as respostas foram positivas. O SCORE melhorou a experiência dos alunos em todas as áreas que consideramos."

A estratégia das reuniões regulares de status que Hicks e Foster tiraram da metodologia Scrum é um protocolo de comunicação poderoso e que pode ser amplamente aplicado. No caso de muitos arranjos de trabalho intelectual, realizar essas reuniões curtas, de três a cinco vezes por semana, pode reduzir significativamente a quantidade de e-mails ad hoc ou a interação por meio de mensagens instantâneas durante o dia, visto que todos entram em sincronia durante as reuniões regulares. Isso troca o pequeno número de ciclos cognitivos necessários para as reuniões de status pelo grande número de ciclos necessários para se obter a mesma coordenação por meio do vai e vem esporádico das mensagens. Segundo o relatório de Hicks e Foster, o ritmo regular de mensagens curtas também gera um senso de "impulso" que ajuda as pessoas a se sentirem melhores em relação a seu trabalho e a serem mais produtivas. Isso também aumenta a coesão do grupo, visto que todos sabem no que os outros estão trabalhando.

Esse protocolo gera alguns custos de inconveniência. Mais especificamente, ter de esperar até a próxima reunião de status pode ser irritante se precisamos de uma rápida resposta a uma pergunta ou ajuda para superar um obstáculo. No entanto, nos grupos que estudei e que usam alguma variação dessas reuniões regulares, esses maus eventos parecem ser mais raros do que as pessoas temiam. Obviamente, protocolos de emergência sempre podem ser estabelecidos para amenizar essas preocupações (p. ex.: "Se alguma coisa urgente acontecer antes da próxima reunião de status, venha até o meu escritório").

Um problema maior com esse estilo de protocolo de comunicação é que sua eficácia diminuirá rapidamente se permitirmos que as reuniões de status se tornem mais longas e menos focadas. Hicks e Foster relataram sua própria experiência sobre isso:

> No outono de 2007, as reuniões tinham aproximadamente trinta minutos, pois os alunos começaram a falar mais com seu orientador, durante a reunião, sobre problemas técnicos pessoais. Apesar de as reuniões mais longas resultarem em mais informação técnica, elas não geravam mais interesse ou contribuição grupal. Pelo contrário, as reuniões mais longas começaram a se tornar chatas e tediosas. Assim, tivemos de nos redisciplinar para manter as reuniões curtas.

Muitos dos alunos que eles entrevistaram destacaram a importância da duração das reuniões. Essa é uma ideia que é bem compreendida na comunidade do Scrum. Verificações curtas e bem estruturadas podem ser empoderadoras. Quando permitimos que essas reuniões se tornem mais soltas, mais parecidas com reuniões comuns, elas se tornam um fardo tedioso.

Essa distinção é importante. No mundo acadêmico, por exemplo, é comum que grupos de professores trabalhem juntos em projetos, como em pesquisas de coautoria ou em comitês departamentais. Uma técnica padrão para ajudar a "fazer o projeto avançar" é realizar reuniões regularmente, em geral, uma vez por semana durante uma hora. A motivação aqui é marcar compromissos na nossa agenda — uma convenção que muitos respeitam — para gerar produtividade. Se somos obrigados a fazer uma reunião toda semana para falar sobre um projeto, as ideias fluem, pois somos incentivados a terminar nossas tarefas com regularidade. Essas reuniões *não* são a mesma coisa que as reuniões de status do estilo Scrum. A primeira é, basicamente, uma abdicação da responsabilidade — uma admissão de que não somos organizados o suficiente para fazer algo de modo independente e que, por isso, precisamos das reuniões para nos fazer sentir que estamos progredindo — ao passo que a última nos empodera para fazer mais por conta própria. As reuniões semanais são infrequentes e vagas demais. Elas consomem muito tempo e, em geral, incluem pessoas que tentam fugir do compromisso usando termos vagos e conversa distrativa. Por outro lado, as reuniões de status são frequentes e bem estruturadas nas perguntas que fazem aos participantes: O que você fez, o que você está fazendo e o que vem por aí? Esses tipos de reuniões não devem ser confundidos.

Se estamos trabalhando em grupos que têm objetivos profissionais em comum, e se achamos que as mensagens enviadas nesse trabalho estão gerando muita distração ou reuniões sem objetivo, um protocolo de reuniões bem executado poderia fazer bastante diferença na nossa produtividade. Como Hicks e Foster descobriram, é surpreendente o quanto do vai e vem dessa interação intensa que drena a nossa atenção pode ser comprimido em verificações curtas e agendadas com frequência.

Capítulo 7

O Princípio da Especialização

O Enigma da Produtividade

No seu livro de sucesso, *A Vingança da Tecnologia: As Irônicas Consequências das Inovações Mecânicas, Químicas, Biológicas e Médicas*, de 1996, o erudito e escritor independente Edward Tenner tenta solucionar um "enigma da produtividade" que vem sendo significativa e amplamente ignorada: Por que a chegada dos computadores pessoais no ambiente de trabalho não nos tornou tão produtivos quanto havíamos previsto? Tenner escreveu que "o grande investimento na computação na década de 1980 e no início de 1990" fez com que aqueles que trabalhavam em escritórios se sentissem "autônomos, no controle, mais poderosos e, com certeza, mais produtivos". Esse evento foi comparado a uma segunda revolução industrial, algo que transformaria o trabalho de maneiras bastante positivas. "Mas no fim dos anos 1980, começamos a sentir que algo estava errado", e no início dos anos 1990, as pessoas "da cultura tecnocrática" — economistas, professores de administração, consultores — começaram a perceber que os benefícios que previmos que ganharíamos pelos computadores não estavam se tornando uma realidade por completo.[1]

Esse ceticismo se iniciou, em parte, devido a dados desanimadores. Tenner mencionou um estudo realizado pelo economista Stephen Roach que descobriu que, entre 1980 e 1989, o investimento em tecnologia avançada no setor do serviço havia crescido em mais de 116% por funcionário, ao passo que a produção dos funcionários havia crescido menos de 2,2% no mesmo período. Ele também mencionou um estudo realizado por economistas da Brookings Institution e do Federal Reserve que calculou que a "contribuição dos computadores e periféricos não passava de 0,2% do crescimento real dos negócios entre 1987 e 1993".[2]

Mesmo sem esses dados, muitas pessoas estavam chegando a conclusões similares sobre a promessa não cumprida dos PCs, que aparentemente haviam se espalhado por toda parte da noite para o dia. Essas limitações puderam ser vistas especialmente em profissões que existiam antes e que continuaram a existir após a revolução dos computadores. Assim como eu, meu avô era professor universitário. Eu passava a maior parte do dia interagindo com um poderoso computador portátil equipado com acesso sem fio de alta velocidade à internet. Em contraste com isso, meu avô só comprou seu primeiro computador após a sua aposentadoria (e eu o ajudei a montá-lo), e não havia evidência de que ele algum dia chegou a usá-lo. Ele transcrevia seus livros em cadernos que, mais tarde, eram digitados por um assistente, e ele não precisava da internet para fazer pesquisas, visto que seu escritório tinha uma enorme biblioteca pessoal que abrangia os assuntos que ele estudava. Posso dizer que meu computador simplificou várias das pequenas tarefas da minha vida. Mas, olhando o panorama do que importa para muitos estudiosos — a realização de pesquisa e o impacto acadêmico —, não posso dizer que sou mais produtivo do que ele, em especial considerando que ele escreveu muitos livros e ganhou uma cátedra patrocinada em estudos religiosos da Universidade Rice antes de encerrar sua carreira no cargo de reitor de um grande seminário teológico.

Tenner oferece várias respostas para esse enigma, mas um dos seus principais argumentos é que, em vez de reduzir o trabalho, os computadores acabaram gerando mais trabalho. Parte desse trabalho adicional é direto. Os sistemas de computadores são complicados e mudam com o passar dos anos ao passo que a tecnologia existente se torna obsoleta. Eles também têm a tendência de quebrarem. O resultado disso é um grande investimento de tempo para aprender novos sistemas e tentar fazê-los funcionar. Por exemplo, enquanto estava escrevendo este capítulo, meu agente de palestras veio me visitar no meu escritório. Enquanto estávamos conversando sobre a ineficiência no local de trabalho, ele me falou sobre a dificuldade que sua agência estava enfrentando para fazer um sistema de administração de relação com os clientes chamado Salesforce funcionar corretamente para atender às suas necessidades específicas. Depois de infinitas horas de ajustes, eles acabaram contratando outro especialista só para trabalhar no sistema. Meu agente não sabia se realmente estavam ganhando um aumento de produtividade em comparação com os velhos dias dos Rolodexes e cartões de negócios.

Porém, o mais terrível são os aumentos de trabalho indireto causados pelos computadores pessoais. Um grande problema com os computadores pessoais, segundo Tenner, é que eles não só dificultam as tarefas individuais, mas também as tornam *simples o suficiente*. Para explicar, ele usou um fantástico trabalho de 1992, publicado no periódico *National Productivity Review* por um economista da Georgia Tech chamado Peter G. Sassone.[3] Entre 1985 e 1991, Sassone estudou vinte departamentos de cinco grandes corporações dos EUA, dando atenção especial ao impacto da chegada de novas tecnologias de escritório, como os computadores pessoais.

Sassone documentou que os profissionais que eram pagos para realizar trabalhos altamente especializados estavam gastando cada vez mais tempo realizando trabalho administrativo. Ele escreveu: "A não especialização intelectual era a característica dominante da maioria das organizações desse estudo." Ele observou que a causa imediata desse desequilíbrio era uma estrutura pesada de contratação que tinha uma proporção desequilibrada de profissionais habilidosos para dar suporte ao pessoal. Ao buscar por explicações, ele indicou a "automação do escritório", observando que muitas empresas pagavam bastante por sistemas de computadores caros reduzindo o pessoal de suporte que costumava realizar as funções que os computadores agora "simplificam".

Como Sassone afirma, essa troca pode ser assimétrica. Quando eliminamos a equipe de suporte, os profissionais habilidosos se tornam menos intelectualmente especializados, visto que precisam gastar mais tempo realizando o trabalho administrativo que os computadores fizeram com que se tornasse simples o suficiente para que eles o pudessem realizar por conta própria. Em resultado disso, agora ele exige *mais* desses profissionais para produzir a mesma quantidade de trabalho no mercado, visto que eles passaram a ter menos ciclos mentais disponíveis para realizar esse trabalho especializado. Como esses profissionais têm salários muito maiores do que o pessoal de suporte, substituir estes últimos por mais dos primeiros pode sair caro. Sassone fez as contas e afirmou que as organizações que ele estudou poderiam reduzir imediatamente seus custos com pessoal em 15% contratando mais pessoal de suporte, o que permitiria que seus profissionais se tornassem mais produtivos. Para Sassone, essa análise é uma solução atraente para a estagnação da produtividade do início da era dos computadores pessoais. "De fato, em muitos casos, as firmas passaram a usar a tecnologia para reduzir, em ver de aumentar, a especialização intelectual", ele escreveu.

Nas décadas seguintes, os problemas de não especialização relatados por Sassone pioraram. Os trabalhadores intelectuais altamente treinados, e a habilidade de produzirem resultados de alto valor com seus cérebros, gastam muito do seu tempo lidando com sistemas de computadores, marcando reuniões, preenchendo formulários, brigando com processadores de texto, lutando com o PowerPoint e, claro, acima de tudo, enviando e recebendo mensagens digitais de todo mundo sobre tudo o tempo todo. Achamos que avançamos porque não precisamos mais de secretárias em salas de datilografia, mas não calculamos quanta produtividade realmente obtivemos no nosso trabalho. Eu fiquei tão frustrado com a perda da especialização no meu próprio mundo acadêmico que, em 2019, escrevi um artigo para a revista *The Chronicle of Higher Education* que detalhava a diminuição do trabalho potencialmente intelectual dos professores, em grande parte, devido ao aumento das demandas causado pelos avanços tecnológicos. Meu editor deu um título provocativo ao artigo: "Is Email Making Professors Stupid?" (O E-mail Está Emburrecendo os Professores?)[4] Ele se tornou um dos artigos mais lidos da revista durante o ano.

Tenner observa que as apostilas de economia introduziam a ideia de mercados de trabalho eficiente contando a história do melhor advogado da cidade, o qual também era o melhor datilógrafo. A conclusão óbvia da história da apostila era que o advogado seria tolo se não contratasse um datilógrafo. Se o advogado cobrasse US$500 por hora e o datilógrafo cobrasse US$50 por hora, então era melhor que ele terceirizasse a datilografia para que ele pudesse gastar mais tempo no trabalho legal. Parece que a chegada dos computadores no ambiente de trabalho obscureceu essa realidade que, então, parecia óbvia. Todos nós nos tornamos o advogado que começou a passar horas na frente da máquina de escrever.

Nessa versão da história recente do ambiente de trabalho, a chegada dos computadores resultou em uma diminuição da especialização do trabalho intelectual. Como reforçado pelos dados citados anteriormente, essa mudança provavelmente resultou em grandes ramificações econômicas nesse setor. Porém, essa mudança nos preocupa porque ela também afeta bastante nossos esforços de deixar o fluxo de trabalho da mente coletiva hiperativa para trás. A grande quantidade e variedade de tarefas do ambiente de trabalho não especializado faz com que o fluxo de trabalho da mente coletiva se torne *inevitável*. Quando nos deparamos com a chegada de um fluxo imenso de tarefas não relacionadas, não temos espaço suficiente na nossa agenda para criar fluxos de trabalhos alternativos e que sejam mais inteligentes — o bombardeio é demais para que possamos cuidar de tudo sozinhos por meio de processos otimizados. Em outras palavras, ao jogarmos na defesa contra um ataque de obrigações imprevisíveis, as mensagens ad hoc e desestruturadas logo se tornam a única opção razoável para evitar com que sejamos tragados por elas.

Essa realidade gera um terrível círculo vicioso de redução de produtividade. Quando estamos sobrecarregados, somos obrigados a recorrer à flexibilidade da mente coletiva. Entretanto, esse fluxo de trabalho resulta na divisão adicional da nossa atenção, fazendo com que nos tornemos ainda menos eficientes no que diz respeito a terminar nossas tarefas. O resultado: a sobrecarga aumenta! À medida que essa espiral continua, acabaremos em um estado de ineficiência desesperadora, no qual a ideia de que podemos, de alguma forma, criar fluxos de trabalhos mais inteligentes parecerá impossível.

Assim, se quisermos domar a mente coletiva hiperativa, primeiro precisamos domar a tendência da não especialização. Ao diminuir a quantidade de obrigações diferentes das quais precisamos cuidar, vamos obter a folga necessária para otimizar os fluxos de trabalhos que usamos para cuidar do restante — obter ganhos eficazes de produtividade que poderão transformar por completo nossa eficácia ou a eficácia da nossa organização. Este capítulo pede que adotemos o seguinte princípio como um passo fundamental para deixar a mente coletiva hiperativa para trás:

> **O Princípio da Especialização**
> No setor do trabalho intelectual, trabalhar com menos coisas, mas fazer cada coisa com mais qualidade e responsabilidade, pode ser a base para um aumento significativo da produtividade.

De início, a noção de que menos pode, de alguma forma, resultar em mais talvez nos pareça incômoda, em especial no contexto de um ambiente de trabalho competitivo. Alguns talvez temam que, se reduzirem a quantidade de obrigações que aceitam, ou rejeitarem tarefas que não se enquadram na sua especialidade, eles podem dar a impressão de que não trabalham tão bem em equipe, e que talvez acabem perdendo o seu trabalho. Mas, como Greg McKeown afirmou no seu best-seller *Essencialismo*, de 2014, a dinâmica contrária talvez seja mais provável. Ele conta a história de um executivo que ele chamou de Sam e que, para tentar ser um "bom cidadão" na empresa do Vale do Silício na qual trabalhava, disse "sim" para tudo, resultando em um severo caso de sobrecarga crônica. Eventualmente, a empresa lhe ofereceu um pacote de aposentadoria antecipada. Sam pensou em aceitar o pacote e abrir sua própria agência de consultoria. Porém, depois de receber um conselho do seu mentor, ele decidiu que tentaria ficar na firma — com a exceção de que pararia de dizer "sim" para tudo e que aceitaria apenas trabalhos que achava que eram essenciais. Ele descobriu que não tinha nada a perder: se isso irritasse seu patrão, ainda teria a opção de aceitar o pacote de aposentadoria e seguir em frente.

McKeown relata que Sam parou de se voluntariar para apresentações de última hora e acabou com seu hábito de ser o primeiro a participar de conversas de e-mail. Ele parou de assistir a conferências que não lhe eram relevantes e aprendeu que não era só porque alguém lhe havia enviado um convite para uma reunião que ele tinha que aceitar. Ele também começou a dizer "não" com mais frequência. Se ele achava que não tinha tempo para fazer uma coisa direito, ou se isso não era uma prioridade, ele simplesmente explicava isso com franqueza e recusava. Sam se perguntava se isso não era um tanto "autoindulgente", mas suas preocupações se mostraram infundadas. Ninguém ficou com raiva dele; na verdade, apreciaram sua clareza. A qualidade do seu trabalho melhorou a ponto de seus gerentes o premiarem com o maior bônus da sua carreira.[5]

A história de Sam destaca uma verdade que esquecemos com facilidade: poucas coisas são mais valiosas do que alguém que produz resultados consistentemente, e poucas abordagens são mais satisfatórias do que abrir espaço para nos concentrar nas coisas que realmente importam. As estratégias apresentadas no restante deste capítulo podem ajudar tanto indivíduos como organizações a adotar o tipo de especialização vivida por Sam: um estado em que trabalhamos em menos coisas, mas nas quais trabalhamos muito melhor; um estado em que é possível deixar a mente coletiva hiperativa para trás e adotar maneiras mais lentas e eficazes de organizar o trabalho.

Estudo de Caso: Trabalhando com Extremos

Na primavera de 2019, gravei uma entrevista para o *The Rich Roll Podcast*. Durante esse episódio, conversamos sobre algumas das ideias exploradas neste livro. Eu mencionei que as metodologias de desenvolvimento ágil que eram populares entre os desenvolvedores de software eram um exemplo interessante de uma alternativa mais bem pensada em comparação com o fluxo de trabalho da mente coletiva hiperativa. Alguns meses mais tarde, depois que esse episódio foi lançado, recebi uma carta impressa pelo correio, que foi entregue no meu escritório da Universidade Georgetown. Ela era de um programador e executivo de longa data do Vale do Silício chamado Greg Woodward. Ele mencionou que havia acabado de ouvir minha entrevista do Roll e estava particularmente interessado na nossa discussão sobre as metodologias de desenvolvimento ágil. Segundo ele, se eu realmente quisesse entender o potencial dos fluxos de trabalhos otimizados, eu precisaria aprender sobre a pequena startup de software da qual ele, no momento, era o CTO. Eles usavam uma metodologia que "pegava todas as práticas do desenvolvimento ágil e as multiplicava por 10". Ela era apropriadamente chamada de *programação extrema* — e ela explodiu minha mente.

Woodward começou a trabalhar com programação e a administrar equipes de desenvolvimento no Vale do Silício em meados da década de 1990, depois de terminar seu doutorado de engenharia mecânica em Stanford. Sua dissertação aplicava um estilo eficiente de algoritmo para rodar simulações de física relevantes para o programa do ônibus espacial da NASA. Ele classificou seus primeiros dez anos de trabalho como desenvolvedor de software, os quais foram marcados por programações sequenciais lentas e especificações gigantescas de recursos, como "frustrantes". Em 2005, desejando uma maneira melhor de programar, ele conseguiu trabalho na Pivotal Labs, uma empresa que havia ganhado uma boa reputação entre os habitantes do Vale do Silício devido à sua abordagem excêntrica, porém, extremamente produtiva para o desenvolvimento de software. Eles a chamavam de programação extrema, ou pela sigla XP. Segundo Woodward, essa metodologia é constantemente otimizada. Ele explicou: "A XP pegou todas as melhores práticas do desenvolvimento de software, as aprimorou extensivamente e descartou tudo o que não funcionava." Woodward havia sido convertido. Depois de trabalhar na Pivotal por vários anos, levou a metodologia XP com ele para todas as empresas que ajudou a administrar desde então.

Essas são algumas (mas não todas) das ideias principais por trás da XP. Os programadores que estão trabalhando em um grande projeto são divididos em equipes menores de desenvolvimento, em geral, contendo não mais do que dez pessoas. Nessa era em que o trabalho remoto está se tornando cada vez mais comum, as equipes de desenvolvimento XP trabalham no mesmo cômodo físico, onde a comunicação cara a cara é priorizada em relação às alternativas digitais. Ao falar sobre a equipe de desenvolvimento que ele está administrando no momento, Woodward me disse: "Nós raramente verificamos nosso e-mail durante o dia. Às vezes, meus desenvolvedores passam literalmente dias sem verificar os e-mails." Se precisássemos consultar alguém da nossa equipe, teríamos de esperar até que ela parecesse estar no seu ponto de parada natural, chegar até ela e falar com ela. Woodward descreve essas conversas como "100% mais eficientes do que o e-mail".

Uma queixa que já escutei de muitos desenvolvedores de software é que eles costumam ser incomodados eletronicamente por pessoas de fora da equipe, tais como membros do departamento de marketing ou clientes — resultando em constantes interrupções que os afastam do seu trabalho primário de desenvolver um ótimo software. Perguntei a Woodward como a XP lidava com essas distrações. Ele explica: "O gerente de projeto serve de intermediário entre a empresa e os clientes. [As pessoas de fora são] treinadas para fazer seus pedidos de recursos, relatórios de bugs e assim por diante passarem pelo gerente do projeto. Assim, a equipe de desenvolvimento fica protegida." O gerente do projeto coloca todas as tarefas extraídas dessas interações em uma fila de prioridades. A equipe trabalha nas tarefas da fila uma de cada vez, decidindo em qual trabalhar depois que a primeira tarefa é concluída.

Um dos elementos mais extremos da XP é seu compromisso com o que é conhecido como programação em par. Os desenvolvedores da XP trabalham em duplas que compartilham um computador. Woodward conta: "Gerentes desatentos talvez pensem que obteríamos 50% de produtividade com dois desenvolvedores trabalhando na mesma coisa e no mesmo computador. Na verdade, obtemos de três a quatro vezes *mais* produtividade." Ele explica que o passo crucial da programação não é o ato em si de mecanicamente digitar comandos no computador, e sim o desenvolvimento da solução subjacente que é transformada em código. Quando trabalhamos com outra pessoa, podemos nos apoiar nas ideias um do outro — identificando falhas e obtendo novas perspectivas que podem funcionar melhor.

Para ilustrar esse conceito, Woodward me deu um exemplo recente do que havia acontecido algumas semanas antes da nossa conversa. Ele me contou que, na época, havia tido uma ideia de um recurso de software que poderia resultar em um "grande aumento de desempenho". Ele estava pensando nessa ideia enquanto ia para o seu escritório em São Francisco. "Quando cheguei para trabalhar, eu achava que já tinha a estratégia para implementar esse recurso bem desenvolvida." Woodward se sentou com seu parceiro de programação do dia e começou a explicar sua ideia. Eles conversaram sobre ela por 45 minutos. Durante essa conversa, seu parceiro "mostrou alguns furos" na estratégia e identificou alguns "casos extremos" nos quais ela talvez não fosse funcionar tão bem quanto Woodward pensava. Então, seu parceiro teve uma ideia revolucionária de como eles poderiam eliminar um dos tipos de mensagem do sistema, evitando alguns dos piores desses problemas. Ao meio-dia, seu sistema novo e melhorado já estava funcionando. Woodward disse: "Eu tenho certeza de que, se eu tivesse me apegado ao design que havia elaborado no carro, a implementação teria levado dias; temos aqui, então, um caso de aumento de três a quatro vezes mais produtividade." Refletindo em quanto mais eficazes seus programadores são ao trabalharem em pares, ele passou a se expressar em superlativos: "É extremamente poderoso."

Outra fonte de produtividade do método XP é sua intensidade. Quando trabalhamos com um parceiro, ficamos presos àquele trabalho. Não existe uma maneira educada de deixarmos de nos concentrar para verificar nosso e-mail ou ficar navegando na internet, visto que isso deixaria nosso parceiro esperando, irritado, até que voltássemos a nos concentrar.[6] Ademais, em uma cultura de trabalho na qual dar nossa total atenção ao problema em mãos é o esperado, com um gerente de projeto que nos protege de distrações, acabamos usando a maior parte do dia realmente trabalhando em coisas difíceis. A XP é o mais perto do puro ambiente de trabalho concentrado que já vi ser executado com sucesso.

Dada essa intensidade, outro princípio fundamental da XP é o "ritmo sustentável". A maioria dos praticantes dessa metodologia se apega às tradicionais semanas de trabalho de 40 horas, a qual se opõe à norma do Vale do Silício de 70 a 80 horas. "Com a XP, queremos que as pessoas venham, trabalhem bastante por 8 horas e voltem para a casa para pensar em outras coisas", explica Woodward. Isso não é um ato de generosidade, mas um reconhecimento dos limites da mente humana. "O engenheiro médio de outras empresas talvez consiga realizar apenas de 2 a 3 horas de trabalho de verdade durante o dia; no resto do tempo, ele fica navegando na internet e verificando seu e-mail." Quando *trabalhamos* de verdade — não enviando mensagens sobre o trabalho nem assistindo a reuniões sobre o trabalho —, 8 horas por dia pode ser algo bastante puxado. Woodward explica que, quando um engenheiro entra em uma equipe XP, é muito comum que eles sintam que "foram atingidos por um raio". A intensidade de realmente se concentrar por 8 horas pode ser demais, e muitos novatos da XP, na sua primeira semana, vão direto para a cama depois de voltarem do trabalho. Alguns engenheiros nunca chegam a se ajustar a essa cultura de concentração ou, o que é pior ainda, à extrema responsabilidade relacionada com ela (não existe isso de folga ou de se esconder atrás da falta de habilidade em um escritório de XP). Então, eles logo partem em busca de empresas de software mais tradicionais, nas quais podem ocultar suas limitações atrás do falatório ou recorrer à aparência de estarem trabalhando como uma alternativa a realmente trabalhar duro, mas deixar de produzir um resultado valioso com seus cérebros.

O âmago do princípio da especialização é a ideia de que menos pode ser mais. Se criarmos fluxos de trabalhos que permitem que os trabalhadores intelectuais passem mais tempo se concentrando sem distração nas atividades para as quais foram treinados, produziremos mais valor total do que se pedíssemos que esses mesmos trabalhadores dividissem sua atenção entre várias atividades diferentes. Esta última, obviamente, é a opção mais conveniente no momento, mas dificilmente a mais produtiva a longo prazo. A programação extrema destaca a possibilidade de rejeitarmos esse status quo e apostarmos tudo na especialização.

Eu acho que as equipes de desenvolvimento XP devem ter muita dificuldade de atuar no contexto de companhias maiores que as empregam, mas é difícil ligar para essas inconveniências quando constatamos o ritmo assombroso no qual produzem incríveis resultados. Woodward disse: "Uma equipe XP de oito a dez funcionários pode fazer o trabalho de uma equipe de desenvolvimento não ágil de quarenta a cinquenta pessoas. Já vi isso acontecer diversas vezes." Esses são os aumentos de produtividade que estão em jogo em todos os campos do trabalho intelectual que estão passando por um grave caso de redução de especialização. O restante deste capítulo explorará estratégias para colher os benefícios de uma especialização do estilo XP.

Faça Menos e Melhor

Em um ensaio de 2010, Anne Lamott refletiu sobre um conselho específico que deixava seus alunos de redação inquietos.[7] Ela lhes diz que empenhos criativos podem ser muito recompensadores, mas, então, ela lhes dá a má notícia: "Precisamos arrumar tempo para fazer isso." Segundo ela, isso exige que aspirantes a escritores entendam os malefícios das suas "formas maníacas de conectividade — celulares, e-mail, mensagens de texto e o Twitter". Então, ela lista outras atividades aparentemente importantes que seus alunos talvez tenham de reduzir — idas à academia, limpeza de casa, consumo de notícias — se eles realmente quiserem produzir algo importante. Esse conselho pode parecer simples, mas Lamott observa que seus alunos acham que isso é desafiador. Suas vidas são agitadas, e a ideia de reduzir essa agitação parece um retrocesso. "Eu sei o quanto a agitação [é] viciante", ela escreveu, mas esse "redemoinho" não é compatível com realizar conquistas que resultam em significado e orgulho duradouros.

Em empreitadas mais raras, como a escrita profissional, a importância de fazer menos coisas para que possamos fazer as coisas principais melhor faz muito sentido. Gostamos de imaginar nossos escritores isolados em cabanas, concentrados na sua escrita sem interrupções, longe das distrações do mundo. Mas também supomos que esse estilo de vida não se aplica ao ambiente menos romântico do trabalho padrão no escritório. De acordo com o princípio da especialização, isso deveria acontecer. Embora seja verdade que a maioria dos cargos do trabalho intelectual não tenham a autonomia e a clareza de objetivo que encontramos na escrita, a mesma dinâmica básica que move os autores a adotar um conjunto mais minimalista de obrigações se aplica a qualquer empenho cognitivo em que produzimos valor com a concentração dos nossos cérebros. No mundo da programação de computadores, a XP obteve esse minimalismo através de um conjunto estrito de regras, imposto pela gerência, que foi polido durante décadas de prática. Vamos explorar aqui duas estratégias para avançarmos em direção a esse alvo nos campos do trabalho intelectual, em que tal estrutura ainda não existe.

Estratégia de Redução de Trabalho nº 1:
Terceirize o Que Você Não Faz Bem

Enquanto estava nos processos iniciais de pesquisa para este livro, recebi um e-mail de um empreendedor que chamarei de Scott, o qual havia aberto uma empresa bem-sucedida de decoração de casas há quatro anos. Scott explicou que, assim que abriu a empresa, ele se viu atolado em uma sobrecarga crônica. Ele conta: "Fiz tudo o que a maioria das pessoas faz com startups. Eu tinha um monte de funcionários, entrei em contato com um monte de pessoas para fins de marketing e criação de redes, e tinha uma conta bem ativa no Instagram." Ele sabia que seu valor estava na criação de móveis elegantes e inovadores, mas, em vez disso, ele estava "passando [seus] dias em constante comunicação".

Em certo ponto, talvez depois de mais uma conferência por telefone com seus consultores do Instagram, Scott decidiu que deixaria essa agitação forçada. "Eu não estava mais fazendo o que me dispus a fazer." Assim, ele procurou maneiras radicais de reduzir suas responsabilidades diárias. Sua primeira ação foi assinar um contrato exclusivo de atacado com uma única cadeia de varejo nacional. Isso não só simplificou e muito a distribuição, como eliminou a necessidade da sua empresa de lidar com marketing, vendas e serviço de atendimento ao consumidor. Então, ele encontrou um pequeno número de parceiros de fabricação com uma força de trabalho suficientemente grande para fabricar seus pedidos comuns com facilidade.

Scott é "claro e direto" com esses parceiros sobre o que deseja. Então, ele os empodera para tomar suas próprias decisões para ajudar a manter o negócio em movimento. "Eu não quero que dependam de mim para tudo", ele explica. Para destacar a importância dessa delegação, ele me contou a história de uma reunião da qual ele foi um dos dez participantes. O objetivo: dar aval para um novo esmalte preto que seria usado nos seus produtos. Ele conta: "Fiquei irado. Designe *uma* pessoa para tomar essa decisão, pare de enviar e-mails CC para todo mundo e vá trabalhar!"

Agora, Scott diz que recebe "apenas alguns" e-mails por dia. Ele passou a dedicar sua "banda larga mental" reconquistada a novas áreas nas quais acha que isso trará mais valor: "Novos projetos de design, grandes decisões estratégicas e soluções de inovação para problemas de design antigos." Ao terceirizar grande parte do seu negócio a parceiros de varejo e fabricação, Scott confessa que teve uma redução na sua margem de lucro. Se tudo fosse administrado internamente, ele poderia, se desse atenção suficiente a isso, obter mais eficiência e, consequentemente, uma parte maior do lucro. Ele também abdicou parte do controle. Ele não administra mais a imagem da sua marca sozinho, como fazia antes nos seus dias de constante administração do Instagram, e ele precisa trabalhar com as limitações de materiais dos seus parceiros de fabricação. Mas Scott não liga para isso. Ao concentrar quase toda sua energia na sua especialidade — criar grandes produtos e tomar decisões estratégicas para a visão geral —, a rentabilidade a longo prazo da sua empresa aumentou bastante em comparação com o cenário alternativo no qual todo esse raciocínio era realizado em pequenos espaços de tempo entre as reuniões sem fim para decidir qual esmalte usar.

A história de Scott destaca uma estratégia eficaz para nos tornarmos mais especializados no nosso trabalho: tentar terceirizar coisas que ocupam grande parte do nosso tempo e que não fazemos muito bem. Um obstáculo-chave para aplicar essa estratégia é que teremos que pagar um preço a curto prazo antes de colher os benefícios a longo prazo. Por exemplo, Scott teve que abrir mão da sua margem de lucro e do controle total sobre o seu negócio para criar uma empresa que poderia ser muito mais bem-sucedida com o passar do tempo.

Em muitos casos, o preço que pagamos para terceirizar vem diretamente do nosso bolso. Em 2016, o podcaster e empreendedor Pat Flynn atingiu um ponto de virada com sua caixa de entrada de e-mail. Ele se lembra de quando costumava adotar a ideia da *caixa de entrada zerada*: o objetivo de esvaziar nossa caixa de entrada de e-mail até o fim de cada dia. Em certo ponto, quando as demandas do seu tempo por parte dos seus parceiros e ouvintes aumentaram, ele adotou o alvo *caixa de entrada 100*. Então, certo dia, ele viu que suas mensagens não lidas haviam chegado a 9 mil. Ele estava tentando administrar um negócio, mas havia se tornado um administrador profissional de e-mails.

A solução dele foi contratar uma assistente executiva de tempo integral. Como Flynn conta em um episódio de podcast intitulado "9000 Unread Emails to Inbox Zero" (Nove mil E-mails Não Lidos na Caixa de Entrada Zerada), ele e sua assistente levaram várias semanas para criar um sistema através do qual ela pudesse administrar sua caixa de entrada com sucesso.[8] Eles criaram um livro de regras que possibilitava que ela cuidasse de quase todas as mensagens sozinha, levando a Flynn apenas aquelas que realmente precisavam da atenção dele. E o mais importante: Flynn havia se libertado da sensação de que, se não verificasse seus e-mails o tempo todo, o seu negócio poderia sair prejudicado. Contratar um assistente executivo de alto nível é caro. Mas Flynn chegou à mesma conclusão que Scott: se ele não podia dedicar um tempo significativo às atividades especializadas nas quais seu negócio se baseava, então qual era o objetivo de ter tal negócio?

Se temos nosso próprio negócio ou somos freelancers, depois de adotarmos a mentalidade de que as atividades não especializadas reduzem nosso crescimento, vamos começar a notar várias oportunidades para eliminar esforços não fundamentais. Outros exemplos que encontrei incluem contratar um contador para lidar com a contabilidade e notas fiscais, usar um assistente virtual para agendar reuniões e viagens, contratar um web designer para manter nossas operações na internet funcionando, usar consultores de mídias sociais para administrar nossa marca online e contratar representantes experientes de serviço de atendimento ao consumidor aos quais podemos delegar poder para tomar decisões sem nos consultar. A escritora de produtividade Laura Vanderkam afirma que, em geral, deveríamos ser mais agressivos para identificar quais trabalhos podem ser delegados. Ela escreve: "Por exemplo, não faz sentido que professores licenciados e experientes avaliem o grosso das atividades dos alunos. Automatizar isso (via tecnologia) ou contratar avaliadores para informar os resultados liberaria os professores para elaborarem lições melhores e compartilharem melhores práticas."[9] Quando começarmos a procurar por oportunidades para nos desfazer de tarefas não essenciais, ficaremos surpresos com quantas encontraremos.

Todas essas atividades de terceirização custam dinheiro, e algumas poderão até nos afastar de assuntos que tínhamos o costume de monitorar, mas todas elas têm o potencial de possibilitar que passemos mais tempo em menos coisas que realmente farão a diferença no nosso contexto profissional. Essa estratégia não serve para todos. Mas, se temos o luxo da autonomia na nossa vida profissional, é melhor entendermos que não precisamos tolerar a sobrecarga. Terceirizar o que for possível nos liberará para fazer um trabalho excelente no que restar.

Estratégia de Redução de Trabalho nº 2: Troque a Prestação de Contas por Autonomia

A estratégia que acabamos de abordar serve para aqueles que são seus próprios chefes. Mas e aqueles que têm de lidar com uma sobrecarga crônica em grandes organizações? Aprendi uma solução interessante para essa situação comum com uma leitora que chamarei de Amanda, que trabalha em uma firma de design de engenharia global desde 2009. Quando entrou em contato comigo, Amanda me disse que durante os seis primeiros anos no seu serviço, ela abaixava a cabeça e tentava ganhar a confiança dos seus chefes realizando o melhor trabalho possível. Isso não era fácil tendo em vista a cultura de sobrecarga crônica do seu escritório.

Segundo Amanda, havia duas categorias possíveis de trabalho na sua firma. Ela chamou a primeira categoria de "trabalho reativo, simples e de pouca exigência intelectual". Ela explicou: "É o trabalho em que chegamos, verificamos nosso e-mail, fazemos o que os e-mails nos dizem para fazer o dia inteiro e vamos para casa." Ela chamou a segunda categoria de "trabalho intencional, difícil, concentrado e criativo", no qual "dedicamos um tempo pensando no que poderíamos fazer por nossos grandes projetos que teria a maior importância e impacto no longo prazo". No escritório onde ela trabalha, o primeiro tipo de trabalho predomina. As pessoas esperam que os funcionários consigam acompanhar a caixa de entrada — "Usamos bastante o e-mail" — e quando não podem fazer mais nada além de monitorar a chegada constante de tarefas e pedidos aleatórios, nunca chegam a realizar os trabalhos da segunda categoria.

De alguma forma, no meio dessa bagunça do falatório da mente coletiva hiperativa e da sobrecarga crônica, Amanda conseguiu criar um nicho valioso para si mesma na empresa. Todo o ramo de engenharia estava deixando de usar modelos 2D e adotando os modelos 3D, e Amanda estava ajudando a empresa a realizar essa transição — fazendo perguntas de campo e auxiliando em projetos individuais. Durante esse período, ela leu meu livro *So Good They Can't Ignore You*, de 2012, que, entre outras coisas, sugeria que, quando nos tornássemos valiosos para a nossa organização, deveríamos usar esse *capital de carreira* como vantagem para nos reposicionar em algo mais satisfatório. Inspirada, porém apreensiva, Amanda propôs aos seus chefes que ela adotasse um cargo mais estratégico, em vez de ficar fazendo perguntas de campo aleatórias e ajudando em projetos individuais, ela poderia trabalhar na estratégia tecnológica de todas as regiões. Nesse cargo, ela trabalharia de modo totalmente remoto, em um pequeno número de projetos a longo prazo de cada vez.

Amanda supôs que seus chefes recusariam o pedido, e ela estava preparada para deixar a empresa para oferecer um serviço similar como consultora. Para sua surpresa, eles concordaram em testar esse novo arranjo.

Amanda conta: "Desde que comecei a trabalhar remotamente, não posso mais depender de somente 'estar presente' para mostrar meu valor para a empresa. Meu valor é medido pelo que produzo. Assim, eu desligo meu e-mail, deixo o celular no modo avião, dou meu contato de emergência para os meus colegas e me concentro." Ela deixou o trabalho de pouca exigência intelectual para trás e se dedicou por completo à alternativa.

O arranjo de Amanda apresenta tanto uma oportunidade como um perigo. A oportunidade, obviamente, é que a combinação do seu portfólio reduzido e das avaliações baseadas nos seus resultados lhe dão a habilidade de sair do fluxo de trabalho da mente coletiva hiperativa. Ela diz: "Como ninguém mais supervisiona minha rotina diária, tenho muito mais liberdade para traçar a rota mais curta para onde acho que devo estar para produzir o máximo de valor." Isso lhe possibilita aumentar em muito seu valor para a empresa, a qual, em um ciclo virtuoso, pode lhe dar ainda mais autonomia.

O perigo, claro, é que agora ela *precisa* produzir. Sua observação sobre o conforto de "estar presente" para demonstrar valor é mais do que um desprezo casual da cultura normal do trabalho. Para muitos, essa estratégia é uma rede de segurança profissional. A agitação é controlável: se decidirmos nos manter visivelmente ocupados, sabemos com certeza que poderemos atingir esse objetivo. Produzir resultados de alto valor sob o escrutínio de outros, como Amanda agora está se empenhando para realizar, exige muito mais de nós! Apenas decidir produzir coisas de valor não é suficiente para garantir que seremos bem-sucedidos. Lembre-se do nosso estudo de caso da XP, no qual Greg Woodward observou que muitos desenvolvedores não gostam desse ambiente extremo e acabam saindo depois de algumas semanas. Qual é a característica que mais os desagrada? A transparência. Ou criamos bons programas ou, obviamente, não. Alguns simplesmente não se sentem confortáveis com essa avaliação direta do que realmente estão produzindo.

Portanto, a estratégia geral de Amanda de prestar contas para ganhar autonomia é uma abordagem poderosa para fugir da sobrecarga crônica, mas é arriscada. Se estamos presos a uma grande organização na qual a sobrecarga crônica reina em absoluto, e desenvolvemos uma especialidade que nos torna obviamente valiosos, essa estratégia pode ser uma das nossas jogadas mais valiosas para ganhar um espaço para reformular nosso fluxo de trabalho de forma mais eficaz. Não precisamos ter a mesma coragem de Amanda para aplicar essa estratégia. Às vezes, apenas nos voluntariar para uma grande iniciativa nos dará condições suficientes de ignorar mensagens e recusar convites para reuniões sem irritar os outros, visto que agora teremos a seguinte desculpa inquestionável: "Eu até iria, mas estou muito ocupado tentando lidar com [uma coisa grandiosa]." Mas é difícil evitar a economia subjacente: ganhar algo valioso, como a autonomia, significa que teremos que oferecer algo indiscutivelmente valioso em troca. Em outras palavras, precisamos prestar contas pelo que produzimos se queremos a liberdade para aperfeiçoar a maneira como o realizamos.

Existem muitas formas de lidar com a sobrecarga criada pela redução da especialização. As estratégias exploradas aqui vão direto à proposta de valor do trabalho intelectual. Nem todos os esforços geram o mesmo valor para a nossa organização. Se gastarmos mais tempo nas atividades de alto valor à custa de gastar menos tempo em atividades de menor valor, teremos mais valor geral. A curto prazo, é claro, haverá outros custos, como despesas imediatas, inconveniências com nossos colegas ou, como no caso de Amanda, a redução da segurança do trabalho. Mas, como Anne Lamott destaca aos seus alunos de redação: eles quase sempre valem a pena. As recompensas de nos tornarmos significativamente mais eficazes nas coisas que realmente importam superarão a dor de lidar com os obstáculos menores que a especialização gera. Menos *pode* ser mais; o truque é ter a coragem de praticar isso na nossa própria vida profissional.

Corra, Não Vagueie

Uma das principais ideias do nosso estudo de caso sobre a programação extrema foi a importância de trabalhar com uma tarefa de cada vez, sem interrupção, até que ela seja concluída. Esse comprometimento de trabalhar com *sprints* (corridas) é defendido hoje em dia por toda a indústria do desenvolvimento de software, até por equipes que não adotaram um conjunto estrito de regras de XP. A história dos sprints pode ser traçada até a criação do Scrum, uma das metodologias de desenvolvimento ágil de software, lá nos anos 1990. Durante um sprint de Scrum, uma equipe trabalha exclusivamente em um único produto específico, como na criação de um recurso de software — não são necessárias listas complexas de tarefas, agendas cheias de reuniões ou processos intrincados de planejamento diário.[10] Essa técnica de produtividade se tornou aceita como uma melhor prática nessa área. Hoje em dia, as pessoas concordam que seria inapropriado bombardear uma equipe de desenvolvimento no meio de um sprint com convites para reuniões ou incomodá-la via e-mail para que ela possa ajudar em projetos não relacionados. Na maioria das empresas de software, é totalmente razoável que os desenvolvedores se tornem irresponsivos durante um sprint, visto que essa cultura aceita que essa é a melhor forma de usar a energia deles no momento.

O desenvolvimento de software, obviamente, é um trabalho altamente específico. A questão é se essa ideia específica — trabalhar em sprints em um único objetivo — pode se aplicar além do mundo da programação como um método geral de realizar um trabalho mais especializado. Felizmente, para nossos objetivos, um parceiro de um fundo de investimento focado em tecnologia passou a última década analisando essa mesma pergunta.

Em 2009, o Google abriu um fundo de capital de risco para investir parte dos seus lucros em startups de tecnologia promissoras. Ele foi chamado de Google Ventures. Em 2015, esse fundo se tornou uma entidade à parte e passou a ser chamado apenas de GV, com a empresa-mãe do Google, a Alphabet, permanecendo apenas como sua parceira limitada (fonte de dinheiro). Essa conexão próxima entre a GV e o Google fez com que fosse inevitável que as ideias da cultura de software desse gigante das buscas acabassem entrando na cultura do fundo. Uma das ideias que seguiram esse caminho foi o valor dos sprints.[11]

Um parceiro da GV chamado Jake Knapp tinha bastante conhecimento sobre sprints no desenvolvimento de software. No seu trabalho anterior no Google, ele ajudava as equipes a implementar essa estratégia para aumentar sua eficácia. Quando Knapp mudou para a GV, começou a experimentar maneiras de aplicar essa ferramenta em outros tipos de desafios de negócios. Ele eventualmente criou uma versão revisada da estratégia que ele chamou de "sprint de design". O objetivo do sprint de design era fazer com que os executivos dedicassem cinco dias consecutivos de (quase) ininterrupta concentração ao problema em mãos para ajudar as empresas a responder às perguntas críticas de modo eficiente. Em 2016, tendo realizado esses sprints em mais de cem das empresas do seu portfólio, Knapp e dois dos seus colegas da GV, John Zeratsky e Braden Kowitz, apresentaram a metodologia do sprint de design a um público maior através do seu livro *Sprint: O Método Usado no Google Para Testar e Aplicar Novas Ideias em Apenas Cinco Dias*.[12]

O objetivo dos sprints de design é nos ajudar a saber onde nossa equipe ou organização deve concentrar seus esforços. Em um ambiente de trabalho tradicional, essas decisões costumam ser tomadas depois de meses de reuniões e debates, estendidas por inúmeras conversas de e-mail e que, por fim, resultam em investimentos custosos em novos produtos ou estratégias que costumam deixar a desejar. Os sprints de design procuram comprimir esse trabalho, desde os debates iniciais até a maneira de receber feedback do mercado sobre as decisões resultantes, em uma única semana de trabalho altamente eficiente. No primeiro dia, identificamos qual é o problema que estamos tentando resolver. No segundo dia, pensamos em várias soluções para ele. No terceiro dia, tomamos a difícil decisão de qual solução usar, transformando-a em uma hipótese que poderá ser testada. No quarto dia, criamos um protótipo que nos permitirá testar a hipótese, e, no quinto e último dia, colocamos clientes de verdade na frente do protótipo e aprendemos com base no seu feedback. Esses sprints vêm sendo usados para testar novos produtos, mas também já foram usados para testar estratégias de publicidade e até para determinar se havia um espaço razoável no mercado para determinada ideia.

O sprint de design incentiva a especialização, visto que os praticantes são orientados a se concentrar por cinco dias seguidos em um único problema importante. Curioso quanto até que ponto é possível nos concentrar em apenas uma única coisa, entrei em contato com Jake Knapp e lhe fiz uma pergunta que senti que chegava no âmago da questão: "As pessoas ainda verificam seus e-mails durante os sprints de design?" Ele explicou que a regra mais difícil durante as sessões de sprint era "nada de notebooks, telefones ou tablets. Nada!" A única exceção era o uso de computadores, se necessários, no quarto dia, para criar um protótipo. Quando Knapp treina uma equipe durante um sprint, ele a orienta a configurar meios de resposta automática para que seus membros não fiquem estressados com a falta de conectividade. (Ele chama essas respostas automáticas de "válvula de alívio de pressão" no caso de participantes que se preocupam em se afastar do ruído constante da mente coletiva hiperativa.)

Os participantes *têm* a permissão de usar seus aparelhos antes e após as sessões de sprint, que duram das 10h às 17h. Eles também podem verificar seus aparelhos durante os intervalos, mas devem fazer isso fora do cômodo onde as sessões ocorrem. Knapp me disse que ele acha que uma abordagem mais extrema, na qual a equipe ficaria proibida de se comunicar com o exterior durante essa semana, "resultaria em ainda mais concentração e em resultados melhores". Mas ele acha que seria "difícil" convencer um grupo de trabalhadores intelectuais modernos a ficarem totalmente desconectados durante cinco dias. No entanto, ele observou que, depois que eles "sentem os benefícios" da desconexão, essa ideia começa a parecer menos extrema.

O processo do sprint de design de Jake Knapp funciona muito bem na tomada de decisões de alto risco sobre qual caminho nossa empresa deverá escolher, mas existem muitas outras áreas do trabalho intelectual nas quais os sprints poderiam se mostrar eficazes. Por exemplo, conversei com uma consultora de comunicação que me disse que sua empresa havia assinado contratos para planejar grandes eventos. O parceiro que comandava o projeto programava workshops no escritório, os quais, às vezes, duravam por vários dias, e durante os quais a equipe "se sequestrava" para desenvolver o melhor plano possível para o evento. Talvez possamos imaginar sprints similares sendo utilizados em equipes de pesquisa acadêmica que estão tentando fazer progresso em um grande problema aberto. De fato, em *Trabalho Focado*, falo sobre como Adam Grant, um professor da Wharton, utilizou essa mesma estratégia para se tornar um dos professores mais jovens a receber estabilidade na história da Wharton.

A maioria dos trabalhadores intelectuais está tão envolvida nas suas obrigações, compromissos e métodos antigos de fazer as coisas que costuma não haver uma maneira mais fácil de reduzir essa carga com apenas uma ação audaciosa. Os processos de sprint oferecem uma alternativa indireta. Se estabelecermos uma cultura de sessões de sprint de design, não eliminaremos o outro trabalho a curto prazo, mas limitaremos seu impacto — nos permitindo alternar entre uma existência especializada e uma hiperativa (o que é melhor do que sempre permanecer na última situação).

Sprints regulares também suportam mudanças a longo prazo da nossa carga de trabalho, fazendo com que seja mais fácil para trabalhadores intelectuais individuais incentivarem menos obrigações em geral. Em um escritório padrão do estilo mente coletiva hiperativa, pedir menos trabalho pode ser encarado como preguiça (*por que você pode fazer menos?*). Porém, em uma cultura onde os sprints são comuns, podemos apontar para o grande valor que esses avanços concentrados estão produzindo, e identificar os detalhes que definem a sobrecarga crônica como obstáculos para esse valor. Quando conseguimos estabelecer uma clara dicotomia entre a agitação conveniente e os sprints que aumentam o balanço final, fica difícil justificar o primeiro como sendo mais importante.

Para que qualquer processo de sprint seja bem-sucedido, todos os envolvidos devem contribuir. Quando estamos em um sprint, precisamos confiar que realmente poderemos nos afastar das nossas caixas de entrada e dos canais de chat, e fazer isso sem gerar frustração ou irritação. Se somos nosso próprio chefe, podemos explicar com clareza aos nossos clientes que nosso trabalho é, basicamente, bimodal, e que não poderemos ser contatados durante os sprints. Se trabalhamos para uma organização maior, o entusiasmo pelos sprints deve vir do topo. Mas, depois que essa especialização regular for adotada, seus benefícios logo se tornarão aparentes. Segundo Jake Knapp, uma das melhores coisas a respeito de ajudar equipes a realizar sprints é o entusiasmo que isso gera nos participantes. A sobrecarga crônica faz com que nos sintamos mal. Quando temos a oportunidade de escapar das suas frustrantes garras e fazer o que fomos treinados para fazer, colocar nossas habilidades em prática e produzir o melhor resultado possível, o trabalho deixa de ser uma tarefa e se transforma em algo realmente satisfatório.

Orçamento de Atenção

Como vimos antes, em 2019, publiquei um artigo no *Chronicle Review* intitulado "Is Email Making Professors Stupid?" Esse artigo abordava mais do que apenas o e-mail. Eu examinei as muitas maneiras em que os fluxos de trabalho foram confusamente elaborados e que são comuns no mundo acadêmico sugarem a habilidade dos professores de serem produtivos. Um dos tópicos que abordei foi o de serviços rotineiros. Em muitas universidades, os professores dedicam parte do seu tempo a atividades que ajudam no funcionamento da escola, como revisar requisições e participar de comitês ou da autogovernança. Essas obrigações são fundamentais para a vida acadêmica. No entanto, o problema é que existe pouco controle na forma como essas tarefas são atribuídas. Eu escrevi: "Uma abordagem típica a esses serviços rotineiros é dizer 'sim' a uma enxurrada de pedidos até que nos encontremos tão sobrecarregados que recuamos em desespero para dar conta de tudo."

Em um ensaio em resposta ao meu artigo da *Chronicle,* um professor de filosofia chamado Bruce Janz falou sobre o problema das obrigações sem fim dos serviços rotineiros na educação superior. Ele escreveu:

> Isso é o resultado da atitude de muitos desses administradores, que acham que seu novo procedimento otimizado é a melhor coisa do mundo e que só precisam de um formulariozinho ou de uma informaçãozinha do corpo docente ou de alguma outra coisinha. Isso é causado por [...] outros comitês [formados] para dar orientação, ajudar, criar uma estratégia, dar suporte, desenvolver ideias ou seja lá o quê, sendo que cada uma dessas coisas requer um pouquinho mais dessas mesmas pessoas. Nenhum desses comitês administrativos incentiva a combinação ou a racionalização de nada

disso. Dessa forma, o mesmo trabalho precisa ser realizado várias vezes seguidas.[13]

Como a análise de Janz destaca, uma grande fonte da sobrecarga de serviços no mundo acadêmico é a assimetria inerente de se pedir a ajuda de alguém. Da perspectiva de um encarregado de uma unidade administrativa de uma universidade, ou de alguém encarregado de criar um comitê, pedir a mim ou a Bruce Janz para assistir a algumas reuniões, participar de uma pesquisa ou revisar alguns arquivos talvez pareça algo totalmente razoável. Ele não nos está pedindo para conceder uma grande parte do nosso tempo, e nossa pequena ajuda seria fundamental para que ele pudesse ser bem-sucedido no alcance de seu grande objetivo. Recusarmos poderia parecer incivilizado e até antissocial.

O problema, obviamente, é que esses pedidos se acumulam. Se outras vinte unidades e comitês fizessem esses mesmos pedidos razoáveis, de uma hora para outra estaríamos desesperadamente sobrecarregados com trabalhos que pouco tem a ver com nossos objetivos principais de pesquisa e ensino — uma receita não apenas para a ineficiência, como também para a frustração.

Essa dinâmica se estende além do mundo acadêmico. Os trabalhadores intelectuais, em geral, são levados à sobrecarga crônica devido a assimetrias similares. É tão fácil para o departamento de marketing enviar um convite para uma reunião para pedir nossa opinião sobre uma nova campanha de produto ou para o nosso chefe nos enviar um e-mail rápido nos pedindo para organizar uma série de almoços para um seminário da nossa equipe. Dizer "não" para esses pedidos isoladamente pode dar a impressão de que somos cabeça-dura ou preguiçosos. Mas a soma total desses muitos pedidos "simples" nos deixa constantemente sobrecarregados com tudo o que precisa ser feito.

No estudo de caso sobre a programação extrema, a solução para esse problema foi, essencialmente, proibir que as pessoas da empresa pedissem diretamente aos programadores para fazerem coisas. Permanecerem concentrados na implementação de recursos deveria ter prioridade na sua lista de afazeres. Se alguém precisasse deles para alguma coisa, precisaria falar com o gerente de projeto, o qual decidiria se era ou não razoável incomodá-los com isso, ao passo que continuavam tentando proteger seu objetivo principal de escrever programas.

Infelizmente, esse modelo não necessariamente se estende a todos os cargos do trabalho intelectual. Se, por exemplo, os professores parassem de realizar os serviços rotineiros da universidade, ela pararia de funcionar. De modo similar, ao passo que os programadores de uma oficina XP podem se dar ao luxo de permanecerem isolados, muitos outros trabalhadores intelectuais realmente precisam estar disponíveis para responder a perguntas e atender aos pedidos, visto que essa é a base da colaboração. O que falta é uma ideia que torne possível que esses pedidos de trabalho existam, mas evite que uma pessoa precise aceitar muitos deles. No meu artigo, propus uma ideia assim.

O artigo dizia: "Uma solução é confrontar diretamente a compensação de soma zero gerada pelas obrigações dos serviços rotineiros da universidade. Os professores têm uma quantidade determinada de tempo. Em vez de ignorar essa realidade, deveríamos articular essa compensação especificando exatamente quanto tempo um membro do corpo docente deveria separar para realizar esses serviços a cada ano." Como explicado posteriormente, nesse plano, os professores não poderiam exceder o orçamento de tempo concordado com o presidente do seu departamento para o semestre.

Minha proposta de orçamento de tempo de serviços rotineiros foi elaborada mais como um experimento mental do que um plano real, mas ele destaca uma realidade importante a respeito da sobrecarga: ela é comum, em parte, porque grande parte dela fica oculta. De modo vago e persistente, os professores estão sempre ocupados. Nessa indiferenciada massa de atividades, fica fácil empurrar só *mais uma coisinha* para outra pessoa. Imagine, porém, para fins desse argumento, que uma nova regra tenha sido imposta e que exija que o tempo gasto com os serviços rotineiros seja cuidadosamente registrado e que um orçamento de tempo específico não poderia ser excedido sem a permissão explícita do reitor. Atingir um estado de sobrecarga extrema de serviços rotineiros seria mais difícil nesse cenário. Se fôssemos o reitor, por exemplo, e investíssemos bastante dinheiro para trazer uma grande erudita para a nossa universidade, quando recebêssemos um pedido para aumentar seu orçamento de tempo de serviço rotineiro semanal para trinta horas para que ela pudesse dar conta de todos os pedidos de serviço, seria muito difícil para nós assinarmos esse formulário! Analisando os números, fica difícil justificar a sobrecarga — por que nos incomodar em contratar um figurão se a maior parte do seu tempo será gasto realizando trabalho administrativo? Quando esses números são ofuscados, fica muito mais fácil ignorar a realidade de que todos nós estamos ocupados.

De modo geral, no trabalho intelectual, desenvolver algo como meu hipotético orçamento de tempo de serviços rotineiros poderia ser uma poderosa estratégia para eliminar a sobrecarga. Existem três chaves para uma estratégia desse tipo de trabalho. Primeira: devemos começar com a premissa de que nosso tempo e atenção são limitados. Segunda: devemos quantificar quanto do nosso tempo e atenção está sendo dedicado a qualquer categoria de trabalho que estamos tentando orçar. E terceira: a pessoa responsável por determinar quanto trabalho desse tipo precisamos fazer deve avaliar nossos compromissos atuais antes de nos pedir para fazer mais alguma coisa, mesmo que essa pessoa seja nós mesmos.[14]

Uma área menor do mundo acadêmico em que estratégias desse tipo já existem é nos pedidos de revisão de colegas. A editoração acadêmica depende da revisão de colegas feita por professores dos campos relevantes. Assim, a maioria dos professores recebem vários pedidos para revisar artigos. Uma estratégia comum para limitar esses pedidos é determinar uma *cota* de quantas revisões podemos fazer por semestre. Uma vez que atingimos nossa cota, podemos recusar com educação pedidos adicionais, explicando que já atingimos nosso limite. Essa abordagem funciona bem, pois ela explica por que não podemos aceitar mais trabalho, o que significa que a única maneira pela qual um requerente poderá nos pressionar para aceitar fazer uma revisão é sugerindo, implicitamente, que nosso motivo não é bom.

Se alguém me pedisse para revisar um trabalho e eu simplesmente dissesse: "Não sei — estou bem ocupado", seria fácil para a outra pessoa continuar insistindo: "Eu sei, mas isso é muito importante para mim. Não daria para encaixar mais esse?" Por outro lado, se eu dissesse: "Eu gostaria, mas já atingi minha cota de dez revisões de trabalho por semestre", o único contra-argumento dessa pessoa seria: "Você deveria revisar mais de dez trabalhos por semestre." Esse não seria um bom contra-argumento, visto que dez trabalhos são bastante coisa, e uma cota desse nível é algo bem razoável.

Indo além do mundo acadêmico, outra estratégia de orçamento que vi ser utilizada com grande êxito é a ideia dos índices de trabalho de fundo para raso, que propus pela primeira vez no meu livro *Trabalho Focado*. A ideia é concordar de antemão com nosso supervisor quantas horas por semana vamos gastar nas atividades especializadas para as quais fomos contratados e quanto vamos gastar em outros tipos de trabalho de suporte mais raso ou administrativo. O objetivo é buscar o equilíbrio que maximize nosso valor para a organização. Então, medimos e categorizamos nossas horas de trabalho e relatamos o quão perto chegamos de atingir nosso índice ótimo.

Após a publicação de *Trabalho Focado*, muitos leitores relataram que essa estratégia tinha sido bem-sucedida. Algo crucial para a sua eficácia é o modo como ela obriga nossos supervisores a especificarem nossas cargas de trabalho. Supondo que somos bons em algo valioso, nosso supervisor não insistirá em um índice de trabalho composto quase que inteiramente de trabalho raso, já que isso seria um claro absurdo quando visto com clareza. Quando voltamos e relatamos que, de acordo com nossas medidas, isso é o que está acontecendo com nosso tempo, ficará muito mais fácil autorizar mudanças que aliviarão diretamente a sobrecarga que estamos sentindo, uma vez que a alternativa seria nosso supervisor admitir que nosso índice desequilibrado é o melhor para a organização (o que quase certamente não é o caso).

Os orçamentos de reunião também são comuns. A ideia é marcar na agenda os períodos nos quais estamos disponíveis para reuniões. Esses períodos devem totalizar um espaço de tempo que achamos ser razoável para gastar em reuniões em determinada semana. Quando essas reuniões são agendadas posteriormente, elas serão agendadas *apenas* nesses períodos, impossibilitando a sobrecarga de reuniões. Se utilizamos uma agenda compartilhada ou uma ferramenta de agendamento online, nem sequer vamos precisar dizer "não"; a pessoa que está tentando marcar a reunião verá que nossos horários já estão preenchidos.

Essa estratégia é especialmente popular entre empreendedores que têm grande autonomia sobre o seu trabalho. Um fundador de uma empresa que conheço utiliza uma regra simples para seu pessoal e para os seus clientes: nada de reuniões antes de meio-dia. Isso lhe permite realizar trabalhos importantes sem interrupção todo dia. Outro fundador que conheço é ainda mais extremista: ele só marca reuniões com pessoas de fora da empresa às quintas de tarde. Não é incomum que eles precisem esperar por semanas até que haja uma vaga. E ele não se desculpa por isso; precisa administrar o negócio.

Os quadros de tarefas abordados no capítulo sobre o princípio do processo também são uma poderosa ferramenta para implementar orçamentos de carga de trabalho. Utilizar um quadro de tarefas para organizar o trabalho tem dois benefícios nesse contexto: nos ajuda a determinar quanto trabalho cada pessoa está realizando e provê um sistema estruturado para atualizar essas designações de trabalho, em geral, na forma de uma reunião de status da qual todos participam. Imagine que estamos trabalhando em uma equipe que usa quadros de tarefas. Se já estamos lidando com uma carga pesada de trabalho, isso ficará bem claro no quadro — dificultando que o líder da equipe venha a nos sobrecarregar, em especial se outras pessoas têm uma carga mais leve. Em casos nos quais a sobrecarga é necessária, a magnitude do que estão nos pedindo para fazer deve ser bem clara, o que significa que receberemos o devido crédito pelos nossos esforços. Por outro lado, em um ambiente de trabalho da mente coletiva hiperativa, no qual essas tarefas são distribuídas de uma maneira ad hoc através de e-mails, podemos não só ficar facilmente sobrecarregados, mas também deixar de receber o reconhecimento pelo nosso sacrifício.

Este último ponto é vital, uma vez que ele resulta em desigualdades que costumam passar despercebidas. Como vimos na abertura do Capítulo 5, quando um escritório é administrado de modo desorganizado, surge uma dinâmica hobbesiana na qual aqueles que são mais rudes e desagradáveis saem impunes trabalhando menos, ao passo que seus colegas mais razoáveis acabam ficando sobrecarregados. Richard Feynman, o falecido físico vencedor do prêmio Nobel, disse em uma entrevista que sua estratégia para minimizar o trabalho de comitê era realizá-lo de modo tão ruim que as pessoas acabavam parando de pedir a ajuda dele. Poucas pessoas teriam ficado confortáveis com essa misantropia tão descarada. Queremos realmente recompensar pessoas assim?

Um estudo importante sobre esse tópico, publicado por uma equipe de pesquisadores liderada por Linda Babcock da Universidade Carnegie Mellon, documentou como essa dinâmica afeta as mulheres de modo desproporcional.[15] Tanto nos estudos de campo como de laboratório, os pesquisadores descobriram que a probabilidade de as mulheres se voluntariar para tarefas "não promovíveis" é maior do que a de homens. As pessoas também costumam pedir mais às mulheres para realizar tarefas do que aos homens, e elas dizem "sim" com mais frequência nesse caso. Os pesquisadores relataram: "Isso pode resultar em graves consequências para as mulheres. Se elas recebem uma quantidade desproporcional de trabalho que tem pouca visibilidade ou impacto, demorarão mais para avançarem nas suas carreiras."

Fecharmos os olhos para a maneira como o trabalho é designado pode fazer com que as coisas se tornem mais convenientes no momento. Se estamos tentando designar alguém para um projeto, preferimos não ter de lidar com a realidade de quanto trabalho os membros da nossa equipe já estão realizando — só queremos que ele seja feito! Mas a conveniência de se fazer isso custa caro. Ela dificulta nosso avanço em direção à especialização que gera produtividade e pode desproporcionalmente penalizar mais alguns grupos do que outros. Quando somos obrigados a lidar com as realidades quantitativas de quanto trabalho está sendo realizado, fazer com que a carga de alguém chegue casualmente a um nível extremo se torna um ato extremo. Em outras palavras, a prestação de contas pode nos ajudar a ser razoáveis quando o assunto é quantas obrigações esperamos que os trabalhadores intelectuais tenham.

Superalimentação do Suporte

Uma pergunta fundamental a se fazer em qualquer tentativa de nos voltarmos à especialização é o que acontece com o trabalho que sobra quando todos começam a fazer menos? Muitas dessas tarefas simplesmente desaparecerão quando ficar claro que elas não são realmente importantes para produzir algo de real valor. Por exemplo, os programadores que realizam a programação extrema gastam muito menos tempo em reuniões e respondendo a e-mails do que seus colegas, mas parece que suas empresas não sentem falta dessas atividades adicionais. No entanto, nos concentrarmos em uma carga de trabalho mais focada inevitavelmente fará com que algumas dessas tarefas administrativas que não podem ser eliminadas fiquem "órfãs". Uma solução para lidar com esse trabalho que resta é inverter a tendência de diminuir a especialização intelectual observada primeiro por Edward Tenner e Peter Sassone, e *aumentar* a equipe de suporte.

A maioria das organizações de trabalho intelectual modernas trata indivíduos como computadores para fins generalizados que executam uma vasta mistura de tarefas que geram valor e tarefas administrativas — em geral, distribuídas de modo desigual e não otimizadas para algum objetivo específico. Em contraste com isso, em uma *organização especializada*, a força de trabalho é mais bimodal, com um grupo focado quase que exclusivamente na produção de produtos de alto valor — como os desenvolvedores em uma oficina de XP — e outro grupo focado quase que exclusivamente na administração de todos outros trabalhos logísticos necessários para se manter a organização funcionando. Dessa forma, como a pesquisa de Sassone indica, contratar mais pessoas de suporte não necessariamente diminuirá a rentabilidade. Quando permitimos que especialistas trabalhem com mais concentração, eles produzem mais, e esse valor extra pode compensar em muito o custo de se manter um suporte dedicado. Nossa pressa em diminuir salários e fazer com que todo mundo cuide do seu próprio trabalho administrativo através das interfaces de computador gerou apenas uma ilusão de otimização. Esses valores brutos obscureceram o quanto as engrenagens cognitivas que geram valor no trabalho intelectual começaram a ranger e travar com essas novas demandas.

Voltar a uma cultura que possibilita uma separação maior entre a especialização e o trabalho administrativo é fundamental para deixar a mente coletiva hiperativa para trás e aumentar a produtividade de modo significativo. Porém, isso não significa que precisamos voltar a usar os arranjos antigos de suporte no estilo *Mad Men* que predominavam antes da revolução dos computadores de escritório — nos quais assistentes dedicadas que se sentavam às escrivaninhas fora de cada escritório, executivos que ditavam memorandos e entregadores que empurravam carrinhos de correio e entregavam cafés estavam por toda parte. A tecnologia avançou bastante nas últimas décadas, possibilitando uma visão muito mais sofisticada de suporte. Ao retornarmos a um estado de especialização, deveremos poder superalimentar os papéis de suporte que possibilitarão essa mudança de modo que esses papéis se tornem mais eficientes e satisfatórios para todos os envolvidos.

Estas são algumas ideias de como podemos atingir esse alvo.

Ideia de Superalimentação nº 1: Estruturar o Suporte

Veronica trabalhava como representante de atendimento ao cliente de uma universidade, tendo a responsabilidade de responder a perguntas e processar pedidos. Seu escritório lidava com toda a comunicação usando o e-mail. Ao entrevistá-la para este livro, Veronica me disse: "Eu meio que trabalhava e 'terminava' todos os meus e-mails. Às vezes, ficava sentada na minha cadeira por oito horas seguidas ou mais, só para limpar minha caixa de entrada." Em outras palavras, seu trabalho era um exercício de sobrecarga — um fluxo constante de tarefas variadas que lutava para dar conta. Ela explica que, na época, pensava que isso não passava de "trabalho normal". Como muitos membros da equipe de suporte que basicamente interagiam com o mundo através de uma caixa de entrada, ela tinha dificuldade de entender como seu trabalho poderia ser realizado de outra forma.

Então, ela começou a trabalhar em um cargo do setor público do sistema jurídico local. De forma geral, esse trabalho era parecido com o que tinha na universidade: ela processava taxas legais e atualizava arquivos de casos. Mas a sensação no trabalho era muito diferente devido a um aspecto muito importante: seu novo trabalho não fazia uso de nenhum meio de comunicação eletrônico no escritório. Como Veronica explica, havia um sistema personalizado de administração de casos em que as informações sobre eles eram inseridas e atualizadas. No entanto, a comunicação entre a equipe de suporte era realizada de modo físico. As várias tarefas que a equipe executava eram associadas a um fluxo de trabalho específico no qual determinados papéis eram passados de uma pessoa para outra. Em certos casos, por motivos legais, essas entregas exigiam assinaturas ou que cópias adicionais fossem arquivadas como segunda via. Se tivéssemos uma pergunta informal, precisaríamos encontrar a pessoa relevante e fazer a pergunta a ela.

Alguém talvez diga que os passos individuais desses fluxos de trabalhos antigos poderiam se tornar mais eficientes com a implementação do uso de redes digitais. Parece um desperdício de tempo levar um formulário fisicamente ao escritório de outra pessoa sendo que, por exemplo, poderíamos anexar um PDF a um e-mail. Mas tendo trabalhado em um escritório onde *tudo* era transmitido através do supostamente mais eficiente mundo do e-mail, Veronica não concorda. Ela descreveu o trabalho no seu novo escritório como "transacional". Se alguém precisasse de alguma coisa, essa coisa nos era trazida em pessoa e lidávamos com ela até terminarmos. Pode ser literalmente mais devagar andar por um corredor para levar um formulário do que usar o e-mail, mas de uma perspectiva de produtividade, Veronica não se sentiu menos eficaz. Quando não precisamos mais dividir nossa atenção alternando entre o que está bem na nossa frente no momento e várias conversas assíncronas que estão se acumulando imprevisivelmente na nossa caixa de entrada, essas tarefas discretas levam menos tempo no total.

Veronica também relatou outros benefícios menos tangíveis de um escritório sem e-mail. "Como todos nós interagimos uns com os outros em pessoa durante o dia, nosso senso de camaradagem é maior", ela disse, diferentemente do isolamento que sentia no antigo trabalho, onde seus dias eram gastos olhando para uma tela. Ela também sente um benefício psicológico maior em evitar caixas de entrada cheias de obrigações chegando mais rápido do que podemos dar conta. Ela diz: "O melhor resultado é que fazemos todo o nosso trabalho no escritório. Não podemos levar nenhum trabalho para casa."

A lição que tiramos da história de Veronica não é que seria inteligente voltar aos nossos escritórios antigos, que trabalham com papel. O ponto é que, quando falamos de suporte, os fluxos de trabalhos são importantes. Os dois trabalhos de Veronica envolviam basicamente o mesmo tipo de trabalho de suporte, mas o primeiro usava a mente coletiva hiperativa, ao passo que o segundo estruturava seus esforços com mais atenção. A diferença era óbvia: o primeiro trabalho fazia Veronica se sentir infeliz e ineficaz, enquanto o segundo inverteu isso.

Para criar uma organização especializada de modo sustentável, os cargos de suporte necessitam desses tipos de processos estruturados. Contratar uma nova equipe de suporte e simplesmente lhes mostrar uma caixa de entrada e dizer "Seja útil" é uma receita para a tristeza e alta rotatividade de pessoal. Para sermos bem-sucedidos na reintrodução desses cargos, precisamos de fluxos de trabalhos mais sistemáticos. Os detalhes de como esses processos funcionam podem diferir bastante dependendo do tipo específico de trabalho. De modo geral, porém, os processos devem esclarecer cada passo. Um membro da equipe de suporte não deve se deparar com ambiguidade sobre o que fazer a seguir, visto que essa incerteza drena energia e pode gerar conversas ad hoc sem fim e frustrantes.

Além disso, é importante lembrar que o trabalho transacional costuma predominar sobre esforços simultâneos. Se possível, devemos estabelecer um processo que permita que o membro da equipe de suporte trabalhe em uma coisa por vez até terminar, e que resolva problemas pessoalmente (não através do vai e vem de mensagens). Na hora, pode parecer que a capacidade de enviar mensagens pode nos poupar tempo, mas, quando todo mundo faz a mesma coisa, todos acabam atolados em caixas de entrada, lutando para fazer um progresso razoável em alguma coisa.

Ideia de Superalimentação nº 2:
Criar Interfaces Mais Inteligentes Entre o Suporte e os Especialistas

Para ajudar a manter a quantidade de mensagens da minha caixa de entrada da Universidade Georgetown dentro do razoável, configurei um filtro do Gmail para automaticamente remover os anúncios administrativos da minha caixa de entrada principal e rotulá-los para que pudesse lê-los depois. Meu processo para criar esse filtro foi simples: toda vez que uma mensagem administrativa chegava na minha caixa de entrada principal, eu incluía o endereço do remetente na regra do meu filtro. Logo eu estava sobrecarregado. Hoje, meu filtro contém 27 endereços diferentes de e-mail da Georgetown — sendo que cada um deles é uma fonte regular de anúncios administrativos. Em certo ponto, eu simplesmente desisti de tentar atualizar meu filtro: havia entidades demais competindo pela minha atenção.

O problema na minha universidade, o qual é comum na maioria das grandes organizações de trabalho intelectual, é que cada uma das unidades de suporte operava mais ou menos como uma entidade isolada, concentrando-se em cumprir com seus próprios objetivos internos da maneira mais eficiente possível. Para as mais de 27 unidades que regularmente me enviavam e-mails, fazia total sentido me mandarem essas mensagens. As unidades tinham informação que precisavam transmitir, e inseri-la em um e-mail que era enviado para muitas pessoas era, obviamente, uma maneira muito eficiente de realizar o objetivo.

A mesma coisa ocorre quando as interações acontecem em direções opostas. Todos aqueles que trabalham para uma grande organização estão familiarizados com a dificuldade de se lidar com um formulário complexo e ambíguo que uma unidade de suporte espera que preenchamos para requisitar um serviço. Novamente, quando tratamos cada uma dessas unidades como uma entidade isolada que está tentando atingir seus objetivos individuais da maneira mais eficiente possível, esses formulários complexos fazem sentido — se a equipe de suporte puder fazer com que todos forneçam informação no formato que lhes seja mais útil, ela poderá processá-la com mais facilidade.

O problema, porém, é que essas unidades de suporte não são entidades isoladas: elas trabalham dentro de uma organização maior, e sua eficiência interna não necessariamente afeta o resultado final. Na maioria dos arranjos dos trabalhos intelectuais, são os especialistas que produzem diretamente o valor que sustenta a organização. Dada essa realidade, um objetivo melhor para as unidades de suporte seria o seguinte: cumprir eficazmente seus deveres administrativos *afetando o menos possível* as obrigações principais de trabalho dos especialistas. Se levado a sério, esse padrão pode significar que determinada unidade de suporte precisará realizar seu trabalho com *menos* eficiência para servir melhor à organização.

Essa ideia se torna relevante nas várias *interfaces* através das quais os especialistas interagem com a equipe de suporte. Como destacado no meu caso da lista de e-mails, se cada unidade projetar essas interfaces de um modo que facilita sua própria operação, logo todos acabarão entulhados com mais comunicação do que conseguirão lidar. Uma interface melhor nesse caso seria um boletim informativo semanal e compartilhado que fizesse um resumo de todos os anúncios relevantes com links para mais detalhes para aqueles que ficassem interessados. Essa regra dificulta um pouco o funcionamento das unidades de suporte, visto que elas não poderiam mais simplesmente enviar anúncios sempre que quisessem, mas as informações seriam transmitidas e, dessa vez, de uma forma que reduziria a interrupção.

Para dar um exemplo mais extremo, imagine uma organização na qual as requisições do tempo e atenção dos especialistas — como o departamento do estacionamento pedindo-lhes para preencher formulários de renovação do estacionamento ou o departamento de viagens requisitando o pré-registro de todas as viagens — fossem para um tipo de *ouvidoria do capital de atenção* que poderia se desfazer de pedidos desnecessários, consolidar outros e talvez até negociar com as unidades de suporte para fazer com que o preenchimento dos formulários fosse mais fácil. Isso pode parecer absurdo, mas será que é? O Google, por exemplo, já investiu pesado em comida gratuita e lavagem a seco subsidiada para ajudar seus desenvolvedores especialistas e bem pagos a produzir mais valor. Nesse cenário, o custo de uma ouvidoria desse tipo poderia ser pequeno em comparação com o valor adicional que ela poderia gerar.

Tomando uma direção oposta, poderíamos pensar em como otimizar as interfaces que os especialistas usam para entrar em contato com as unidades de suporte, com o objetivo de minimizar o impacto no tempo e atenção dos especialistas. No mundo da interação com o consumidor, na última década, houve um incentivo para se adotar o que se tornou conhecido como *interfaces de usuário (UIs) invisíveis* — interfaces que são tão simples e flexíveis que o consumidor nem sequer as considera como interfaces. Talvez os exemplos atuais mais comuns de UIs invisíveis sejam os aparelhos de assistentes digitais como a Alexa e o Google Home. Em vez de nos obrigar a navegar por menus em uma tela de computador para encontrar uma informação, enviar uma mensagem ou tocar uma música, podemos pedir o que queremos em voz alta e o aparelho entenderá do que precisamos. No contexto de uma grande organização, imagine se, em vez de precisarmos lidar com uma interface online complexa para requisitar férias ou apresentar uma grande proposta, pudéssemos simplesmente digitar em uma janela de chat o que estamos tentando fazer, e alguém passasse no nosso escritório ou nos ligasse para dar a informação da qual estamos precisando.[16]

Esses exemplos foram dados apenas para incitar ideias mais concretas. Os detalhes de como realmente otimizaremos essas interfaces dependem do nosso tipo específico de trabalho. Uma maneira mais abstrata de pensar sobre essa otimização é imaginar que cada unidade de suporte tem um balcão que, magicamente, consegue registrar a quantidade total de minutos de atenção que essa unidade requisitou dos outros funcionários até então naquela semana. Assim, o objetivo seria simplesmente minimizar esse número o máximo possível ao passo que ela ainda pudesse executar suas funções principais. Esse balcão não existe, obviamente, mas essa ilustração transmite bem a ideia da mudança induzida por essa abordagem ao suporte.

Por fim, devo admitir que sinto alguma hesitação quanto a esses conceitos. Uma armadilha ética em avançar em direção à especialização é o medo de criar uma grande divisão entre os especialistas, que gostam do seu trabalho, e uma subclasse de profissionais de suporte, condenados à sobrecarga. Minha sugestão aqui de que as unidades de suporte devem estar dispostas a dificultar seu trabalho para facilitar o trabalho dos especialistas, além de ser egoísta, parece levar nossa discussão em direção a essa armadilha. Com isso em mente, gostaria de propor duas defesas.

Primeira: a reorientação da equipe de suporte para otimizar a produção dos especialistas não necessariamente precisa fazer com que a vida profissional dos primeiros se torne terrível. Minha primeira ideia desta seção falou sobre maneiras de melhor estruturar os processos do suporte para evitar a sobrecarga da mente coletiva hiperativa. Essa ideia ainda se aplica: a mudança do nosso objetivo de fazer com que nossa unidade funcione da maneira mais eficiente possível para ajudar nossa organização a produzir a maior quantidade de valor possível não precisa reduzir a qualidade ou a sustentabilidade do trabalho envolvido.

Minha segunda defesa é que, independentemente de gostarmos dessa sugestão ou não, ela é uma realidade econômica. Se uma organização de trabalho intelectual produz um produto cognitivo de valor em um mercado competitivo, é óbvio que fazer com que as unidades de suporte priorizem esse produto fará com que a organização se torne mais bem-sucedida do que se cada unidade se concentrasse de modo míope nos seus próprios objetivos internos. Para deixar bem claro, nenhuma unidade deve ser desrespeitada ou tratada como menos importante, e ninguém deveria tolerar um ambiente de trabalho que resulta em infelicidade. Mas, além desses princípios fundamentais, também é verdade que as empresas não são democracias, e nem todos os funcionários necessariamente receberão os mesmos tipos de liberdades em relação aos seus esforços. Para deixar ainda mais claro: nenhuma organização de trabalho intelectual jamais conquistou o mercado por causa da eficiência interna do seu departamento de RH.

Ideia de Superalimentação nº 3:
Como Último Recurso, Simular Nossa Própria Equipe de Suporte

As duas ideias anteriores abordaram o papel da equipe de suporte em grandes organizações de trabalho intelectual. Para colocar essas ideias em prática, precisamos estar em uma posição de poder — talvez como CEOs ou chefes de uma grande divisão. No entanto, se formos funcionários que não têm esse controle, mas que ainda estamos sofrendo porque não temos suporte suficiente, não estamos totalmente sem sorte. Nesse caso, como último recurso, sugiro *simular* nossa própria equipe de suporte.

Uma maneira de fazer isso é dividir nosso tempo em duas categorias diferentes: de especialistas e de suporte. Por exemplo, talvez das 12h às 13h e das 15h às 17h possam ser horários de suporte. Durante todos os outros horários, agiremos como se trabalhássemos em uma organização especializada: nos concentrando apenas no trabalho especializado que produz valor direto. Não devemos responder a e-mails administrativos ou assistir a reuniões administrativas — apenas trabalhar no que fazemos de melhor, como se fôssemos desenvolvedores de XP. Durante os horários de suporte, porém, agiremos como se fôssemos um membro de tempo integral da equipe de suporte, cujo objetivo é fazer com que nossos alter egos especialistas trabalhem da maneira mais eficaz possível. Não devemos simplesmente nos perder em e-mails durante esses horários, mas seguir o conselho dado anteriormente e colocar processos em execução para minimizar a sensação de sobrecarga que experimentamos ao lidar com questões logísticas. (O capítulo do princípio do processo fornece algumas estratégias individuais específicas que podemos utilizar para esse fim.) Podemos até otimizar as interfaces entre esses dois lados da nossa vida criando espaços onde nosso especialista poderá armazenar o trabalho administrativo que, posteriormente, será realizado pelo nosso membro do suporte. Talvez possamos criar um arquivo de texto para fazer isso, ou colocar uma caixa de plástico na nossa mesa onde poderemos colocar formulários ou lembretes escritos em papel (uma ideia que foi proposta pela primeira vez por David Allen).

Se desejarmos usar métodos mais avançados, podemos considerar a ideia de usar dois endereços de e-mail separados. Faço isso até certo ponto no meu cargo de professor. Tenho um endereço de e-mail do domínio georgetown.edu que me foi designado pela universidade. É nesse endereço que recebo toda correspondência oficial da universidade, e eu o utilizo, sempre que possível, para questões administrativas. Também tenho um endereço hospedado em um servidor do nosso departamento no domínio cs.georgetown.edu. Uso esse endereço para interagir com outros professores, com os alunos e pós-doutorandos que oriento, e com meus colaboradores de pesquisa. Uso o primeiro endereço como membro do suporte e o último como um especialista.

Outra técnica avançada é atribuir dias inteiros para esses cargos. Talvez as terças e quintas possam ser dias de suporte, e as segundas, quartas e sextas dias de especialização. Nem todo trabalho permite uma divisão tão dramática do nosso comportamento. Porém, se o seu trabalho permite isso, essa divisão resultará em grande clareza. Eu já conheci praticantes dessa regra que usam locais diferentes — indo para o escritório em dias de suporte, por exemplo, e trabalhando em casa em dias de especialização.

Essa ideia de fingir ser dois tipos de trabalhadores pode parecer pesada, mas podemos obter bastante eficiência ao isolarmos esses diferentes tipos de trabalho. Como vimos na Parte 1, alternar rapidamente entre o trabalho de suporte e de especialização diminui nossa capacidade cognitiva, resultando em um trabalho de menor qualidade e realizado em um ritmo mais lento. Uma hora dedicada exclusivamente a um projeto difícil seguida de uma hora dedicada exclusivamente ao trabalho administrativo resultará em maior produção total do que se mesclássemos esses esforços em duas horas de atenção dividida.

A tecnologia acabou nos levando a um estado de especialização reduzida e aumento de sobrecarga. Depois que os computadores pessoais possibilitaram a realização de mais atividades de suporte pelos especialistas, lidar com um número imenso de obrigações se tornou a nova regra, ajudando a estabelecer o fluxo de trabalho da mente coletiva hiperativa como a melhor opção para lidar com nossas vidas profissionais frenéticas.

Assim, a reimaginação do trabalho requer mais especialização. Devemos permitir que os trabalhadores intelectuais com habilidades de produção de valor se concentrem em usar essas habilidades, e estabelecer uma equipe de suporte robusta e bem configurada para lidar com todo o resto. Essa mudança em prol do menos (mas melhor), baseada no equilíbrio entre a especialização e o suporte, é fundamental para fazer o trabalho intelectual evoluir do seu caos ineficiente atual para algo melhor organizado.

Conclusão
O Moonshot do Século XXI

Em 1998, o crítico social Neil Postman fez um importante discurso intitulado: "Cinco Coisas que Precisamos Saber sobre a Mudança Tecnológica".[1] Ele iniciou o discurso dizendo que, embora não tivesse soluções para todos os problemas relacionados com a tecnologia moderna, ele poderia compartilhar algumas ideias sobre seus últimos trinta anos de estudo sobre esse tópico. Cada uma das suas ideias é profunda. Ele falou, por exemplo, sobre a troca fundamental inerente de toda a mudança tecnológica: "Para cada vantagem que uma nova tecnologia oferece, sempre há uma desvantagem correspondente." Ele também disse que essas vantagens e desvantagens nunca são "distribuídas igualmente" entre a população.

Porém, é a quarta das suas cinco ideias que gostaria de destacar, visto que ela se harmoniza perfeitamente com a estrutura intelectual que tentei construir neste livro:

> A mudança tecnológica não é aditiva, é ecológica... Um novo meio não acrescenta uma coisa; ele muda tudo. No ano de 1500, depois que a prensa foi inventada, não tínhamos a velha Europa mais a palavra impressa. Tínhamos uma Europa diferente.

A ideia de Postman esclarece a confusa dissonância cognitiva que muitos experimentam em relação às ferramentas de comunicação digital, como o e-mail. Racionalmente, sabemos que o e-mail é um método melhor de entregar mensagens do que as tecnologias que ele substituiu: ele é universal, rápido e basicamente gratuito. Quem tem idade suficiente para se lembrar do travamento das máquinas de fax e da luta para abrir as fitas vermelhas daquelas pastas antigas de memorandos sabe que não podemos dizer que o e-mail não resolveu de modo elegante problemas reais e irritantes da nossa antiga vida no escritório. Ao mesmo tempo, porém, estamos cansados das nossas caixas de entrada, que parecem ser tanto uma fonte de estresse e sobrecarga como de aumento de produtividade. Essas duas reações — admiração e ódio — são confusas e fazem com que muitos trabalhadores intelectuais se encontrem em um estado de resignação frustrada.

Baseando-nos em Postman, podemos esclarecer isso. O ponto é que temos a tendência de pensar no e-mail como sendo *aditivo*; que o escritório de 2021 é como o escritório de 1991 com mensagens mais rápidas. Mas isso não é verdade. O e-mail não é aditivo; é *ecológico*. O escritório de 2021 não é o escritório de 1991 mais algumas capacidades adicionais; é um escritório totalmente diferente — um no qual o trabalho é realizado através do fluxo sem fim, ad hoc e desestruturado de mensagens, um fluxo de trabalho que chamo de *mente coletiva hiperativa*. Nós não tínhamos o costume de trabalhar dessa forma, mas hoje, agora totalmente envolvidos nas exigências da mente coletiva, nos vemos oprimidos por uma agitação vazia e por uma luta para terminar trabalhos importantes, ao passo que nos sentimos cada vez pior.

Na Parte 1 deste livro, procurei descrever essa dinâmica. Além de definir o fluxo de trabalho da mente coletiva hiperativa e explicar as várias maneiras através das quais ele limita nossas vidas profissionais, abordei em mais detalhes as complexas forças que fazem com que ele esteja por toda parte (o que, por sua vez, tem muito a ver com a insistência antecipada do teórico administrativo Peter Drucker na autonomia do trabalhador intelectual). Como disse: o e-mail tornou o fluxo de trabalho da mente coletiva hiperativa possível, mas não inevitável. Em outras palavras, não precisamos trabalhar dessa maneira. O título deste livro, *Um Mundo Sem E-mail*, não passa de uma versão reduzida mais compreensível do quadro mais preciso da minha visão: *Um Mundo Sem o Fluxo de Trabalho da Mente Coletiva Hiperativa*.

Tendo estabelecido essa realidade, na Parte 2 deste livro, deixamos de falar sobre os aspectos negativos desse fluxo de trabalho para abordar as oportunidades positivas que surgem uma vez que reconhecemos que podemos substituí-lo. Talvez a observação mais importante que fiz na segunda metade deste livro se encontra no seu primeiro capítulo, no qual mencionei que a produtividade do trabalhador manual médio aumentou em mais de *cinquenta vezes* entre 1900 e 2000. Isso é importante porque, perto do fim da sua vida, Peter Drucker, o homem que criou o termo *trabalho intelectual*, determinou que a produtividade dos trabalhadores intelectuais era comparável aos dos trabalhadores manuais de 1900. Em outras palavras, ainda nem arranhamos a superfície de como trabalhar melhor nesse novo setor econômico. Acontece que os possíveis ganhos de produtividade de nos livrarmos das garras do fluxo de trabalho da mente coletiva hiperativa são surpreendentes — na casa dos centenas de bilhões de dólares de PIB, se não mais. Um proeminente CEO e bilionário do Vale do Silício me disse o seguinte ao recentemente discutirmos nossa obsessão mútua sobre esse assunto: "A produtividade do trabalhador intelectual é o moonshot do século XXI."

Para ajudar a estruturar esse empreendimento extremamente importante, apresentei a *teoria do capital de atenção*. Quando aceitamos que o recurso primário mais importante do trabalho intelectual são os cérebros humanos que usamos (ou, mais precisamente, a capacidade desses cérebros de se concentrar na informação e gerar novas informações que são ainda mais valiosas), então a economia capitalista básica assume o comando e deixa claro que o sucesso depende dos detalhes de como usamos esse capital. Quando visto através das lentes dessa teoria, a mente coletiva hiperativa se torna apenas uma das muitas maneiras de utilizá-lo. Esse fluxo de trabalho tem a vantagem de ser fácil e flexível, mas também tem a desvantagem de produzir um baixo índice de retorno a partir do nosso capital. Isso deveria nos soar familiar, visto que essa história de começar com o uso simples de capital antes de avançar para outras opções que são mais complexas, mas mais rentáveis do que a primeira, como vimos, se repetiu diversas vezes durante a colisão disruptiva inicial da tecnologia e do comércio: a revolução industrial.

O restante da Parte 2 explorou diversos princípios para criar fluxos de trabalhos mais inteligentes — ou seja, maneiras de realizar o trabalho intelectual que são mais eficazes do que simplesmente fazer com que todo mundo se prenda a uma caixa de entrada e deixá-los mandar brasa. As ideias desses últimos capítulos não têm o objetivo de servir de manual exaustivo, visto que sou um acadêmico e não um especialista do mundo dos negócios, mas espero que sua especificidade seja útil para incitar o desenvolvimento de novas estratégias personalizadas que se adéquem às circunstâncias específicas que definem nossa organização ou nossa vida profissional privada.

Perto do fim do seu discurso, Neil Postman disse: "No passado, passamos por mudanças tecnológicas como se fôssemos sonâmbulos... Isso foi uma burrice, especialmente em uma era de grande mudança tecnológica." Ele estava certíssimo. O trabalho intelectual da era digital, em qualquer escala histórica razoável, é um fenômeno recente. Seria absurdamente anti-histórico e míope supor que os fluxos de trabalhos simples que criamos logo após esses avanços tecnológicos fossem, de alguma forma, *as melhores* maneiras de organizar esse complexo novo tipo de trabalho. É claro que não acertamos na mosca de primeira — fazer isso seria excepcional. Visto sob esse contexto, deveria ser óbvio que os esforços deste livro não têm nada a ver com uma rejeição reacionária da tecnologia. Os luditas dessa era atual são aqueles que nostalgicamente se apegam à mente coletiva hiperativa, afirmando que não há por que continuar tentando melhorar a forma como trabalhamos em um mundo de tecnologia cada vez mais avançada.

Quando entendemos os motivos da nossa frustração com o trabalho intelectual, reconhecemos que temos o potencial de fazer com que nossos esforços se tornem muito mais produtivos e muito mais gratificantes e sustentáveis. Essa deve ser uma das mudanças mais emocionantes e de maior impacto da qual ninguém está falando... ainda. Postman concluiu: "Precisamos avançar com os olhos bem abertos para que possamos usar a tecnologia e não ser usados por ela." Se você é uma das milhões de pessoas que estão cansadas das suas caixas de entrada e estão procurando por uma maneira melhor de realizar um bom trabalho em uma cultura obcecada pela constante conectividade, então é hora de abrir os seus olhos.

Notas

Introdução: A Mente Coletiva Hiperativa

1. Chris Anderson, *Free: O Futuro dos Preços* (Brasil: Elsevier, 2009).
2. Radicati Group, Inc., *Email Statistics Report*, 2015–2019, Palo Alto, CA, março de 2015.
3. Jory MacKay, "Communication Overload: Our Research Shows Most Workers Can't Go 6 Minutes without Checking Email or IM", *RescueTime* (blog), 11 de julho de 2018, https://blog.rescuetime.com/communication-multitasking-switches/.
4. Gloria Mark *et al.*, "Email Duration, Batching and Self-Interruption: Patterns of Email Use on Productivity and Stress", *Proceedings of the 2016 CHI Conference on Human Factors in Computing Systems*, maio de 2016, 1717–28. Veja a tabela 2.
5. Adobe, "2018 Consumer Email Survey", 17 de agosto de 2018, www.slideshare.net/adobe/2018-adobe-consumer-email-survey.

Capítulo 1: O E-mail Reduz a Produtividade

1. Victor M. González e Gloria Mark, "'Constant, Constant, Multi-tasking Craziness': Managing Multiple Working Spheres", *Proceedings of the 2004 SIGCHI Conference on Human Factors in Computing Systems*, abril de 2004, 113–20. Eu disse que esse trabalho é "famoso" porque ele já foi citado mais de setecentas vezes e é mencionado em quase todos os artigos e estudos sobre distração e atenção no ambiente de trabalho moderno.

2. González e Mark, "'Constant, Constant'". A tabela 1 desse trabalho contém os dados iniciais que indicam essa inversão. Durante minhas entrevistas com Mark, ela falou sobre esses dados, esclarecendo-os e incluindo pontos obscuros sobre eles. A ideia dos dados descritos no meu texto concorda com a explicação atualizada que ela forneceu nessa correspondência pessoal.

3. Judy Wajcman e Emily Rose, "Constant Connectivity: Rethinking Interruptions at Work", *Organization Studies* 32, nº 7 (julho de 2011): 941–61.

4. Gloria Mark *et al.*, "Email Duration, Batching and Self-Interruption: Patterns of Email Use on Productivity and Stress", *Proceedings of the 2016 CHI Conference on Human Factors in Computing Systems*, maio de 2016, 1717–28.

5. Victoria Bellotti *et al.*, "Quality Versus Quantity: E-mail–Centric Task Management and Its Relation with Overload", *Human-Computer Interaction* 20 (2005): 89–138.

6. Gail Fann Thomas *et al.*, "Reconceptualizing E-mail Overload", *Journal of Business and Technical Communication* 20, nº 3 (julho de 2006): 252–87.

7. Stephen R. Barley, Debra E. Meyerson e Stine Grodal, "E-mail as a Source and Symbol of Stress", *Organization Science* 22, nº 4 (julho–agosto de 2011): 887–906.

8. Radicati Group, Inc., *Email Statistics Report*, 2015–2019, Palo Alto, CA, março de 2015.

9. Jory MacKay, "Communication Overload: Our Research Shows Most Workers Can't Go 6 Minutes without Checking Email or IM", *RescueTime* (blog), 11 de julho de 2018, https://blog.rescuetime.com/communication-multitasking-switches/.

10. Jory MacKay, "The True Cost of Email and IM: You Only Have 1 Hour and 12 Minutes of Uninterrupted Productive Time a Day", *RescueTime* (blog), 10 de maio de 2018, https://blog.rescuetime.com/communication-multitasking/.

11. Deirdre Boden, *The Business of Talk: Organizations in Action* (Cambridge, Reino Unido: Polity Press, 1994), 211. Observe que Boden não era incondicionalmente positiva sobre esse desenvolvimento no trabalho intelectual. Ela também previu que esses ambientes de trabalho "interativos" seriam "tecnologicamente complexos" e "interpessoalmente exigentes".

12. Veja, por exemplo, esse trabalho clássico sobre o córtex pré-frontal e a atenção, que foi citado mais de 10 mil vezes desde sua publicação em 2001: Earl K. Miller e Jonathan D. Cohen, "An Integrative Theory of Prefrontal Cortex Function", *Annual Review of Neuroscience* 24 (março de 2001): 167–202.

13. Adam Gazzaley e Larry D. Rosen, *The Distracted Mind: Ancient Brains in a High-Tech World* (Cambridge, MA: MIT Press, 2016), 77.

14. A. T. Jersild, "Mental Set and Shift", *Archives of Psychology* 14, nº 89 (1927): 1–81. Este trabalho, junto com outros trabalhos-chave sobre as funções de

controle executivo que consultei, chegou à minha atenção pela útil revisão de literatura inclusa no seguinte trabalho: Joshua S. Rubinstein, David E. Meyer e Jeffrey E. Evans, "Executive Control of Cognitive Processes in Task Switching", *Journal of Experimental Psychology* 27, nº 4 (2001): 763–97.

15. Gazzaley e Rosen observam que não é fácil realizar esses experimentos sozinhos, em casa. Eles sugerem a seguinte versão: conte quanto tempo leva para recitar o alfabeto de A a J, e, depois, para contar de 1 a 10. Então, conte quanto tempo leva para combinar essas tarefas realizando uma contagem dupla: ou seja, A1, B2, C3 e assim por diante. Haverá uma diferença, visto que a contagem de letras e números se baseia em duas redes diferentes.

16. Sophie Leroy, "Why Is It So Hard to Do My Work? The Challenge of Attention Residue When Switching between Work Tasks", *Organizational Behavior and Human Decision Processes* 109, nº 2 (julho de 2009): 168–81.

17. Paul Graham, "Maker's Schedule, Manager's Schedule", julho de 2009, www.paulgraham.com/makersschedule.html.

18. "Marshall Retires as Chief of Staff", George C. Marshall Foundation, 17 de novembro de 2017, www.marshallfoundation.org/blog/marshall-retires-chief-staff/.

19. Para mais informações sobre a linha do tempo da carreira de George Marshall, veja "George C. Marshall: Timeline & Chronology", Fundação George C. Marshall, www.marshallfoundation.org/marshall/timeline-chronology/.

20. Ten. Cel. Paul G. Munch, "General George C. Marshall and the Army Staff: A Study in Effective Staff Leadership" (artigo científico, Faculdade Nacional de Guerra, Washington, DC, 19 de março de 1992), https://apps.dtic.mil/sti/citations/ADA437156.

21. Christopher C. Rosen *et al.*, "Boxed In by Your Inbox: Implications of Daily E-mail Demands for Managers' Leadership Behaviors", *Journal of Applied Psychology* 104, nº 1 (2019): 19–33.

22. Para mais informações sobre a história do software de suporte técnico, veja, por exemplo, Arthur Zuckerman, "History of Help Desk Software: Evolution and Future Trends", CompareCamp.com, fevereiro de 2015, https://comparecamp.com/history-of-help-desk-software-evolution-and-future-trends/.

23. A fonte primária desta citação foi uma entrevista de 1983 de Angelou realizada por Claudia Tate (em *Conversations with Maya Angelou*, ed. Jeffrey M. Elliot [Jackson: University Press of Mississippi, 1989], 146–56). Tal como aconteceu com muitas histórias interessantes sobre os hábitos criativos de artistas, eu me deparei pela primeira vez com essa citação no livro clássico underground de Mason Currey *Daily Rituals: How Artists Work* (Nova York: Knopf, 2013).

24. Uma observação sobre esta história: quando voltei a conversar com Sean em 2019, 3 anos depois das minhas entrevistas iniciais, sua empresa havia sido dissolvida — por motivos pessoais, não relacionados com a produtividade,

devo acrescentar —, o que me impediu de relatar aqui como sua situação, após deixar a mente coletiva hiperativa para trás, evoluiu com o passar do tempo. Em uma correspondência mais recente, porém, Sean me garantiu que, se ele voltar a liderar uma grande equipe, ele pensa em usar alternativas à mente coletiva similares — o som das notificações do Slack o faz estremecer.

Capítulo 2: O E-mail Faz com que Nos Sintamos Mal

1. Harry Cooper, "French Workers Gain 'Right to Disconnect'", *Politico*, 31 de dezembro de 2016, www.politico.eu/article/french-workers-gain-right-to-disconnect-workers-rights-labor-law/.

2. Gloria Mark *et al*., "Email Duration, Batching and Self-Interruption: Patterns of Email Use on Productivity and Stress", *Proceedings of the 2016 CHI Conference on Human Factors in Computing Systems*, maio de 2016, 1717–28.

3. Fatema Akbar *et al*., "Email Makes You Sweat: Examining Email Interruptions and Stress Using Thermal Imaging", *Proceedings of the 2019 CHI Conference on Human Factors in Computing Systems*, maio de 2019, 1–14.

4. Estas observações concludentes vêm de Mark *et al*., "Email Duration".

5. Magdalena Stadin *et al*., "Repeated Exposure to High ICT Demands at Work, and Development of Suboptimal Self-Rated Health: Findings from a 4-Year Follow-Up of the SLOSH Study", *International Archives of Occupational and Environmental Health* 92, nº 5 (2019): 717–28.

6. Leslie A. Perlow, *Sleeping with Your Smartphone: How to Break the 24/7 Habit and Change the Way You Work* (Boston: Harvard Business Review Press, 2012), 5.

7. Perlow, *Sleeping with Your Smartphone*, 5. Vamos analisar a resposta de Perlow sobre essa pergunta em mais detalhes no próximo capítulo, mas a resposta resumida é a seguinte: ninguém decidiu que esse fluxo de trabalho era uma boa ideia; segundo os cálculos de Perlow, ele surgiu ao acaso, de alguma forma, a partir de um loop incontrolável de feedback comportamental.

8. John Freeman, *The Tyranny of E-mail: The Four-Thousand-Year Journey to Your Inbox* (Nova York: Scribner, 2011), 12.

9. Douglas Rushkoff, *Present Shock: When Everything Happens Now* (Nova York: Current, 2013), 95.

10. James Manyika *et al*., "Disruptive Technologies: Advances That Will Transform Life, Business, and the Global Economy", Instituto Global McKinsey, 1º de maio de 2013, www.mckinsey.com/business-functions/mckinsey-digital/our-insights/disruptive-technologies.

11. Este relatório do Federal Reserve calcula que existiam mais de 60 milhões de trabalhos "cognitivos não rotineiros" em 2016: "Job Polarization", *FRED Blog*, 28 de abril de 2016, https://fredblog.stlouisfed.org/2016/04/job-polarization/. Em 2016, o tamanho da força de trabalho dos EUA era de

aproximadamente 156 milhões: Erin Duffin, "Civilian Labor Force in the United States from 1990 to 2019", Statista, 30 de janeiro de 2020, www.statista.com/statistics/191750/civilian-labor-force-in-the-us-since-1990/.

12. Assim como os pesquisadores que estudam grupos atuais de caçadores-coletores têm o cuidado de destacar, seria uma falácia retratar essas tribos como algo que permaneceu *inalterado* desde o nosso passado paleolítico — elas são compostas de seres humanos cognitivamente modernos com interações regulares com a sociedade moderna. Como Yuval Noah Harari destaca na abertura do seu livro *Sapiens: Uma Breve História da Humanidade* (Rio Grande do Sul: L&PM, 2015), também vale lembrar que o mero fato de que essas tribos ainda existem destaca que deve haver algo notável sobre elas em comparação com inúmeros outros grupos que mudaram seus estilos de vida (p. ex.:, talvez elas existam em ambientes que são extremos demais para suportar estilos de vida de fazenda). Isso sido dito, elas nos dão uma ideia das dinâmicas sociais dos caçadores-coletores. Para evitar cair na armadilha de histórias evolucionárias que não podem ser comprovadas, quando posteriormente extrapolo, com base nessas dinâmicas, as forças que afetam nossos cérebros modernos, faço isso com cuidado, reunindo outras evidências mais contemporâneas nas quais basear minhas afirmações.

13. Nikhil Chaudhary *et al.*, "Competition for Cooperation: Variability, Benefits and Heritability of Relational Wealth in Hunter-Gatherers", *Scientific Reports* 6, nº 29120 (julho de 2016): 1–7.

14. Abigail E. Page *et al.*, "Hunter-Gatherer Social Networks and Reproductive Success", *Scientific Reports* 7, nº 1153 (abril de 2017): 1–10.

15. As definições do que torna alguém robustamente conectado a uma rede social são interessantes, mas um tanto técnicas. Certamente, a quantidade de conexões fortes que teríamos de ter com outras pessoas da rede social importa, mas o mesmo vale para outros atributos, como *centralidade, proximidade* e *intermediação*, os quais, em termos simples, descrevem o quanto estamos indiretamente conectados à rede através de amigos, amigos de amigos e assim por diante. Se estiver a apenas poucos passos da maioria das pessoas da sua tribo — o equivalente em BaYaka de Kevin Bacon —, provavelmente você é popular.

16. Matthew D. Lieberman, *Social: Why Our Brains Are Wired to Connect* (Nova York: Broadway Books, 2014), 9.

17. Tradução livre da Versão do Rei Jaime de Levítico 19:16.

18. William Shakespeare, *Ricardo II*, ato 3, cena 2. Citação do site de Shakespeare de domínio público do MIT: http://shakespeare.mit.edu/richardii/richardii.3.2.html. O grifo é meu.

19. Russell B. Clayton, Glenn Leshner e Anthony Almond, "The Extended iSelf: The Impact of iPhone Separation on Cognition, Emotion, and Physiology", *Journal of Computer-Mediated Communication* 20, nº 2 (março de 2015): 119–35.

20. Arianna Huffington, "How to Keep Email from Ruining Your Vacation", *Harvard Business Review*, 23 de agosto de 2017, https://hbr.org/2017/08/how-to-keep-email-from-ruining-your-vacation.

21. Richard W. Byrne, "How Monkeys Find Their Way: Leadership, Coordination, and Cognitive Maps of African Baboons", em *On the Move: How and Why Animals Travel in Groups*, ed. Sue Boinski e Paul A. Garber (Chicago: University of Chicago Press, 2000), 501. Eu encontrei esta citação no trabalho mencionado na próxima nota.

22. Ariana Strandburg-Peshkin *et al.*, "Shared Decision-Making Drives Collective Movement in Wild Baboons", *Science* 348, nº 6241 (junho de 2015): 1358–61.

23. O uso da escrita para fins narrativos remonta há 10 mil anos, mas o que é mais aceito hoje em dia é que o uso mais genérico da escrita que associamos à expressão escrita só surgiu por volta de 3000 AEC, na Mesopotâmia. Esta é uma boa fonte para essa história: Denise Schmandt-Besserat, "The Evolution of Writing", 25 de janeiro de 2014, https://sites.utexas.edu/dsb/tokens/the-evolution-of-writing/.

24. Este experimento é descrito aqui: Alex (Sandy) Pentland, *Honest Signals: How They Shape Our World* (Cambridge, MA: MIT Press, 2010), vii–viii. Alguns detalhes dos sociômetros dessa descrição vêm desse perfil de revista de Pentland: Maria Konnikova, "Meet the Godfather of Wearables", *The Verge*, 6 de maio de 2014, www.theverge.com/2014/5/6/5661318/the-wizard-alex-pentland-father-of-the-wearable-computer.

25. Pentland, *Honest Signals*, x.

26. Pentland, *Honest Signals*, x.

27. Pentland, *Honest Signals*, 5.

28. Pentland, *Honest Signals*, viii–ix.

29. Pentland, *Honest Signals*, 82.

30. Elizabeth Louise Newton, "Overconfidence in the Communication of Intent: Heard and Unheard Melodies" [título original, "The Rocky Road from Actions to Intentions"] (diss. de doutorado não publicada, Universidade Stanford, 1990). Detalhes sobre essa dissertação não publicada, incluindo a interpretação de Newton e o número de 3%, vêm de um resumo desse trabalho encontrado em Justin Kruger *et al.*, "Egocentrism over E-mail: Can We Communicate as Well as We Think?", *Journal of Personality and Social Psychology* 89, nº 6 (dezembro de 2005): 925–36.

31. Kruger *et al.*, "Egocentrism over E-mail".

32. Sherry Turkle, *Reclaiming Conversation: The Power of Talk in a Digital Age* (Nova York: Penguin, 2016), 261–62.

33. Gloria J. Mark, Stephen Voida e Armand V. Cardello, "'A Pace Not Dictated by Electrons': An Empirical Study of Work without Email", *Proceedings of the SIGCHI Conference on Human Factors in Computing Systems*, maio de 2012, 555–64.

34. David Allen, *A Arte de Fazer Acontecer: Estratégia para Aumentar a Produtividade e Reduzir o Estresse* (Rio de Janeiro: Sextante, 2016).

35. Allen, *A Arte de Fazer Acontecer.*

36. Victor M. González e Gloria Mark, "'Constant, Constant, Multi-tasking Craziness': Managing Multiple Working Spheres", *Proceedings of the 2004 SIGCHI Conference on Human Factors in Computing Systems*, abril de 2004, 113–20.

37. Gloria Mark, Victor M. González e Justin Harris, "No Task Left Behind?: Examining the Nature of Fragmented Work", *Proceedings of the SIGCHI Conference on Human Factors in Computing Systems*, abril de 2005, 321–30.

38. Brigid Schulte, *Sobrecarregados: Trabalho, Amor e Lazer Quando Ninguém Tem Tempo* (São Paulo: Figurati, 2017).

39. Sheila Dodge, Don Kieffer e Nelson P. Repenning, "Breaking Logjams in Knowledge Work: How Organizations Can Improve Task Flow and Prevent Overload", *MIT Sloan Management Review*, 6 de setembro de 2018, https://sloanreview.mit.edu/article/breaking-logjams-in-knowledge-work/.

Capítulo 3: O E-mail Tem Mente Própria

1. A história sobre os tubos pneumáticos da CIA e do incentivo geral em prol da assincronia prática foi adaptada do meu artigo de 2019 do *New Yorker* sobre a história do e-mail: Cal Newport, "Was E-mail a Mistake?", Annals of Technology, *New Yorker*, 6 de agosto de 2019, www.newyorker.com/tech/annals-of-technology/was-e-mail-a-mistake.

2. De acordo com os historiadores da CIA que consultei durante minha pesquisa, a tecnologia de rede dos escritórios contribuiu bastante para que o sistema de tubos não fosse expandido durante a renovação da sede. Na década de 1980, havia ficado claro que os tubos pneumáticos eram antiquados em comparação com a recém-adquirida habilidade de se comunicar com elétrons por meio de cabos.

3. Erik Sandberg-Diment, "Personal Computers: Refinements for 'E-mail'", *New York Times*, 26 de maio de 1987.

4. Anne Thompson, "The Executive Life: Forget Doing Lunch—Hollywood's on E-mail", *New York Times*, 6 de setembro de 1992.

5. John Markoff, "Computer Mail Gaining a Market", *New York Times*, 26 de dezembro de 1989.

6. Stephen C. Miller, "Networking: Now Software Giants Are Targeting E-mail", *New York Times*, 31 de maio de 1992.

7. Peter H. Lewis, "Personal Computers: The Good, the Bad and the Truly Ugly Faces of Electronic Mail", *New York Times*, 6 de setembro de 1994.

8. O valor do fato de que é fácil aprender a usar o e-mail não deve ser subestimado. Como Gloria Mark me explicou, durante as décadas de 1980 e 1990, à medida que as redes de computadores passaram a se tornar mais presentes, havia muita pesquisa acadêmica sobre como usar melhor essa tecnologia para dar suporte à colaboração no ambiente de trabalho. Grande parte dessa pesquisa se concentrou no avanço de aplicativos multiusuários de rede que haviam sido personalizados para tarefas específicas — como a edição colaborativa de certo tipo de documento. Como Mark me disse, o e-mail passou a predominar onde essas soluções personalizadas falharam porque era mais fácil aprender a usá-lo e ele podia ser utilizado em vários tipos de trabalho. Um investimento único em um servidor de e-mail poderia simplificar a colaboração de todos os aspectos do nosso negócio.

9. A história e citação vêm dessa conversa do Quora: www.quora.com/What-was-it-like-to-work-in-an-office-before-the-birth-of-personal-computers-email-and-fax-machines. Eu também entrevistei Stone para confirmar e desenvolver alguns desses pontos.

10. Para uma discussão e resumo dos argumentos de Brunner, incluindo citações relevantes, veja Lynn White Jr., *Medieval Technology and Social Change* (Oxford: Oxford University Press, 1966), 3.

11. White, *Medieval Technology*, 5.

12. White, *Medieval Technology*, 13.

13. White, *Medieval Technology*, 13.

14. Como Lynn White Jr. elabora, embora os monges beneditinos estivessem tentando acabar com essa prática, durante esse período, muitos guerreiros francos estavam sendo enterrados com seus cavalos, o que permitiu que os arqueólogos modernos escavassem evidência sobre como esses cavalos eram equipados para a batalha. Também, por volta dessa época, as palavras usadas para descrever o montar e desmontar dos cavalos mudaram de verbos que transmitiam a ação de pular no cavalo para verbos que transmitiam uma ação de pisar.

15. White, *Medieval Technology*, 2.

16. Neil Postman, *Amusing Ourselves to Death: Public Discourse in the Age of Show Business* (Nova York: Penguin, 1985), 51.

17. Para saber mais sobre essa história, veja o capítulo 1 do meu livro anterior: Cal Newport, *Minimalismo Digital: Para uma Vida Profunda em um Mundo Superficial* (Rio de Janeiro: Alta Books, 2019).

18. Blake Thorne, "Asynchronous Communication Is the Future of Work", *I Done This* (blog), 30 de junho de 2020, http://blog.idonethis.com/asynchronous-communication/.
19. Radicati Group, Inc., *Email Statistics Report*, 2015–2019, Palo Alto, CA, março de 2015.
20. Michael J. Fischer, Nancy A. Lynch e Michael S. Paterson, "Impossibility of Distributed Consensus with One Faulty Process", *Journal of the ACM* 32, nº 2 (abril de 1985): 374–82.
21. Para os leitores interessados, o resumo de alto nível da prova dessa impossibilidade é a seguinte: Todo algoritmo de consenso deve, em algum ponto, fazer com que cada máquina verifique as mensagens que ela recebeu até então e determine se deve continuar ou abortar. Independentemente da regra que usemos para tomar essa decisão, deve haver um limite entre continuar e abortar, no qual alterar apenas uma mensagem altera a decisão. A prova basicamente faz com que várias máquinas cheguem a esse limite e que a máquina que enviaria essa mensagem fundamental trave no meio do envio, o que significa que algumas máquinas receberam a mensagem e outras não — resultando em um conflito de decisões. É interessante que, se temos autoridade para escolher e estamos satisfeitos com um algoritmo que resolve o problema com alta probabilidade, então ele pode ser resolvido. De modo similar, se determinássemos um tempo de inatividade razoável de quanto tempo esperar por uma máquina para saber que ela travou, também poderíamos resolver o problema.
22. Eu estava na cerimônia em Paris onde Lamport recebeu esse prêmio. Como é costume na França, os agentes do governo presentes estavam usando ternos bem passados. Como é costume dos cientistas da computação, Lamport estava usando shorts e uma camiseta.
23. Leslie A. Perlow, *Sleeping with Your Smartphone: How to Break the 24/7 Habit and Change the Way You Work* (Boston: Harvard Business Review Press, 2012), 2.
24. Perlow, *Sleeping with Your Smartphone*, 8.
25. Perlow, *Sleeping with Your Smartphone*, 5.
26. Douglas Rushkoff, *Present Shock: When Everything Happens Now* (Nova York: Current, 2013), 100.
27. Aviad Agam e Ran Barkai, "Elephant and Mammoth Hunting during the Paleolithic: A Review of the Relevant Archaeological, Ethnographic and Ethno-historical Records", *Quaternary* 1, nº 3 (fevereiro de 2018): 1–28.
28. "Is Your Team Too Big? Too Small? What's the Right Number?", *Knowledge@Wharton*, 14 de junho de 2006, https://knowledge.wharton.upenn.edu/article/is-your-team-too-big-too-small-whats-the-right-number-2/. Este artigo também é a fonte das informações sobre a pesquisa de Ringelmann resumida em uma discussão futura.

29. Informações sobre os anos iniciais de vida de Drucker, incluindo as recepções dos seus pais, podem ser encontradas na sua biografia, no Instituto Drucker: www.drucker.institute/perspective/about-peter-drucker/.

30. Um dos muitos lugares onde este epíteto aparece: Steve Denning, "The Best of Peter Drucker", *Forbes*, 29 de julho de 2014, www.forbes.com/sites/stevedenning/2014/07/29/the-best-of-peter-drucker.

31. Peter F. Drucker, *The Future of Industrial Man* (Rutgers, NJ: Transaction Publishers, 2011), 13.

32. Para mais informações sobre o envolvimento de Drucker na GM, veja o seguinte relato: "How Drucker 'Invented' Management at GM", Sociedade Drucker da Áustria, 2009, www.druckersociety.at/index.php/peterdruckerhome/biography/how-drucker-invented-management-at-general-motors.

33. Esta citação aparece na linha do tempo de Drucker, no Instituto Drucker, www.drucker.institute/perspective/about-peter-drucker/. Ela também aparece no registro de 14 de abril de Peter F. Drucker, *The Daily Drucker: 366 Days of Insight and Motivation for Getting the Right Things Done* (Nova York: Harper Business, 2004).

34. Peter F. Drucker, *O Gestor Eficaz: O Guia para Fazer com que as Coisas Certas Aconteçam* (Coimbra: Actual, 2019).

35. Peter F. Drucker, "Knowledge-Worker Productivity: The Biggest Challenge", *California Management Review* 41, nº 2 (segundo semestre de 1999): 79–94. Grifo no original.

36. Lloyd não usou a expressão "tragédia dos comuns". Essa expressão foi introduzida mais tarde no que agora é um famoso artigo que analisa esse cenário em detalhes: Garrett Hardin, "The Tragedy of the Commons", *Science* 162, nº 3859 (dezembro de 1968): 1243–48.

Capítulo 4: O Princípio do Capital de Atenção

1. Joshua B. Freeman, *Mastodontes: A História da Fábrica e a Construção do Mundo Moderno* (São Paulo: Todavia, 2019).

2. Os detalhes do desenvolvimento da linha de montagem, incluindo os números específicos mencionados nesta discussão, vêm de duas fontes secundárias excelentes: Freeman, *Mastodontes*, 119–26; e Simon Winchester, *The Perfectionists: How Precision Engineers Created the Modern World* (Nova York: Harper, 2018), 159–66.

3. Como Simon Winchester indica em *The Perfectionists* (veja a nota anterior), na mesma época do surgimento do Modelo T, os veículos ultraluxuosos de Henry Royce, como o Rolls-Royce Silver Ghost, que eram construídos à mão por artesãos habilidosos, eram comercializados como o máximo da precisão da engenharia. Na verdade, porém, as peças do humilde Modelo T eram

fabricadas com muito mais exatidão — o alto preço do Rolls-Royce era atribuído ao trabalho necessário para ajustar peças folgadas à mão.

4. Freeman, *Mastodontes*.
5. Como Simon Winchester indica, as peças dos arsenais norte-americanos já eram fabricadas em massa em linhas de produção há anos. Em 1913, os fabricantes de máquinas de costura, bicicletas e máquinas de escrever também começaram a tirar vantagem da revolução das peças de reposição para fazer experiências com velozes linhas de montagens. No entanto, Ford afirmou que sua principal inspiração foi a *desmontagem* de carcaças de animais que ele havia visto perto das fábricas de embalagem de carne de Chicago, onde empacotadores de carne com facas ficavam em pé ao passo que os animais passavam, pendurados em correntes.
6. Cal Newport, "5-Hour Workdays? 4-Day Workweeks? Yes, Please", *New York Times*, 6 de novembro de 2019.
7. Winchester, *Perfectionists*, 160.
8. Peter F. Drucker, "Knowledge-Worker Productivity: The Biggest Challenge", *California Management Review* 41, nº 2 (segundo semestre de 1999): 79–94. Grifo no original.
9. Drucker, "Knowledge-Worker Productivity".
10. Na economia industrial, os funcionários eram considerados mais dispensáveis: um tipo de força genérica usada para colocar seus principais recursos de capital em movimento. Essa mentalidade foi a base da desumanização dos funcionários. Como veremos, um dos benefícios do trabalho intelectual em comparação com as alternativas industriais é que os trabalhadores deixaram de ser dispensáveis, mas passaram a ser o cerne do valor da organização, possibilitando o potencial de ambientes muito mais centrados no ser humano.
11. Peter F. Drucker, *O Gestor Eficaz: O Guia para Fazer com que as Coisas Certas Aconteçam* (Coimbra: Actual, 2019).
12. Freeman, *Mastodontes*.
13. Peter F. Drucker, *Landmarks of Tomorrow: A Report on the New "Post-Modern" World* (Nova York: Harper Colophon, 1965), 31.
14. James T. McCay, *The Management of Time* (Englewood Cliffs, NJ: Prentice-Hall, 1959), ix.
15. Freeman, *Mastodontes*.
16. Freeman, *Mastodontes*.
17. Estes detalhes, e a conexão de *Tempos Modernos* com a fábrica de Ford vêm de David E. Nye, *America's Assembly Line* (Cambridge, MA: MIT Press, 2013), 97.

18. Para explicar aos leitores mais jovens, nascidos depois da época em que esses serviços eram mais comuns: um serviço de atendimento telefônico exercia o papel de um sistema de correio de voz vivo. Se precisássemos falar com um médico depois do horário comercial, por exemplo, precisaríamos ligar para o serviço de atendimento do consultório, onde um operador de carne e osso responderia e passaria nossa informação ao médico de plantão. Era muito mais barato ter um serviço implementado para vários clientes do que se esses clientes tivessem seu próprio pessoal e suas próprias linhas telefônicas funcionando 24 horas por dia.

19. Sam Carpenter, *Work the System: The Simple Mechanics of Making More and Working Less*, 3ª ed. (Austin, TX: Greenleaf Book Group Press, 2011), capítulo 2. Tive acesso apenas à versão eletrônica desse livro pelo meu Kindle. Assim, não posso especificar números de páginas para as citações dessa fonte.

20. Carpenter, *Work the System*, capítulo 3.

21. Carpenter, *Work the System*, capítulo 4.

22. A citação sobre a renda e as notas sobre ser a número 1 de 1500 em algumas categorias vêm do site oficial do *Work the System*: Sam Carpenter, "Synopsis—For Your Business: Breaking Loose", 1º de julho de 2015, www.workthesystem.com/book/synopsis/.

23. Todas as citações desse parágrafo são de Carpenter, *Work the System*, capítulo 11.

24. A versão específica da resposta automática reproduzida aqui vem deste site: https://tim.blog/autoresponse/.

25. Veja, por exemplo, Adam Grant, "In the Company of Givers and Takers", *Harvard Business Review*, abril de 2013, https://hbr.org/2013/04/in-the-company-of-givers-and-takers.

Capítulo 5: O Princípio do Processo

1. Um fato interessante para os fãs da metodologia de A Arte de Fazer Acontecer, de David Allen: o arquivo "tickler", uma base do sistema moderno de Allen, acabou se tornando uma ferramenta padrão nessas discussões sobre produtividade industrial do início do século XX.

2. Joseph Husband, "What a New System of Management Did for Us", ed. John S. Runnells, *System: The Magazine of Business* 29, nº 4 (abril de 1916).

3. Andrew S. Grove, *High Output Management* (Nova York: Vintage, 2015), 33.

4. Kent Beck et al., "Manifesto for Agile Software Development", 2001, agilemanifesto.org.

5. Site Modus Cooperandi, https://moduscooperandi.com, acessado em 22 de setembro de 2020.

6. *Thrive*, o blog oficial do Kanban Pessoal, http://personalkanban.com/pk/.

7. Alexie Zheglov e Gerry Kirk, "Lean Coffee or an Introduction to Personal Kanban", sessão Agile Tour Toronto 2012, vídeo do YouTube, 1:40, https://youtu.be/aOrfRhcD6ms.
8. Bradley Miller, "Personal Kanban Scheduling Board", 4 de março de 2018, vídeo do YouTube, 7:46, https://youtu.be/tTdbcoTlljQ.
9. Há muito tempo, percebi que tentar fazer avaliações numéricas complexas dos meus problemas — p. ex.:, avaliar um problema em uma escala de 1 a 15 — não valia a pena, e dificultava muito o trabalho de dar notas consistentes. Desde então passei a usar três classificações (aprovado mais, aprovado ou zero), o que possibilita que eu e meus professores assistentes avaliemos de modo rápido e consistente até que ponto um aluno entendeu cada conceito.
10. Se meus professores assistentes forem graduandos, acrescento um passo a mais, pré-agendando uma reunião de 30 minutos para analisar os problemas e atualizar as notas juntos. Quando eu usava professores assistentes graduados, porém, eu confiava que eles dariam conta sozinhos, me economizando esses 30 minutos adicionais. Quando o campus de Georgetown fechou por causa da COVID-19, passamos a usar um programa chamado Canvas para lidar virtualmente com esses documentos; os alunos entregavam cópias digitais dos seus deveres e os professores assistentes os avaliavam online. Esse processo foi facilmente adaptado a esse novo arranjo totalmente eletrônico.
11. Rory Vaden, "The 30x Rule: How Great Managers Multiply Performance", American Management Association, 3 de fevereiro de 2015, https://playbook.amanet.org/30x-rule-great-managers-multiply-performance/.

Capítulo 6: O Princípio do Protocolo

1. Quando estava escrevendo minha tese de mestrado no MIT em um departamento de engenharia elétrica e ciência da computação (o campo que Shannon criou do zero com seu trabalho de 1937), ouvimos falar sobre os fenomenais esforços de Shannon como aluno. Em retrospectiva, não sei se o objetivo disso era nos motivar ou desmoralizar.
2. Para informações mais completas sobre Claude Shannon, recomendo a fascinante biografia de Jimmy Soni e Rob Goodman, que foi a fonte de grande parte do seguinte resumo: *A Mind at Play: How Claude Shannon Invented the Information Age* (Nova York: Simon & Schuster, 2017).
3. Neste caso, os teóricos da informação costumam usar a palavra *código* em vez de *protocolo*, mas para não confundir as coisas nessa discussão, vou usar *protocolo* — como em um conjunto de regras de comunicação concordados com antecedência —, visto que ela se diferencia das associações coloquiais que as pessoas fazem com a palavra *código*.
4. Embora não tivesse a estrutura matemática necessária para quantificar o que estava fazendo, Samuel Morse designou o código mais curto possível, um único ponto, a "e", a letra mais comum do idioma inglês, no seu famoso protocolo de comunicação por telégrafo, o código Morse.

5. Antes de Shannon, os engenheiros da comunicação lidavam com interferência nos canais, como os cabos de telégrafo ou telefone, tentando fazer com que o sinal se tornasse mais forte para superar o ruído. Shannon mostrou o poder da abordagem *digital*, em que codificamos um único bit usando vários bits, os quais são enviados usando um código inteligente que nos permite reconstruir o bit original mesmo se muitos desses bits transmitidos tenham se corrompido por causa do ruído. Hoje em dia, todos os meios de comunicação e armazenamento digitais funcionam assim.

6. Mais informações sobre os investimentos da x.ai podem ser encontradas em Kyle Wiggers, "X.ai's AI Meeting Scheduler Now Costs $8 per Month", *VentureBeat*, 10 de outubro de 2018, https://venturebeat.com/2018/10/10/x-ai--introduces-calendar-view-and-new-plans-starting-at-8-per-month/. O número específico de US$26 milhões se baseia nas minhas conversas pessoais com Mortensen. É interessante que, como detalhado no artigo, Mortensen acabou percebendo que fazer com que a Amy se comunicasse com uma linguagem natural não era realmente importante. A última versão do produto oferece interfaces melhor estruturadas para agendar reuniões.

7. Leslie A. Perlow, Constance Noonan Hadley e Eunice Eun, "Stop the Meeting Madness", *Harvard Business Review*, julho–agosto de 2017, https://hbr.org/2017/07/stop-the-meeting-madness.

8. Para entrar em mais detalhes sobre meu uso de assistentes de meio período, no momento, não tenho nenhum assistente permanente. Tenho a tendência de usar assistentes temporários para me ajudar durante períodos especialmente agitados, como durante lançamentos de livros. Isso não seria possível na época antes das plataformas online de trabalho remoto de meio período.

9. Cal Newport, "A Modest Proposal: Eliminate Email", *Harvard Business Review*, 18 de fevereiro de 2016, https://hbr.org/2016/02/a-modest-proposal-eliminate-email.

10. Jason Fried e David Heinemeier Hansson, *O Trabalho Não Precisa Ser Uma Loucura* (Rio de Janeiro: HarperCollins, 2020).

11. Fried e Hansson, *O Trabalho Não Precisa Ser Uma Loucura*.

12. Fried e Hansson, *O Trabalho Não Precisa Ser Uma Loucura*.

13. Scott Kirsner, "I'm Joining the Open Office Hours Movement, November 24th", Boston.com, 20 de novembro de 2009, http://archive.boston.com/business/technology/innoeco/2009/11/im_joining_the_open_office_hou.html.

14. Cal Newport, *So Good They Can't Ignore You: Why Skills Trump Passion in the Quest for Work You Love* (Nova York: Business Plus, 2012), 73.

15. O nome original da empresa era Princeton Internet Solutions. Porém, Michael e eu logo percebemos que a sigla resultante não soaria tão bem em inglês.

16. Tom Foster, "Tim Ferriss's 4-Hour Reality Check", *Inc.*, 2 de abril de 2013, www.inc.com/magazine/201304/tom-foster/tim-ferriss-four-hour-reality-check.html.

17. Estas são as histórias relevantes de onde os diferentes aspectos da história do e-mail foram coletadas: Samuel Gibbs, "How Did Email Grow from Messages between Academics to a Global Epidemic?", *The Guardian*, 7 de março de 2016, www.theguardian.com/technology/2016/mar/07/email-ray-tomlinson-history; e Ray Tomlinson, "Frequently Asked Questions", http://openmap.bbn.com/~tomlinso/ray/firstemailframe.html.

18. C. L. Max Nikias, "Why All My Emails Are the Lengths of Texts", *Wall Street Journal*, 19 de setembro de 2017, https://www.wsj.com/articles/why-all-my-emails-are-the-lengths-of-texts-1505829919. Vale destacar que um ano após a publicação do artigo de opinião de 2017 citado aqui, Nikias deixou o cargo como presidente da USC. Como a reportagem subsequente revelou, o sucesso aparente da sua presidência resultou na erosão de confiança entre Nikias e os membros do corpo docente da universidade, gerando infelicidade. No entanto, creio que é seguro supor que esse afastamento não teve nada a ver com seus hábitos de e-mail (os membros do corpo docente não têm acesso direto por e-mail ao presidente de grandes universidades). Assim, ainda podemos aprender com suas táticas para continuarmos produtivos com uma caixa de entrada lotada.

19. Mike Davidson, "A Low-Fi Solution to E-Mail Overload: Sentenc.es", MikeIndustries.com, 17 de julho de 2007, https://mikeindustries.com/blog/archive/2007/07/fight-email-overload-with-sentences.

20. Michael Hicks e Jeffrey S. Foster, "Adapting Scrum to Managing a Research Group" (Relatório Técnico do Departamento de Ciências da Computação #CS-TR-4966, Universidade de Maryland, College Park, 18 de setembro de 2010), https://drum.lib.umd.edu/handle/1903/10743.

Capítulo 7: O Princípio da Especialização

1. Edward Tenner, *A Vingança da Tecnologia: As Irônicas Consequências das Inovações Mecânicas, Químicas, Biológicas e Médicas* (Rio de Janeiro: Campus, 1997).

2. Tenner, *A Vingança da Tecnologia*.

3. Peter G. Sassone, "Survey Finds Low Office Productivity Linked to Staffing Imbalances", *National Productivity Review* 11, nº 2 (primeiro semestre de 1992): 147–58. Este estudo também foi citado e resumido por Edward Tenner em *A Vingança da Tecnologia* (citado nas duas últimas notas), por meio do qual me deparei com ele pela primeira vez.

4. Cal Newport, "Is Email Making Professors Stupid?", *Chronicle of Higher Education*, 12 de fevereiro de 2019, www.chronicle.com/interactives/is-email-making-professors-stupid.

5. Greg McKeown, *Essencialismo: A Disciplinada Busca por Menos* (Rio de Janeiro: Sextante, 2015).
6. Os leitores do meu livro *Trabalho Focado* poderiam identificar esse fenômeno como o que chamo de *efeito do quadro branco*. Em termos gerais, usando uma tela ou quadro comum para trabalhar colaborativamente com um pequeno grupo em um problema difícil, aumentaremos a concentração que obtemos em comparação com trabalhar sozinhos. Cal Newport, *Trabalho Focado: Como Ter Sucesso em um Mundo Distraído* (Rio de Janeiro: Alta Books, 2018).
7. Anne Lamott, "Time Lost and Found", *Sunset*, 5 de abril de 2010, www.sunset.com/travel/anne-lamott-how-to-find-time.
8. Pat Flynn, "SPI 115: 9000 Unread Emails to Inbox Zero: My Executive Assistant Shares How We Did It (and How You Can Too!)", 28 de junho de 2014, em *Smart Passive Income Podcast with Pat Flynn*, 35:22, www.smartpassiveincome.com/podcasts/email-management/.
9. Laura Vanderkam, "Can You Really Spend Just 20 Hours a Week on Core Production?", LauraVanderkam.com, 15 de outubro de 2015, https://lauravanderkam.com/2015/10/can-you-really-spend-just-20-hours-a-week-on-core-production/.
10. Para mais informações sobre sprints de Scrum e o tempo para a formação dessa metodologia, veja Ken Schwaber e Jeff Sutherland, *The Scrum Guide: The Definitive Guide to Scrum: The Rules of the Game*, novembro de 2017, www.scrumguides.org/docs/scrumguide/v2017/2017-Scrum-Guide-US.pdf.
11. A linha do tempo e os detalhes do Google Ventures mencionados vêm do seu site: www.gv.com/.
12. Meu resumo da metodologia de sprint vem de Jake Knapp, com John Zeratsky e Braden Kowitz, *Sprint: O Método Usado no Google Para Testar e Aplicar Novas Ideias em Apenas Cinco Dias* (Rio de Janeiro: Intrínseca, 2017).
13. Bruce Janz, "Is Email Making Professors Stupid? That's Not the Issue", Departamento de Filosofia, Universidade da Flórida Central, 12 de fevereiro de 2019, https://faculty.cah.ucf.edu/bbjanz/is-email-making-professors-stupid-thats-not-the-issue/.
14. Laura Vanderkam recomenda que trabalhadores intelectuais individuais comecem descobrindo quanto tempo eles investem em diferentes atividades e venham trabalhando de trás para a frente para atingir esses alvos, implementando um orçamento de atividade autoimposto: Laura Vanderkam, "How to Craft a Perfect, Productive 40-Hour Workweek", *Fast Company*, 13 de outubro de 2015, www.fastcompany.com/3052051/how-to-craft-a-perfect-productive-40-hour-work-week.
15. Linda Babcock, Maria P. Recalde e Lise Vesterlund, "Why Women Volunteer for Tasks That Don't Lead to Promotions", *Harvard Business Review*, 16 de julho de 2018, https://hbr.org/2018/07/why-women-volunteer-for-tasks-that-dont-lead-to-promotions.

16. Na época em que estava escrevendo esse capítulo, a Georgetown começou a usar um impressionante serviço de UI invisível para ajudar os professores a trabalhar em pesquisas acadêmicas de modo mais eficiente. A universidade está designando "coordenadores de pesquisa" para cada uma das grandes áreas de pesquisa. Se um professor tiver alguma pergunta sobre a infraestrutura administrativa relacionada com seu trabalho (p. ex.:, questões de subsídio), ele pode simplesmente fazer essa pergunta ao coordenador, que encontrará as unidades de suporte apropriadas para obter a informação necessária ou resolver o problema.

Conclusão: O Moonshot do Século XXI

1. Neil Postman, "Five Things We Need to Know about Technological Change" (entrevista realizada em Denver, CO, 28 de março de 1998), https://web.cs.ucdavis.edu/~rogaway/classes/188/materials/postman.pdf.

Índice

A

administração científica, 139
    abordagem, 139
aprovação social
    indicadores, 77
atenção
    alterar foco, 16
    dividida, 19
atividade frenética, 61
atrito, 63
    aumento, 62

B

batalha de Poitiers, 75
burnout, 41

C

ciclos cognitivos, 191
comunicação
    abstrata
        priorização, 53
    ambígua, 57
    atrasos imprevisíveis, 83
    eficiência, 20
    frenética, xxi
    hábitos, 11
    inversão do roteiro, 168
    não programada, xxii
    no ambiente de trabalho, 3
conexões perdidas, 48
córtex pré-frontal, 15
crédito de idiossincrasia, 134
curva de aprendizagem, xx
custos de saúde, 41

D

decodificação de mensagens, 187
desempenho cognitivo, 32
desenvolvimento ágil, 161
    metodologia, 217
determinismo tecnológico, 76
    botão de Gostei e redes sociais, 77
    estribos e feudalismo, 76
    mídia impressa e informação, 77
direito de se desconectar, 37

E

egocentrismo
    estudo com sarcasmo, 54
    estudo da música, 54

experimento com Deep Thoughts, 55
e-mail
    adoção pela indústria do entretenimento, 68
    ambientalmente correto, 68
    ascensão, 68
    serviço interno da IBM, 72
equilíbrio ineficiente de Nash, 95
especialização
    princípio da, 228
    problemas de não, 226
estabilidade organizacional, 36
estilo de liderança, 24
explosão da comunicação interna, 72

F

ferramentas
    autoconscientes, 78
    de mensagens, 15
feudalismo medieval
    surgimento, 73
flexibilidade administrativa, 33
fluxo de trabalho, xviii
    artificial, 41
    reestruturação, xxii

G

geração de valor no cérebro, 116
gestão do tempo, 59
gráfico
    de Gantt, 162
    social, 43
grupo de trabalho
    tamanho ideal, 89

I

impacto
    da mente coletiva, 41
    do e-mail, 58
    na alma, 41
inatividade cognitiva, xv
    espaço em branco, xv
inovação

    de Ford, 101
    intelectual, 77
instinto de conexão, 45
interface direta, 135
    Cal Newport, 136
    Trello, 136
    suporte de TI, 135
interrupções
    efeitos nos gerentes, 26

L

limite de trabalho em andamento, 171
linguagem universal, 57
linha de montagem
    ganhos de produtividade, 123
    Tempos Modernos, 123
Lotus 1-2-3
    planilha, 70

M

mecanismos da infelicidade, 64
melhores práticas gerais, 106
mensagens
    assíncronas, 66
        baixo custo, 67
    carrinho, 66
    síncronas, 66
mentalidade ágil, 162
mente coletiva
    hiperativa, xix
        fluxo de trabalho
            evitar, 159
        inconveniências, 118
            experiências de Ford, 119
    motivador
        cavernícola no computador, 87
        ciclo da capacidade de resposta, 85
        custos ocultos da assincronia, 80
método
    ABC, 59
    quatro quadrantes, 59
mídia impressa

impacto, 76
minimização de energia, 147
monitoramento de detalhes, 25
multitarefa constante, 8

N

níveis de estresse, 38

O

otimização do trabalho, 182

P

pesquisa com leitores, 4
porquê o e-mail diminui a produtividade, 5
pressões evolucionárias, 42
processo
    de produção, 144
        automático, 177
            avaliação de problemas, 179
            regra dos trinta, 181
        mentalidade, 145
        propriedades, 156
        trabalho intelectual, 158
    de trabalhos amorfos, 152
    just in time, 15
    princípio, 148
produtividade pessoal, 94
programação extrema, 230
    em par, 232
    ritmo sustentável, 233
    sprints, 243
        de design, 244
protocolos
    da mente coletiva hiperativa, 191
    de clientes, 204
        custos do cliente, 207
        demitir clientes tóxicos, 208
        empresa de Sean, 206
    de coordenação, 190
        custo, 191
            inconveniência, 191
    de e-mails não pessoais, 209

Cal Newport, 212
de horários reservados, 200
    capitalistas de risco, 203
de mensagens curtas, 213
    C. L. Max Nikias, 213
    Mike Davidson, 214
    políticas, 216
de reunião, 191
    agente digital Amy, 195
    de status, 216
    melhores agendamentos, 197
inteligentes, 189
POP3, xxiii
princípio, 194
SMTP, xxiii

Q

quadros
    de monitoramento, 161
    de tarefas
        melhores práticas, 164
            cartões de conversas, 168
            coluna "Aguardando a Resposta", 177
            coluna "Para Discutir", 175
            mais de um quadro, 174
            metodologia Kanban, 166
            organizar os cartões, 164
            reuniões de revisão, 167
    pessoal, 170

R

recursos primários de capital, 105
    capital de atenção, 106
        efeitos da aplicação, 128
            expectativas, 132
            forma de execução, 128
        propriedades, 116
            sobrecarga de comunicação, 117
            troca de contexto, 116
rede de conexões, 22
redução
    da acessibilidade eletrônica, 39

de trabalho
   autonomia, 239
   terceirização, 236
RescueTime, xix
resíduo de atenção, 18
revolução
   da natureza do governo, 80
riqueza relacional, 42
ritmo colaborativo, 87
rotações de funcionários, 41

S

senso de frustração, 51
serviços rotineiros, 248
   orçamento
      de reunião, 253
      de tempo, 250
sistemas
   correio interno à vácuo, 65
   de compartilhamento de tempo compatível (CTSS), 210
   de gestão
      Kanban, 163
      Scrum, 163
   de tickets, 28
   distribuídos, 82
      problema do consenso, 82
   steampunk, 141
sobrecarga crônica, 229
soluções radicais, 141
superalimentação do suporte, 255
   estruturar, 257
   interfaces mais inteligentes, 260
      interfaces de usuário invisíveis, 262
   reorientação, 263

simular a própria equipe, 264
surgimento de grandes escritórios, 91

T

tarefa de decisão lexical, 18
tecnologia
   avançada
      investimento, 224
   básica
      estribo de cavalo, 75
teoria
   da informação, 185
   do capital de atenção, 201
   locus de controle, 129
Terça-feira Negra, xiv
Thrive Away, 48
tipos de e-mails, 14
trabalho
   colaborativo
      auxiliado por computador, 6
   intelectual, 93
      autonomia, 94
      componentes, 112
      eficácia econômica, 105
      na era das redes digitais, xi
      organização, 14
      pista paralela, 14
      proposta de valor, 242
   produtivo
      sem distrações, 13
traço de personalidade
   neuroticismo, 38
tragédia dos comuns, 94
transporte pragmático
   modelo T, 100

Projetos corporativos e edições personalizadas
dentro da sua estratégia de negócio. Já pensou nisso?

Coordenação de Eventos
Viviane Paiva
viviane@altabooks.com.br

Assistente Comercial
Fillipe Amorim
vendas.corporativas@altabooks.com.br

A Alta Books tem criado experiências incríveis no meio corporativo. Com a crescente implementação da educação corporativa nas empresas, o livro entra como uma importante fonte de conhecimento. Com atendimento personalizado, conseguimos identificar as principais necessidades, e criar uma seleção de livros que podem ser utilizados de diversas maneiras, como por exemplo, para fortalecer relacionamento com suas equipes/ seus clientes. Você já utilizou o livro para alguma ação estratégica na sua empresa?

Entre em contato com nosso time para entender melhor as possibilidades de personalização e incentivo ao desenvolvimento pessoal e profissional.

PUBLIQUE SEU LIVRO

Publique seu livro com a Alta Books. Para mais informações envie um e-mail para: autoria@altabooks.com.br

CONHEÇA OUTROS LIVROS DA **ALTA BOOKS**

Todas as imagens são meramente ilustrativas.

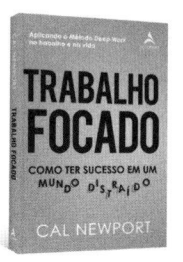

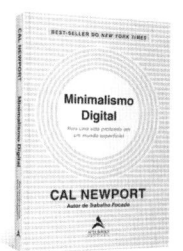

/altabooks /alta-books /altabooks /altabooks

ROTAPLAN
GRÁFICA E EDITORA LTDA

Rua Álvaro Seixas, 165
Engenho Novo - Rio de Janeiro
Tels.: (21) 2201-2089 / 8898
E-mail: rotaplanrio@gmail.com